VELKOMMEN
(WILLKOMMEN)

in Jütland

Draußen mehr erleben
mit MARCO POLO Autorin Sibille Fuhrken

Im Herzen Dänisch! Vor allem in Jütland, wo kein Ort weiter als 52 km vom Meer entfernt ist. Wo die Nordsee „Westmeer" heißt und die Wiege Dänemarks zu finden ist. Hier, an den endlosen Stränden der Westküste, am nördlichsten Punkt Dänemarks, an den tief ins Land geschnittenen dänischen Fjorden der Ostküste und auf den größten Erhebungen des Landes – hier ist die Skandinavistin und Bloggerin Sibille Fuhrken genau richtig.

INHALTSVERZEICHNIS

*OUTDOOR GUIDE JÜTLAND

120 Nordjütland

162 Westjütland

200 Gut zu wissen

DIGITALES EXTRA

Alle Touren als GPX-Download zur einfachen Orientierung
QR-Code scannen oder auf short.travel/s571b herunterladen

Legende

Aktivitäten
- Zu Fuß
- Mit dem Fahrrad
- Am & im Wasser
- Fun & Action
- Naturerlebnis
- ★ Outdoor-Highlights

- Lokale Spezialitäten
- Serviceangaben
- Beste Zeit
- Ausrüstung
- GPS-Koordinaten

Preise Aktivitäten/pro Erw.
€ bis 10 €
€€ bis 25 €
€€€ über 25 €

Preise Unterkunft/pro DZ
€ bis 75 €
€€ bis 150 €
€€€ über 150 €

Das Beste
zuerst

Wo Nord- und Ostsee zusammentreffen: die Landspitze Grenen bei Skagen im äußersten Norden Jütlands

BEST OF ENTSPANNT

*TYPISCHES FÜR GENIESSER

Das Gold des Meeres: Mit etwas Glück lässt sich an Jütlands Küsten Bernstein finden

Blick in eine andere Welt

Du gleitest über das glatte, glasklare Wasser des Limfjords hinweg und schaust durch dein Kajak wie durch ein Fenster in eine Welt, die normalerweise verborgen unter der Oberfläche des Fjords liegt. Vielleicht bis du auch bei Sonnenuntergang in deinem gläsernen Kajak auf dem Wasser, bei Vollmond oder unter glitzerndem Sternenhimmel. Was für ein grandioses Erlebnis!

→ S. 126 Nordjütland

Dark Sky auf Samsø

Im Dunkeln verändert sich dein Fokus. Gib deinen Augen Zeit, sich daran zu gewöhnen – dann kannst du Magisches erleben. Milliarden Sterne am Himmel, die nirgendwo besser als in den sogenannten Dark Sky Gebieten bewundert werden können. Tauche ein in die Welt der funkelnden Sternbilder.

→ S. 115 Ostjütland

Auf Bernsteinsuche

Ein langer Strandspaziergang ist zu jeder Jahreszeit ein Erlebnis. Ob erste Sonnenstrahlen im Gesicht oder sich gegen den Sturm stemmend – Zeit am Meer entspannt und macht glücklich. Erst recht, wenn man unterwegs noch einen Bernstein findet. In Vejers Strand stehen die Chancen dafür ganz gut.

→ S. 166 Westjütland

Sankt Hans Feuer bestaunen

Am Strand verweilen und an Mittsommer am Skagen Sønderstrand in ein knisterndes Feuer schauen. Mit Menschen, die man größtenteils gar nicht kennt, dann zusammen Lieder zu singen ist ein tolles Erlebnis. Und entspannt – probier es unbedingt mal aus!

→ S. 146 Nordjütland

Abertausende Stare am Himmel

Naturbeobachtung an der Ribe Kammersluse: Schon das Warten darauf, dass etwas passiert, lässt dich runterfahren. Jede Bewegung, jeder Standort- oder Sitzplatzwechsel könnte dazu führen, dass du noch länger warten musst. Und dann erlebst du das Naturspektakel Sort Sol – dichte Formationen aus riesigen Starenschwärmen tanzen am Himmel.

→ S. 44 Südjütland

BEST OF ADRENALINKICK

*DIE EXTRAPORTION ACTION

Die MTB-Strecke von Pamhule schlängelt sich auf gut 11 km durch den Wald und verspricht eine Menge Adrenalinkicks

Über den Strand sausen

Am kilometerbreiten Rømø Sønderstrand, einem der schönsten Strände Europas, Freiheit zu spüren und sich einem Geschwindigkeitsrausch hinzugeben ohne lärmende Motorengeräusche oder nasse Klamotten – nur du, dein Blokart genannter Landsegler und ein breites Grinsen im Gesicht.

→ S. 48 Südjütland

Kein Platz für Höhenangst

Kein Problem, über eine Brücke zu gehen? Dann stell dich dem schwindelerregenden Nervenkitzel in 60 m Höhe und überquere die alte Brücke über den Lillebælt von Jütland nach Fünen. Dies ist übrigens der einzige Ort in Europa, der dich mit Bridgewalking herausfordert. Mit etwas Glück kannst du sogar Schweinswale unter dir erspähen.

→ S. 110 Ostjütland

Von Punkt zu Punkt

Du hast eine gute Grundfitness, bist kreativ und willst Hürden überwinden, dich deinen Ängsten stellen und die Fähigkeiten des Körpers ausbauen? Im Street Dome Haderslev warten unkonventionelle Parkour-Elemente auf dich, die dich zwingen, über gewohnte Standards hinauszudenken.

→ S. 59 Südjütland

Cool auf dem Wasser

Du möchtest dich im Surfen ausprobieren? Dann bist du in Jütland genau richtig! Hier findest du gleich eine ganze Reihe von Top-Surfspots – beispielsweise in Løkken, magischer Anziehungspunkt für viele Urlauber und großartiges Surfrevier. Und vielleicht lässt dich das Surf-Feeling nicht so schnell wieder los.

→ S. 145 Nordjütland

Auf dem MTB-Trail in Pamhule

Gute 11 km geht es durch eine fantastische Hügellandschaft im Wald von Pamhule. Beachtliche Anstiege und anspruchsvolle Abfahrten machen die größtenteils aus Singletrails bestehende Strecke zu einem rasanten Mountainbike-Erlebnis für erfahrene Biker. Einfach Fahrspaß pur!

→ S. 58 Südjütland

BEST OF MIT KINDERN

*SPANNENDES FÜR KLEIN & GROSS

Die ganze Welt in wenigen Stunden erwandern: Im Freizeitpark Verdenskortet am Klejtrup-See ist das möglich.

Delfine voran!

Eine Bootstour ist immer spaßig, vor allem mit ausgebildeten, erfahrenen Naturguides, die genau wissen, wo und wann man einen Großen Tümmler zu Gesicht bekommt. Und auch, wenn das mal nicht klappen sollte, ist die abendliche Delfinsafari auf dem Thyborøn Kanal mit wehenden Haaren und Meeresgischt im Gesicht ein tolles Erlebnis!

→ S. 196 Westjütland

Auf der Jagd nach einem Troll

Der 3,5 m große Troll Ivan Evigvår hat sich erst kürzlich in Mariager niedergelassen. Die aus nachhaltigen Recyclingmaterialien geschaffene Skulptur des Künstlers Thomas Dambo ist gar nicht so leicht aufzuspüren, wie man vielleicht denken könnte.

→ S. 149 Nordjütland

Austoben im Wasser

So richtig im Wasser toben kann man im Vandparken Glyngøre, dem größten aufblasbaren Wasserspielplatz Skandinaviens etwa 50 m vor der Küste. Rutsche, Hüpfkissen, Trampolin, Kletterwand oder Balanciergerät warten im Limfjord darauf, zum Einsatz zu kommen. Insgesamt 19 miteinander verbundene Wasserspielgeräte, die Groß und Klein herausfordern.

→ S. 158 Nordjütland

Weltreise in Jütland

Zwischen Ländern, gar Kontinenten hin- und herhüpfen, durch Amerika flanieren und auf dem Pazifik rudern. Auf der großen, begehbaren Weltkarte am Ufer des idyllischen Klejtrup-Sees liegt dir die Welt zu Füßen und lässt Reiseträume wahr werden.

→ S. 151 Nordjütland

Umweltschutz mit Fürsorge

Alte Fischernetze, Plastikmüll, angetriebene Kunststoffteile. Bei einem Spaziergang in Hvide Sande Strandgut zu finden, ist aufregend und macht Spaß. Noch mal so viel Freude bringt es, den Müll aufzusammeln, gemeinsam mit anderen das Ufer von Müll zu befreien und aktiv dafür zu sorgen, dass alles so wunderschön erhalten bleibt, wie es ist.

→ S. 181 Westjütland

BEST OF BEI REGEN

*SCHÖN, AUCH WENN ES REGNET

Wie wär's mit einer Entdeckungstour tief unter der Erde in den Kalkhöhlen von Mønsted mit unterirdischen Seen?

Untertauchen die erste!

Und zwar einfach unter die Erde in Mønsted! Hier regnet es nicht, in den größten zusammenhängenden von Menschen geschaffenen Kalkhöhlen der Welt ist es trotzdem feucht – und vor allem kalt. Ein Gangsystem von mehr als 60 km, 18 000 Fledermäuse und Höhlenkäse warten darauf, entdeckt zu werden.

→ S. 100 Ostjütland

Untertauchen die zweite!

Nass ist nass – beim Schwimmen im Meer, spürst du den Regen überhaupt nicht. Die 500 m lange Schwimmbahn im Hafen von Aarhus stellt dich vor neue Herausforderungen. Hier musst du dich dem Rhythmus des Meeres anpassen. Anschließend locken verschiedene Imbiss- und Kaffeebuden.

→ S. 102 Ostjütland

Untertauchen die dritte!

Auf dem 100 m langen Schnorchelpfad bei Trelde Næs kannst du dir den Meeresboden aus nächster Nähe ansehen, und hast du deine Fotoausrüstung dabei, gute Makroaufnahmen vom Leben im Meer schießen. Auch als Anfänger bist du auf dem vom Ufer leicht zugänglichen Pfad gut aufgehoben.

→ S. 114 Ostjütland

Auf Zeitreise

Im Freilichtmuseum Den Gamle By kannst du dich bei schlimmstem Regen in die Häuser flüchten, denn die darfst du dir sowieso auf keinen Fall entgehen lassen. Spaziere durch die Geschichte einer dänischen Stadt – nasch die Köstlichkeiten in der Bäckerei, stell dich in der Autowerkstatt unter oder setz dich in die Küche der Studenten-WG. Hier wird der Regen definitiv zur Nebensache.

→ S. 88 Ostjütland

Unterwegs mit dem Raddampfer

An Bord der Hjejlen-Flotte kannst du auch geschützt vor Regen die herrliche Seenregion zwischen Silkeborg und Himmelbjerget erkunden. Plane eine Nonstop-Rundfahrt, um dir ganz gemütlich einen Eindruck von dieser besonderen Gegend zu verschaffen.

→ S. 101 Ostjütland

Skagens versandete Kirche: Das Kirchenschiff wurde 1805 abgerissen, der Turm blieb jedoch erhalten

LANDSCHAFT & LEUTE

*IN JÜTLAND

Die schmalen, kopfsteingepflasterten Gassen im Latinerkvarteret von Aarhus säumen zahlreiche Cafés und Kaffeebars

Jütlands Westküste ist das Ziel der meisten Touristen, die nach Dänemark reisen. Beste Sandstrände, herrliche Dünen und die Nordsee ziehen die Menschen Jahr für Jahr magisch an. Doch was hat diese wunderbare Halbinsel, die von der deutsch-dänischen Grenze bis nach Skagen reicht, noch zu bieten? Und vor allem: Wer lebt hier?

Jüten & Jütland

In Dänemark ist schlechtes Wetter angesagt. Auf Seeland empfiehlt man den Einheimischen, in ihren Häusern und Wohnungen zu bleiben und es zu vermeiden, rauszugehen. Auf Fünen werden die Bewohner aufgefordert, ihre dicken Jacken überzuziehen, wenn sie das Haus verlassen. Und in Jütland sagt man den Menschen, sie mögen doch nun langsam mal ihre Hemdsärmel herunterkrempeln, es würde zugig. So oder so ähnlich gibt es einen ganzen Reigen von Witzen über Nationen oder Bewohner bestimmter Regionen innerhalb eines Landes. Nie stimmen sie hundertprozentig, aber oft findet sich auch ein Fünkchen Wahrheit darin.

Die Halbinsel Jütland erstreckt sich zwischen Nordsee und Ostsee von der deutsch-dänischen Grenze bis nach Skagen. Zu ihr gehören mehrere Inseln, darunter die der Westseite vorgelagerten Inseln Rømø, Mandø und Fanø. Die bekanntesten vor der Ostküste Jütlands liegenden Inseln sind Læsø, Anholt, Samsø, Endelave und Als. Auch die große Insel Vendsyssel-Thy, die den nördlichen Teil Jütlands bildet und durch den Limfjord von der Halbinsel getrennt wird, zählt natürlich dazu, ebenso wie die Inseln im Limfjord selbst. Die Halbinsel Jütland ist geprägt von der letzten Eiszeit. Ein flaches Land mit nur wenigen Erhebungen, Buchten, Haffs und den dänischen Fjorden. Landhebungen und -senkungen ließen Spuren in der Landschaft Jütlands zurück – vielerorts kann man alte Küstenverläufe fernab des Meeres entdecken. Jütland ist vor allem vom Meer bestimmt.

171 M

missst der Møllehøj in Jütland, der höchste „Berg“ Dänemarks

SEIT 2015

leben in Jütland auch Elche. Sie wurden im Moorgebiet Lille Vildmose ausgewildert

NATUR IN ZAHLEN

LEDIGLICH 12 %

des Landes sind von Wald bedeckt. Rold Skov südlich von Aalborg ist das größte natürliche Waldgebiet in Dänemark

MIT 158 KM

ist die Gudenå der längste Fluss Dänemarks – sie fließt durch Jütland

2 DER 5

wikingerzeitlichen Ringburgen Dänemarks liegen in Jütland

3 NATIONALPARKS

gibt es in Jütland: Nationalpark Vadehavet, Nationalpark Thy und Nationalpark Mols Bjerge

MEHR SCHWEINE

als Menschen leben in Dänemark, derzeit sind es etwa 10,7 Millionen

154

der insgesamt 407 dänischen Inseln werden offiziell zu Jütland gezählt

KEIN PUNKT

in Jütland ist weiter als 52 km vom Meer entfernt

Dänemark ist von der Wikingerkultur geprägt und heute noch sehr stolz darauf

Nordsee & Westmeer

Für die Dänen ist die Nordsee die Vesterhavet, das Westmeer, das ist logisch, denn es trifft ja an die Westküste Jütlands. Die Vestkyst ist die beliebteste Urlaubsregion – weite Strände, herrliche weiße Dünen und oftmals tosendes Meer. An der Wattenmeerküste im Südwesten dominieren Schlick und Schlamm. Das Gebiet, zweimal täglich von der Nordsee überspült und runderneuert, ist eines der wertvollsten Ökosysteme der Welt und von der Unesco zum Weltnaturerbe erklärt worden. Richtung Norden ab Blåvands Huk folgt eine Ausgleichsküste wie aus dem Geologielehrbuch. Meeresströmung und Brandung haben das Ufer zu einer geschwungenen Linie geformt. Es sind Nehrungen entstanden, die Strandseen und Haffs vom Meer trennten – bestens zu erkennen auf dem 35 km langen Holmsland Klit. Bis zur Spitze Mitteleuropas reihen sich noch Lehm- und Kalksteinklippen aneinander – Bulbjerg, Bovbjerg und Rubjerg Knude sind einige davon.

Die Ostküste Jütlands hat noch einiges mehr zu bieten: Strand und Dünen im Norden, wenn auch viel unaufgeregter, sanfter und damit kinderfreundlicher, bestimmen bald die von der Eiszeit weit ins Landesinnere gezogenen dänischen Fjorde das Bild. An deren Ufern wechseln sich waldüberzogene Hügelketten mit kleinen flachen Stränden ab. Die Halbinsel Djursland, die sich wie eine Nase ins Kattegat schiebt, ist uraltes Kulturland. Den Süden Djurslands prägen Halbinseln und die Moränenlandschaft Mols.

Jydekrog & Pusledansker

Die Bewohner Jütlands, die Jüten, werden innerhalb Dänemarks besonders im Kontrast zu Bewohnern Kopenhagens karikiert – ein Konflikt, der in vielen Ländern zwischen weltoffenen Hauptstädtern und vermeintlich verhockten Landbewohnern immer wieder kultiviert wird. Jüten gelten innerhalb dieses Zwists als Provinzler – sie sind konservativer als man es in der Hauptstadt ist, zäh und bodenständig. Handschlag ist Handschlag – das gilt hier was. Außerdem sind sie naturverbunden, lieben es, im Freien unterwegs zu sein und arbeiten gerne mit ihren Händen. Der Begriff *pusledansker*, ein Däne, der sich ständig mit etwas beschäftigt, beschreibt eher einen Jüten als einen Kopenhagener. Samstagsvormittags steigt die Dichte an Autos mit Anhängerkupplung – Achtung: Im Dänischen heißt sie *jydekrog* – auf den Straßen Jütlands. Natürlich hängt auch ein Anhänger hinter dem Wagen. Es geht zum Baumarkt, zum Ferienhaus, zum Rasenmähen …

Auch was die Sprache angeht, gibt es Unterschiede zwischen Jüten und den Bewohnern der Hauptstadt. Ein Jüte wird in Kopenhagen sofort an seinem Dialekt erkannt und andersherum. Aber damit nicht genug, denn Jütisch als Sprache gibt es so nämlich gar nicht, bezeichnet werden damit nur die Dialekte, die in Jütland gesprochen werden – und das sind viele!

SPICKZETTEL DÄNISCH

ja/nein/vielleicht ja/nej/måske
bitte (man übergibt jm etwas) værsgo
bitte (man bittet um etwas) tak
danke tak
Gute(n) Morgen!/Tag!/Abend!/ Nacht! God morgen!/dag!/aften!/nat!
Hallo!/Auf Wiedersehen! Hej!/På gensyn!!
Tschüss! Farvel!
Ich heiße … Jeg hedder …
Wie heißt du? Hvad hedder du?
Ich komme aus … Jeg kommer fra …
Entschuldigung! Undskyld!
Tut mir leid! Beklager!
Wie bitte? Undskyld?/Hvadbehager?
Das gefällt mir (nicht). Det kan jeg (ikke) li.

Dannebrog & Hygge

Eine ausgeprägte regionale Identität gibt es in Dänemark eigentlich nicht – all diese Gegenüberstellungen einzelner Charakterzüge sind immer mit einem gewissen Augenzwinkern zu verstehen. Jüten sind in erster Linie Dänen. Und diese gelten unter den Nordeuropäern als gesellig und lebenslustig. Ihnen wird Trinkfestigkeit genauso wie Lockerheit im geschäftlichen Umgang nachgesagt, ein enger Blickwinkel ist ebenso wenig ihr Ding wie Hektik und Stress. Man hat es gern hyggelig – so sehr, dass diese Hygge sogar bis in die Nachbarländer schwappt. Dänen lieben ihr Königshaus, ihre Traditionen und die Flagge Dannebrog, die auch am Weihnachtsbaum nicht fehlt. Dänemark ist aber auch kein Märchenland – die den Einheimischen zugeschriebene Toleranz schwindet so langsam angesichts globaler Probleme, man wird vorsichtiger und mitunter engstirniger. Und auch der Verhaltenskodex *jantelov*, Grundpfeiler der dänischen Gesellschaft, fängt an zu bröckeln.

Die dänische Flagge ist omnipräsent im Land, auch auf der Insel Endelave im Kattegat

TIERE & PFLANZEN

*HINEIN INS NATURPARADIES

Stille Ufer am 38 km langen Mariager Fjord – wie zahlreiche weitere Fjorde zieht er sich tief ins Hinterland hinein

Geprägt von zwei Meeren, weitläufigen Stränden, Dünen und Heidelandschaften im Westen, Wäldern und tief ins Land geschnittenen Fjorden im Osten, im Hinterland Heide und Sumpfgebiete: Jütland ist eine Region, die von einer atemberaubenden Landschaft geprägt ist und vor allem von einer vielfältigen Natur.

Die Nationalparks Jütlands

In Jütland gibt es drei Nationalparks, Gebiete, in denen sich die Natur unter günstigen Bedingungen entwickeln kann, keine Landwirtschaft betrieben und der Wald unberührt belassen wird. Einzig große Weidetiere sorgen dafür, dass die Gebiete sich nicht zu einem dichten Wald entwickeln und so Wiesen, Heide und Weiden mit den dazugehörigen Pflanzen und Tieren weiterhin ein geeigneter Lebensraum zur Verfügung steht. Durch Flugsand geformte einzigartige Dünen- und Heidelandschaften prägen den Nationalpark Thy an der Westküste Jütlands. Hier leben auch Hirsche und einige seltene Brutvögel wie Goldregenpfeifer und Bruchwasserläufer.

Den Nationalpark Mols Bjerge hingegen, geformt von gigantischen Eiszungen und Tonnen von Wasser, prägen hohe Gipfel und tiefe Gletscherlöcher. Eine Vielzahl seltener Insekten und Pflanzen und zahlreiche weitere Tiere leben hier, u. a. die seltene Zauneidechse. Von Blåvands Huk bis Ho Bugt erstreckt sich der dritte der jütischen Nationalparks: das Wattenmeer. An keinem anderen Ort in Dänemark sammeln sich so viele Zugvögel – im Frühjahr wie auch im Herbst etwa zehn bis zwölf Millionen.

Wald und Heide

Es gibt relativ wenig Wald in Jütland – in ganz Dänemark macht Wald nur ca. 12 % der Fläche aus. Abholzung und Beweidung im großen Stil seit der Wikingerzeit sowie eine Landhebung führten ab dem 16. Jh. zum Sandflug, der noch heute an einigen Küsten ein Thema ist. Ein 1805 erlassenes Waldgesetz sowie systematische Anpflanzungen gegen den katastrophalen Sand ließen eine gewisse Ruhe einkehren. Anfangs wurden vor allem fremde Nadelhölzer angepflanzt, die im kargen Sandboden gedeihen.

Seehund Der Seehund, auf Dänisch *spættet sæl*, ist die häufigste Robbe in dänischen Gewässern. Am Wattenmeer, am westlichen Limfjord, auf Læsø und rund um Samsø hat man gute Chancen, einen Seehund zu erspähen.

5 TYPISCHE TIERE

Lachmöwe Trotz ihres Bestandsrückgangs ist die Lachmöwe, dänisch *hættemågen*, immer noch die häufigste Möwe in Dänemark. Ihren Namen hat sie vermutlich dem sehr heiseren Geschrei zu verdanken, das in großen Gruppen an spöttisches Gelächter erinnert.

Feldlerche Die Feldlerche heißt auf Dänisch sehr passend *sanglærke*, denn ihr Gesang ist wie die Hymne Jütlands. Die 16–18 cm großen Vögel sind sehr ausdauernd und können bis zu 15 Minuten lang im Singflug ihre Strophen vortragen.

Schweinswal Der Schweinswal, auf Dänisch *marsvin*, gehört zur Familie der Zahnwale. Der gewöhnliche Schweinswal ist der einzige Wal, der in den Gewässern rund um Dänemark lebt.

Fasan Der Fasan ist der größte wild lebende Hühnervogel Dänemarks. Sein charakteristischer Ruf ist fast überall in dünn besiedelten Gebieten Jütlands zu hören. Auffällig ist der dunkelgrünblaue Hals und der rote Wangenfleck, den alle Fasanenhähne Dänemarks gemein haben.

Strandhafer Strandhafer, dänisch *hjælme*, siehst du typischerweise entlang der Westküste. Die Pflanze wird häufig benutzt, um die Sandmassen der noch nicht bewachsenen Dünen im Zaum zu halten, da ihr schnell wachsendes Wurzelsystem gut den Sand halten kann.

5 TYPISCHE PFLANZEN

Sanddorn Die knallig-orangefarbenen Frücl des Sanddorns, dänisch *havtorn*, werden für ihre hohen Anteil an Vitamin C geschätzt. Eine der größten Sanddornplantagen in Jütland befinde sich am Fuß des Rubjerg Knude in Nordjütland.

Kartoffelrose Als invasive Art ist die *hybenrose* heutzutage nicht mehr allzu gerne gesehen, dennoch bestimmt sie vielerorts das Gesamtbild von Dünen, Strandwiesen und Hecken: weiße oder rosafarbene Blüten, betörender Duft und orange-rote Früchte im Herbst.

Blasentang Blasentang, dänisch *blæretang*, ist eine an den dänischen Küsten weit verbreitete Alge. Du erkennst sie an ihren paarweisen, luftgefüllten Blasen. Blasentang wächst auf Steinen und Muscheln, er hat keine Wurzeln, sondern nimmt die Nahrung über die Oberfläche auf.

Schwarze Krähenbeere Immergrüner niedriger Busch mit dunkelroten Blüten ab April und essbaren Beeren – Krähenbeeren oder Schwarzbeeren (*sortebær*) – im August. Die Pflanze wächst stets auf nährstoffreichem Boden – trocken und feucht – wie Sand, Dünen, Heidegebieten und Mooren.

Die daraus entstandenen Klitplantagen sind typisch für die Küsten Jütlands. **Insider-Tipp** Klosterheden, Husby Klitplantage, Tornby Klitplantage – die Auswahl ist groß, du solltest zumindest eine von ihnen erleben! Große alte Mischwaldgebiete gibt es in Jütland nicht. Mitteljütland ist heute vor allem geprägt durch die Landwirtschaft. Die riesigen Heideflächen, die diesen Teil des Landes einst bedeckten, fielen der Urbarmachung im 19. Jh. zum Opfer. Sie schrumpften auf kaum 10 % ihres ursprünglichen Gebiets. Charakteristisch für die Heidegebiete ist die Feldlerche, auch Kreuzottern kommen hier oft vor.

Zahlreiche Zugvögel nutzen das Landschaftsschutzgebiet Vejlerne als Zwischenstation

Und wer lebt hier noch?

Das bedeutendste Wildrevier befindet sich bei Blåvands Huk und Vejers. Hier lebt Dänemarks größte Rotwildpopulation, außerdem sind Füchse und Wildschweine unterwegs. Man geht heute von rund 30 Wölfen aus, die in ganz Dänemark leben.

Und am und im Wasser? Unter den Robben ist der Seehund am weitesten verbreitet. Auch die lange bedrohten Kegelrobben weisen wieder wachsende Bestände auf. Nicht so positiv sieht es beim Schweinswal aus, der in den großen Gewässern rund um Dänemark lebt und bis zum Ende des 19. Jhs. bejagt wurde. Heute erleidet er nur allzu oft ein Schicksal als Beifang – akustische Warnbojen und eingeschränkte Stellnetzfischerei sollen Abhilfe schaffen. Sehr seltene, aber doch in den letzten Jahren vereinzelt vorgekommene Sichtungen von Orcas an der Nordspitze Jütlands führten zu großem medialem Interesse. Ganz besonders auffällig sind aber die vielen Vogelbeobachtungstürme und -plätze. Vor allem See- und Watvögel, Millionen von Zugvögeln und mittlerweile auch wieder der Seeadler können hier bestaunt werden. Einige Gebiete Jütlands (wie z. B. Vejlerne und Tipperne – hier kannst du besonders gut Tiere beobachten) haben den Status als Ramsar-Reservat, den international bedeutende Lebensräume für See- und Zugvögel zugesprochen bekommen.

Vorsicht bei diesen Pflanzen & Tieren

Kreuzottern sind in der Regel grau oder braun mit einem dunklen Zickzackband auf dem Rücken und leben in Heide- und Dünengebieten. Menschen reagieren unterschiedlich auf einen Biss.

Petermännchen kommen in küstennahen Gewässern vor. Besonders von Juni bis August aufpassen, wenn sich die Fische im Sand flacher Küstengewässer eingraben und laichen! Ein Tritt auf den Stachel kann heftige Schmerzen zur Folge haben.

Zeckenschutz ist Muss – auch in Dänemark. Zecken leben im hohen Gras und Unterholz. Nach einem Spaziergang im Wald oder durch hohes Gras am besten den ganzen Körper nach den Tieren absuchen.

Mach einen Bogen um Quallen mit Farbe! An dänischen Küsten verbreitet ist eine rote und eine blaue Art der **Feuerqualle**, die vermehrt im Spätsommer auftreten. Hast du Kontakt gehabt: so schnell wie möglich das Gift mit Salzwasser abspülen.

KLIMA & WETTER

*DURCHS JAHR

Einsames Boot am Nissum Fjord – an windstillen Tagen zeigt sich die Wasseroberfläche spiegelglatt

Das Klima Jütlands wird hauptsächlich von den beiden Meeren, die es umgeben, beeinflusst. Es herrscht wechselhaftes ozeanisches Klima. Die Sommer sind mäßig warm, die Winter eher mild und niederschlagsreich. Die Wassertemperaturen liegen im Sommer bei 16 bis 18 °C, in seichten Buchten auch bei 20 °C.

MONAT FÜR MONAT

Januar – Sturm & Frost: Kamin an!

Der Januar kann in Jütland kalt und regnerisch sein. Auch Winterstürme fegen bisweilen über das Land hinweg. Gibt es einen richtigen Winter, dann hält er meist Ende Januar in Jütland Einzug. Die Tage sind kurz, oft liegen zwischen Sonnenauf- und -untergang kaum mehr als acht Stunden. Die Durchschnittstemperatur im Januar beträgt tagsüber 2 °C, nachts geht es in den Frostbereich. Auch die Wassertemperaturen pendeln sich bei 3 °C ein.

Februar – Wenn Winter, dann jetzt

Ein echter Wintermonat in Jütland. Wenn richtig kalt, dann jetzt. Ansonsten ähnliche Temperaturen wie im Vormonat. Schneefall ist in Jütland genauso selten geworden wie in Norddeutschland. Und auch mit Eiswintern und dem Zufrieren von Limfjord und Ostsee rechnet man hier nicht mehr. Die letzten staatlichen Eisbrecher wurden außer Dienst gestellt, sie hatten 1996 ihren letzten Einsatz.

März – Es wird heller

Die Tage werden merklich länger, und auch die Temperaturen verzeichnen einen leichten Anstieg – zumindest tagsüber. Nachts kann es immer noch Frost geben, und auch am Tage ist niemand vor Graupel- oder Schneeschauern gefeit. Davon bleibt natürlich nichts liegen. Erste sonnige Tage können im März schon mal dabei sein, aber es kann auch noch stürmisch zugehen, vor allem an der Westküste.

DIE JAHRESZEITEN

FRÜHLING

Hinaus! Die Natur erwacht!

Der März kann noch winterlich sein, im Mai steigen die Temperaturen dann schnell an

Herrlich für Wanderungen und Beobachtungen der Tierwelt, aber auch Stadterkundungen

Warme Kleidung, Ausrüstung für die Tierbeobachtung und Regenschutz ist angesagt

SOMMER

Die warme Jahreszeit im Norden – einfach grandios!

Ende Juni bis in den August herrschen Temperaturen zwischen 20 und 30 Grad, dazu die hellen Nächte

Perfekt für Strandurlauber und alle, die sich in der Natur bewegen wollen

Tagsüber reicht meist luftige Kleidung, auch an Badesachen und Sonnenschutz denken

HERBST

Vorbereitungen auf den Winter und Naturerlebnisse

Von kalt und klar bis Regen und Sturm – alles ist möglich

Raus in die Natur, Zugvögel und die Sort Sol bestaunen und Sturm erleben

Trage warme und regenfeste Kleidung, am besten Zwiebellook

WINTER

Gut eingepackt die Stille der Natur genießen

Eher regnerisch und kalt, Schnee fällt allerdings nur selten

Einsame Strandspaziergänge, beste Zeit für stürmische Begegnungen

Warme Kleidung, Mütze, Regenschutz, Kamera

Die Sanddünen von Råbjerg Mile: Nah am Meer kann das Wetter schnell umschlagen

April – Es geht wieder nach draußen

Der April bringt einen spürbaren Temperaturanstieg, sowohl tagsüber als auch in der Nacht. Frost kommt nur noch in Ausnahmefällen vor. Auch die Tage werden wieder länger, 14 Stunden Licht animieren dazu, das Leben wieder vorsichtig nach draußen zu verlagern.

Mai – Frühlingsgefühle voraus!

Nun geht es rasant bergauf. Durchschnittstemperaturen von 15 °C am Tag und 6 °C in der Nacht lassen Frühlingsgefühle aufkommen. Die Wassertemperaturen steigen auf durchschnittliche 10 °C. Der Frühling in Jütland ist kurz und warm, Pollenallergiker sollten auf die im Vergleich zu Mitteleuropa verspätete Vegetationsperiode vorbereitet sein.

Juni – Mittsommer & lange Abende

Heller als im Juni wird es nicht – fast 17,5 Stunden wird es in Jütland im Juni nicht dunkel. Bei Temperaturen um durchschnittlich 19 °C tagsüber und 10 °C nachts spielt sich das Leben ab jetzt draußen ab. Die Wassertemperaturen steigen im Mittel auf 14 °C, und häufig gibt es im Juni längere trockene Perioden mit wenig Regentagen.

Traumhafter Sommer auf Årø – jetzt sind Baden und Wassersport angesagt

Juli – Sommer und Badespaß pur!

Sommer pur! Oft Temperaturen über 20 °C, aber auch Tage, an denen das Thermometer über 30 °C klettert, sind durchaus möglich. Die Wassertemperaturen steigen auf durchschnittlich 17 °C, und bei acht Sonnenstunden im Mittel am Tag hat nun der Sommer in Jütland Einzug gehalten.

August – Nordischer Spätsommer wie im Bilderbuch

Der Sommer bleibt in der Regel bis in den August hinein. Es kann im August noch sehr warme Tage geben, rund 20 °C sollten es im Durchschnitt aber mindestens sein. Die Tage werden langsam, aber sicher wieder kürzer, und ausgedehnte Sommerabende auf der Terrasse werden wieder weniger. Die Badetemperaturen bleiben hingegen anhaltend bei 17 °C im Durchschnitt.

September – Vorboten des Herbstes treffen ein

Der September kann noch einige wärmere Tage im Gepäck haben, durchschnittlich fallen aber sowohl die Temperaturen an Land als auch im Wasser. Die

Tage sind nur noch gute zwölf Stunden lang, und mitunter können schon Stürme ihre ersten Vorboten in Richtung Jütland schicken.

Oktober – Golden oder grau

Hier macht nicht der April, sondern der Oktober, was er will. Das Wetter wechselt oft schnell. Der Oktober kann klares, kaltes Wetter bringen – einen wahrlich goldenen Oktober –, aber eben auch grau, diesig und stürmisch sein. Die Durchschnittstemperaturen sinken auf 12, nachts auf 6 °C. Und bei nur noch drei Sonnenstunden im Durchschnitt heißt es, die Zeit im Freien bestmöglich zu nutzen.

November – Regen, Sturm und Dunkelheit: Zeit für Hygge

Kalt und feucht – ein Monat, der auch in Jütland auf der Beliebtheitsskala nicht ganz oben steht. Durchschnittstemperaturen von 7 °C am Tag und 2 °C in der Nacht laden auch nicht wirklich zu großen Unternehmungen im Freien ein. Gute acht Stunden ist es am Tag noch hell und leider sieht man da nur allzu oft Regentropfen. Auch Stürme ziehen nun des Öfteren auf.

Dezember – Weiße Weihnacht meist nur ein Traum

In keinem Monat sind die Tage kürzer – und das nicht nur, weil wir so geschäftig sind, sondern auch was das Tageslicht angeht. Gerade einmal sieben Stunden bleiben uns im Hellen, bei durchschnittlich 4 °C am Tag und Frost im einstelligen Bereich des Nachts. In Jütland träumt man – wie vielerorts – von einer weißen Weihnacht, doch bleibt es auch hier leider meist nur bei einem Traum. Zuletzt gab es im Jahr 2010 weiße Weihnachten in Jütland.

WETTER IN JÜTLAND

Hauptsaison: JULI, AUG. – Nebensaison: übrige Monate

	JAN.	FEB.	MÄRZ	APRIL	MAI	JUNI	JULI	AUG.	SEPT.	OKT.	NOV.	DEZ.
Tagestemperaturen	2°	2°	5°	10°	15°	19°	20°	20°	17°	12°	7°	4°
Nachttemperaturen	-3°	-3°	-1°	2°	6°	10°	11°	11°	9°	6°	2°	-1°
Sonnenschein Stunden/Tag	1	2	4	6	8	8	8	7	5	3	2	1
Niederschlag Tage/Monat	12	7	9	8	8	8	9	9	12	12	14	12
Wassertemperatur in °C	3	2	3	5	10	14	17	17	15	12	9	4

Beim Bovbjerg Fyr zwischen Ferring und Trans fällt die Steilküste bis zu 40 m hoch über dem Meer ab

AKTIV & DRAUSSEN

*DEINE URLAUBSREGION ERLEBEN

Hoch zu Ross am Südstrand der Nordseeinsel Rømø – hier werden Reiterträume wahr

Kein Ort in Jütland ist weiter als 52 km vom Meer entfernt. Klar, dass Wassersport und alle Aktivitäten, die mit Wasser zu tun haben, hier eine große Rolle spielen. Ob Segelboot, Kanu oder Surfbrett – Angebot und Nachfrage sind riesig. Aber auch die Wälder Jütlands animieren dazu, draußen unterwegs zu sein. Zahlreiche Wander- und Joggingrouten, lange und kurze Radwege sowie Reitpfade bilden ein riesiges Netzwerk auf Jütlands Landkarte.

Baden

Breite Sandstrände mit Dünen wie aus dem Bilderbuch finden sich entlang Jütlands Westküste. Häufig dürfen die Strände von Autos befahren werden (z. B. in Vejers Strand oder Løkken), einige jedoch bieten etwas mehr Abgeschiedenheit ohne Fahrzeuge am Strand (z. B. in Vejlby Klit oder Lønstrup). Die Westküste ist rau, und die Nordsee darf nicht unterschätzt werden. Hier zu baden ist absolut nichts für Anfänger. An der Ostküste sind die Strände lieblicher, seichteres Wasser erweist sich als deutlich kinderfreundlicher. Man trifft sowohl auf weißen Sandstrand als auch auf kleine Badebuchten. In Jütland gibt es mehrere Meerwasserschwimmbäder (*havbad* wie in Aarhus, aber auch Vorupør und viele mehr) sowie Badeseen (*badesø*, z. B. Almindsø, Vedsted Sø). Auch an den dänischen Fjorden findet man herrliche kleine Strände, und das Baden dort ist einfach entspannend (u. a. Trend Strand oder Ertebølle). In Jütland steht auch das Winterbaden auf dem Kalender, an mehreren Orten des Landes wird diesem Ereignis sogar ein kleines Fest gewidmet (u. a. in Søndervig).

Kite- und Windsurfen

Bretter, die die Surfwelt bedeuten, sind hier an der Tagesordnung. In Jütland findet man einige der besten Surfreviere Europas, denn vor allem die Westküste als windreiche Region hat Wellen zu bieten, die mitunter Weltklasse sind. Nicht ohne Grund liegt hier das Surf-Mekka Cold Hawaii, wo auch internationale Profis ihr Stelldichein geben. Aber auch Løkken

Von der Düne Marens Maw in der Husby Klitplantage bietet sich ein traumhafter Blick

Jütland wartet mit einer ganzen Reihe von MTB-Trails auf. Hier kannst du dich richtig austoben

und der Holmslandklit sind echte Hotspots, die mitunter herausfordernd sein können. Etwas gechillter geht es da auf den Fjorden zu – allen voran dem Ringkøbing Fjord (z. B. Hvide Sande), der, geschützt vor Nordseewellen, auch für Anfänger attraktiv sein kann. Aber auch der Limfjord (z. B. Trend, Hjærbæk) und die Ostküste Jütlands (z. B. Øster Hurup) bieten fantastische Möglichkeiten für Surffans.

SUP

Auf dem Brett ruhig und entspannt übers Wasser gleiten, das Gefühl zu haben, eins mit der Natur zu sein. Stand-up-Paddling ist auch in Dänemark sehr beliebt, und Jütland kann mit ausgezeichneten Locations für genau dieses chillige Feeling aufwarten. Die gesamte Ostküste Jütlands mit den teils seicht abfallenden Stränden sowie die Fjorde bieten mitunter hervorragende Bedingungen für Anfänger. Nissum Fjord und Ringkøbing Fjord, aber auch Mariager Fjord und Küstenabschnitte auf Samsø sind ideal, um auf dem Brett zu stehen und zu entspannen.

Radfahren

Egal, ob kurze oder lange Tour, ob auf Asphalt oder Schotterpiste, ob sportlich oder im Freizeitmodus: Radfahren ist in Jütland die perfekte Fortbewegungsart. Ob Nordseeküsten-Radweg (Vestkystruten), eine Fahrt auf dem Heerweg (Hærvejen), dem Ostseeküsten-Radweg (Østkystruten) oder der Limfjordroute – in Jütland ist auch Langstreckenradeln gut möglich. Und von den kürzeren Strecken ganz zu schweigen – ein großes Netz an Radwegen überspannt das ganze Land. Das gilt auch für Mountainbikestrecken, die sich über ganz Jütland verteilen und Bikern so gut wie immer unterschiedliche Schwierigkeitsstufen zur Auswahl stellen.

Wandern

Jütland hat keine echten Berge zu bieten, dafür aber einige Hügel und schöne Waldgebiete, die es lohnt zu durchqueren. Markierte Wanderrouten gibt es hier noch und nöcher. Es geht entlang Dänemarks längstem Fluss (Naturpfad Trækstien), durch das Marschland (Marskstien), rund um die Seen Silkeborgs (Himmelbjergruten) oder von Küste zu Küste (Kyst til Kyst Stien). Es kann gepilgert werden auf dem Heerweg (Hærvejen), der dänischen Klosterroute (Klosterruten) oder auf Abschnitten internationaler Fernwanderwege. Außerdem wurden Premium Wanderrouten ausgewiesen, vom deutschen

MARCO POLO OUTDOOR-KNIGGE

Sei freundlich und hilfsbereit
Ein Lächeln und ein freundlicher Gruß kosten nichts. Wenn andere in Schwierigkeiten sind, biete ihnen deine Hilfe an, sei es bei der Orientierung, mit einem Pflaster oder dem Fahrradwerkzeug.

Lass dir Zeit
Lass Hektik und Stress zu Hause, wenn du in die Natur reist. Spüre ihren Rhythmus, lass dir Zeit und nimm die Landschaft mit allen Sinnen wahr.

Bleib auf festen Wegen
Auch wenn Abstecher ins Wilde locken, diese Welt gehört den Tieren und Pflanzen – sei ein guter Gast und bleib auf deinem Pfad.

Sei leise
Das tut dir und allen um dich herum gut: einfach mal das Handy stumm schalten und leise sprechen. Plötzlich sind die Geräusche der Natur ganz nah und du kommst selbst zur Ruhe.

Bleib wachsam
Rüste dich gut aus und hab immer ein Auge auf Wetter und Gelände. Sonst bringst du nicht nur dich selbst in Gefahr, sondern auch die Retter, die dir im Notfall zu Hilfe eilen.

Nimm nur Erinnerungen mit
Widersteh der Verlockung, Pflanzen, Steine oder sogar Tiere einzufangen und mitzunehmen. Sie gehören hierher, also nimm nur ein Foto für deine Erinnerungen mit.

Hinterlasse nur Fußspuren
Ob Taschentuch, Brottüte oder Bananenschale – hinterlasse keine Abfälle. Das, was andere liegen gelassen haben, kannst du mitnehmen und im nächsten Mülleimer entsorgen. So lässt du die Natur sauberer zurück, als du sie vorgefunden hast.

Mach dich schlau
Neben „Benimmregeln" gibt es auch Gesetze, an die du dich halten musst, etwa in Naturschutzgebieten. Bereite dich auf deinen Trip vor, so lernst du auch etwas über die Menschen, die an deinem Reiseziel leben.

Wanderinstitut zertifizierte Strecken (u. a. Panoramaroute Mariager Fjord) sowie Leading Quality Trails, die von der europäischen Wandervereinigung ausgezeichnet wurden (z. B. Gendarmsti). Routen, die kürzere Strecken umschreiben, aber nicht minder schön sind, gibt es unzählige im Land.

Hundeskov

Vierbeiner dürfen in Dänemark nur von Oktober bis März an den Stränden ohne Leine laufen – das gilt allerdings nicht per se für alle Strände, vor Ort sollte immer auf entsprechende Hinweise geachtet werden. In Wäldern und Dünengebieten besteht ganzjährig Leinenpflicht! Da kommt ein *hundeskov*, ein Hundewald, gerade recht. Im ganzen Land verteilt gibt es rund 500 Hundewälder, viele von ihnen sind rundherum eingezäunt, sodass einer ausgelassenen Toberunde nichts im Wege steht.

Reiten

Viele Bauern- und Reiterhöfe bieten organisierte Reitausflüge an, manchmal – und bei Nachweis einer gewissen Expertise, ist es auch möglich, einen Solo-Ausflug auf einem „Mietpferd" zu unternehmen. Meist handelt es sich um Islandpferde. Sehr beliebt sind Touren entlang des Nordseestrandes oder durch die weitläufige Dünenlandschaft.

Vogelbeobachtung

Vor allem im Frühjahr und Herbst, wenn die Zugvögel in Jütland Rast machen, gibt es für Fans des Birdwatching jede Menge zu tun. Ideale Orte sind Tipperne südlich des Ringkøbing Fjords, Vejlerne am Limfjord oder Agger Tange an der Westküste. Ein tolles Erlebnis ist auch die Sort Sol, die Jahr für Jahr im März/April und September/Oktober über Jütland aufgeht. Beste Spots gibt es an der Wattenmeerküste.

Strandsport

Sich vom Wind über die kilometerbreiten Nordseestrände ziehen oder treiben zu lassen, ist das erklärte Ziel aller Strandsegler, Kite-Buggy-, Blokart- oder Kitewing-Piloten. Beste Plätze für diesen rasanten Sport auf den oftmals steinharten Stränden befinden sich jeweils auf der Westseite der Inseln Rømø und Fanø. Bei entsprechender Witterung kann man dort Ausrüstung leihen und auch Einführungskurse absolvieren, um für dieses actionreiche Vergnügen richtig gewappnet zu sein.

5 PERFEKTE TAGE

* VIEL ERLEBEN IN KURZER ZEIT

TAG 4: Der hohe Norden
Wandere zum nördlichsten Punkt des Landes und bewundere den Sternenhimmel

TAG 3: Entdeckungen

TAG 5: Klitplantage, Surfen & die schwarze Sonne
Beweise dich auf dem Surfbrett und probiere getrockneten Fisch
TAG 2: Überraschende Momente
Unterwegs in Natur und Stadt – heute hast du Ostjütland im Visier
TAG 1: Auf historischen Pfaden
Entdecke die Geschichte und Spezialitäten Südjütlands
ca. 2 Std.
Herning
Ikast
Ringkøbing
MITTELJÜTLAND
Skanderborg
Ringkøbing Fjord
Skjern
Brande
Horse
Hedensted
Bredsten
Billund
Vejle
Kalundborg
SJÆLLAND
Fredericia
Middelfart
Høng
sbjerg
Vejen
Odense
Slagelse
Rødding
Ribe
Korsør
Nyborg
Großer Belt
Ringe
SÜDDÄNEM
Faaborg
Svendborg
Langelandsbelt
Westerland
Tønder
Rudkøbing
Marstal
Nakskov
Niebüll
Leck
Harris
Handewitt
DEUTSCHLAN
Wyk auf Föhr
Tarp
Kappeln
OSTSEE

Den Genfundne Bro: Erst 2014 wurde die Brücke freigegraben und wunderbar restauriert

Die höchsten Erhebungen des Landes erklimmen, eine kleine Wüste durchqueren, die Welt unter der Erde erforschen, an zwei Meeren entlangspazieren und in einem durchsichtigen Kajak auf dem Fjord unterwegs sein. Dazu jede Menge Geschichten, grandiose Naturschauspiele und den besten Hotdog Dänemarks.

TAG 1: AUF HISTORISCHEN PFADEN

Die Ostküste Südjütlands

• **Angekommen in Südjütland führt der Gendarmsti immer am Wasser entlang.** Vom Sønderborger Schloss aus geht es erst über die Promenade und dann auf historischen Pfaden durch wunderschönen Wald. Vergiss nicht, unterwegs die lauschigen kleinen Buchten zu besuchen – vielleicht stürzt du dich ins erfrischende Blau? → S. 56

• **Nach dem besten Hotdog Dänemarks an Annies Kiosk folgt die Fahrt nach Dybbøl.** Hier erfährst du mehr über die spannende deutsch-dänische Geschichte des Landesteils. Schau dir die Schanzen an und laufe durch das Soldatenlager. → S. 71

• **Nach einem Sønderjysk Kaffebord,** ohne das du diesen Teil des Landes nicht verlassen solltest, geht es weiter nach Årø. Bestaune dieses kleine Inseljuwel, erkunde das Naturschutzgebiet und lass den Abend ausklingen bei Inselspezialitäten oder einem Glas Wein oder Bier von der Insel. → S. 50

TAG 2: ÜBERRASCHENDE MOMENTE

Unterwegs in Ostjütland

• **Der Tag startet mit einer Tour der besonderen Art** Den Genfundne Bro – die wiedergefundene Brücke – ist ein geniales Ausflugsziel, das du zu Fuß, mit dem Rad oder mit dem Kanu erreichen kannst. → S. 110

• **Auf den Straßen von Gamle By wirst du manche Entdeckung machen.** Schlendere von den frühen Zeiten der Stadt bis in die Gegenwart, lass dich auf eine kleine Fachsimpelei mit einem Autohändler der 1920er-Jahre ein und durchstöbere das Radiogeschäft aus den 1970ern. Vergiss nicht, dir etwas Süßes in der Bäckerei zu kaufen, bevor es zum Aarhus Streetfood Market weitergeht. Hier gibt es einfach alles, was das Herz begehrt. → S. 88

SCHÖNER SCHLAFEN

Westjütland

- Einzigartiger Campingplatz nahe der Nordsee mit Stellplätzen, Hütten und Natur-Suiten. *(hennestrandcamping.dk, €€–€€€)*
- Ferienhausurlaub ist in ganz Jütland die meistgewählte Übernachtungsmöglichkeit, das ist Freiheit pur. *(diverse Anbieter, €€–€€€)*

Nordjütland

- Wie wäre es mit einer Nacht in den Baumkronen? Hier kannst du nah an Meer und Fjord die Stille des Waldes genießen. *(lovtag.dk, €€€)*

Ostjütland

- Im Zelt oder Shelter inmitten des Skandinavisk Dyreparks übernachten und mit Wölfen und Bären aufwachen. *(skandinaviskdyrepark.dk, €€€)*
- Gut träumen hinter schwedischen Gardinen? In Horsens wurde das einstige Staatsgefängnis zur Jugendherberge umgebaut. *(faengslet.dk, €€)*

Südjütland

- Schlafen im Zirkuswagen, liebevoll restauriert und weit weg vom Lärm der Außenwelt. *(krusmoelle-glamping.dk, €€–€€€)*

- **Danach erkundest du Dänemarks zweitältesten Nationalpark Mols Bjerge** auf der Halbinsel Djursland. Erklimme Agri Bavnehøj und genieße den Ausblick auf diese fantastische Landschaft → S. 94

TAG 3: ENTDECKUNGEN
Limfjord und Himmerland

- **Starte den Tag unter der Erde!** Besuche in Mønsted die größten zusammenhängenden von Menschen geschaffenen Kalkgruben der Welt, bestaune Höhlen so groß wie Kathedralen und Gänge, die viel zu winzig sind, um darin zu sitzen. → S. 100

Herrliche Lage am Fjord: das Limfjordsmuseet Løgstør in Himmerland

- **Mach dich danach auf und gehe dem Limfjord auf den Grund** – und das quasi wortwörtlich, denn hier bist du im gläsernen Kajak unterwegs und blickst auf den Boden des Fjords. → S. 126
- **Schlendere auf Kopfsteinpflaster durch die Rosenstadt Mariager**, und vielleicht findest du in einem der charmanten Restaurants oder Kros den richtigen Platz, um ein köstliches Smørrebrød zu dir zu nehmen. → S. 149
- **Denn Stärkung brauchst du für die anschließende Tour** durch das großartige Gebiet der Rebild Bakker und den Rold Skov. Hier geht es auf und ab – im Spätsommer sogar wie auf einem lilafarbenen Teppich. → S. 138

TAG 4: DER HOHE NORDEN
Nordjütland

- **Skagen! Von der Tilsandede Kirke läufst du auf dem alten Kirkesti bis nach Skagen.** Ein großartiger Weg, der dich entlang der Kattegatküste vorbei an der alten königlichen Sommerresidenz zu den ikonischen roten Fischpackhäusern im Hafen führt. Setz dich einfach hin und genieße! Und Fisch solltest du hier auch unbedingt essen. Wer möchte kann noch einen Abstecher nach Grenen oder zum Solnedgangspladsen in Gammel Skagen unternehmen – der ist nämlich auch schön, wenn die Sonne nicht gerade untergeht. → S. 156

• **Unternimm danach eine kleine Wüstentour in Nordjütland** und mach dich auf zur größten Wanderdüne Nordeuropas, zur Råbjerg Mile. Weiter geht's zu einer wahren Ikone, dem Rubjerg Knude Fyr. Statte dem Leuchtturm an seinem neuen Standort einen Besuch ab und genieße den Ausblick von der höchsten Stelle des Lønstrup Klints. Bei einem Bummel durch Lønstrup findest du garantiert das richtige Plätzchen für eine Kaffeepause. → S. 141, 142

• **Spaziere danach durch den großartigen Nationalpark Thy,** genieße die Natur oder besuche das Hawaii des Nordens. → S. 124

• **Den Abend lässt du entspannt am Limfjord ausklingen.** Nimm deinen Picknickkorb und erlebe den Dark Sky: Es gibt einen atemberaubenden Sternenhimmel zu erleben und mit etwas Glück auch Nordlichter und Meeresleuchten. → S. 128

TAG 5: KLITPLANTAGE, SURFEN & DIE SCHWARZE SONNE

Unterwegs in Westjütland

• **Der Tag beginnt mit einem ausgiebigen Spaziergang durch die Husby Klitplantage.** Wenn dir der Sinn danach steht, spring hier in die Nordseewellen oder dreh eine Runde durch den winzigen Skavemose Badesø. → S. 172

• **Danach stehst du auf einem Brett, das die Surfwelt bedeutet.** Auf dem Ringkøbing Fjord bist du in bester Gesellschaft und kannst dich auf dem Wasser so richtig auspowern. Möchtest du lieber etwas langsamer unterwegs sein, dann mach dich auf zu einer Strandreinigungstour – Gutes tun setzt genauso Endorphine frei! → S. 183

• **Nach einem *tørred dabs* geht es weiter Richtung Wattenmeer,** dem größten Nationalpark Dänemarks. Hier lässt du den Abend ausklingen an der Ribe Kammersluse und wirst belohnt mit einem der schönsten Sonnenuntergänge der Westküste und vielleicht sogar mit einer Sort Sol. → S. 44, 77

Ständiges Auf und Ab im Wechsel der Gezeiten: das Wattenmeer bei Rømø

SOUVENIRS & MITBRINGSEL

Ein Stück Jütland für zu Hause? Kein Problem, denn hier findest du eine Fülle an landestypischen Produkten, die die Zeit bis zum nächsten Besuch kürzer scheinen lassen – von leckerem Lakritz bis zum kultigen Designobjekt.

Dänisches Design

Ob Porzellan und Steingut für den Tisch, Möbel oder Deko-Artikel. Dänisches Design ist beliebt, und zwar auf der ganzen Welt. Ein Øllefant für zu Hause, den besonderen Weihnachtsbaum-Anhänger von Georg Jensen, einen Gløgg-Becher von Royal Copenhagen oder den besonderen Käseschneider.
Kop & Kande, Torvet 4, Ringkøbing, kop-kande.dk

Kulinarische Spezialitäten

Das im ganzen Land berühmte, grobe Salz von Læsø, das es in Stoffsäckchen zu kaufen gibt. Oder Bonbons direkt aus einer *Bonbonkogeri*, am besten gleich in Rot-Weiß mit Dannebrog, der dänischen Flagge. Du kannst auch das besondere Lakritz probieren oder du nimmst dir für zu Hause einen köstlichen Honig mit, am besten Sensommerhonning.
In gut sortierten Supermärkten, Bonbonkogerier, Feinkostläden und Straßenständen

Glaskunst

Mach dich auf zu einer der zahlreichen Glasbläsereien und lass dich verzaubern von dieser Handwerkskunst. Finde etwas, was dir gefällt, und dann nimm dir vielleicht einen Glastropfen mit, den du daheim vor das Fenster hängst. Oder eine kleine Blumenvase, ein Glas, einen Briefbeschwerer … made in Denmark.
Glashuset, Strandvejen 68, Lønstrup, Hjørring

Bernstein

Selbstgefunden ist Bernstein als Souvenir unübertroffen. Vielleicht ist dir das Glück aber nicht hold – dann kannst du in einer *ravsliberi* Glück haben und dir einen Stein zulegen. Ganz pur oder schon als kleines Schmuckstück gearbeitet, damit er zu Hause nicht irgendwann in der Schublade landet.
Rav-Værkstedet, Højtvedvej 7, Mygdal, Hjørring, rav-vaerkstedet.dk

Kerzen

Handgezogene Kerzen sind ein weiteres typisches Souvenir aus Dänemark. Blockkerzen, Leuchterkerzen, Adventskerzen in allen erdenklichen Farben und Größen – die Auswahl ist riesig. Besuchst du eine Kerzenzieherei, kannst du dich meist sogar selbst ans Werk machen und deine eigene Kerze ziehen.
Kloster Design, Klostervej 96, Ringkøbing, klosterdesign.dk

DIE REGIONEN IM ÜBERBLICK

*HIER IST FÜR JEDEN WAS DABEI

Nordjütland → S. 120

Sand, Steilküsten und Klitplantagen – für Ruhesuchende und Naturfreunde

Westjütland → S. 162

Strand, Dünen und Wind – für Wassersportbegeisterte und Badenixen

Ostjütland → S. 80

Fjorde, Hügel und Heide – für Wanderer mit Entdeckergeist

Südjütland → S. 38

Watt, Meeresbuchten und Geschichte – für Wissbegierige und Wattläufer:innen

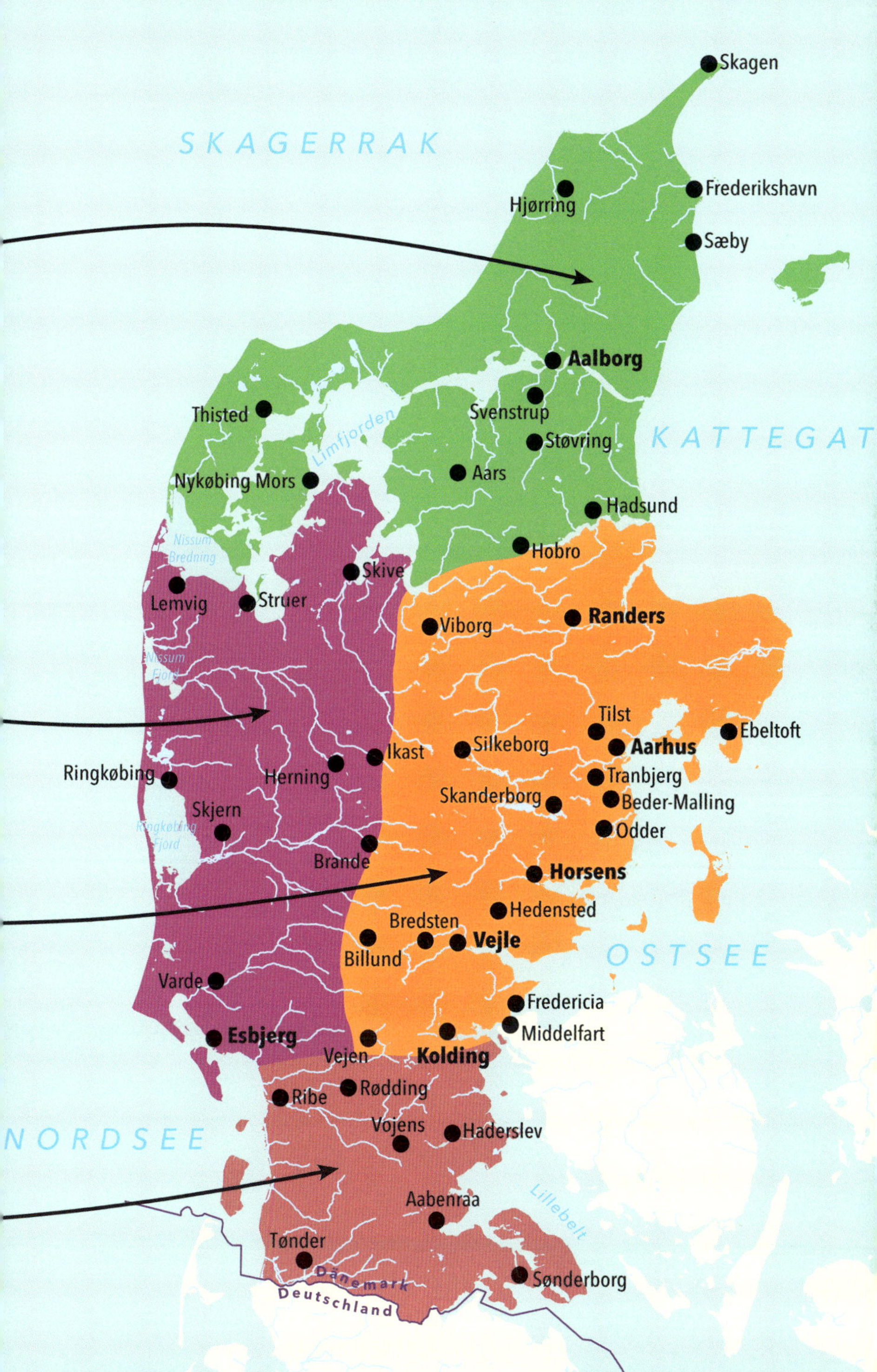

SKAGERRAK
KATTEGAT
OSTSEE
NORDSEE
Skagen
Frederikshavn
Hjørring
Sæby
Aalborg
Svenstrup
Thisted
Limfjorden
Støvring
Aars
Nykøbing Mors
Hadsund
Nissum Bredning
Hobro
Skive
Lemvig
Struer
Viborg
Randers
Nissum Fjord
Tilst
Ebeltoft
Silkeborg
Aarhus
Ikast
Herning
Ringkøbing
Tranbjerg
Skjern
Skanderborg
Beder-Malling
Ringkøbing Fjord
Odder
Brande
Horsens
Hedensted
Bredsten
Vejle
Billund
Varde
Fredericia
Middelfart
Esbjerg
Vejen
Kolding
Rødding
Ribe
Vojens
Haderslev
Aabenraa
Lillebelt
Tønder
Sønderborg
Dänemark
Deutschland

Segelschiffe aller Größen liegen vor der gepflegten Hafenpromenade von Sønderborg mit ihren alten Häusern

Südjütland

WATT, MEERESBUCHTEN UND GESCHICHTE

Im Westen plattes Land und Wattenmeer, das zweimal täglich von der Nordsee überspült wird. Ribe, die älteste Stadt Dänemarks, und zahlreiche Denkmäler einer lange zurückreichenden Besiedlung im Hinterland. Dazwischen Spuren vom jahrhundertelangen Kampf des Menschen gegen das Meer. Ihm fruchtbares Land abzuringen, war schon immer das Ziel, und zahlreiche Sturmfluten machten im Lauf der Zeit die Bemühungen immer wieder zunichte. Große Deiche zeugen davon und prägen die Landschaft. Im Osten kleine Meeresbuchten, Fjorde und kleinere, der Küste vorgelagerte Inseln. Es ist vor allem das Meer, das den Charakter des östlichen Landesteils prägt. Historische Wege wie Gendarmsti und Hærvejen werden von Wanderern und Radlern besonders gern genutzt, und die entscheidenden Stätten der deutsch-dänischen Geschichte sind hier ein Muss für alle Geschichtsfans.

AUF EINEN BLICK

*SÜDJÜTLAND

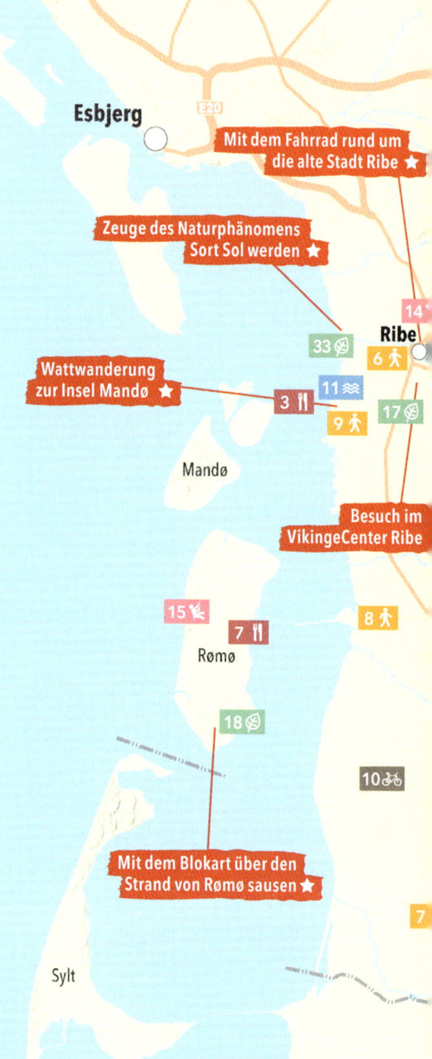

MARCO POLO

OUTDOOR-HIGHLIGHTS ★

★ Besuch im VikingeCenter Ribe

Wikinger, wie sie wirklich waren → S. 42

★ Zeuge des Naturphänomens Sort Sol werden

Ein Naturschauspiel der Extraklasse → S. 44

★ Wattwanderung zur Insel Mandø

Stapfen im Schlick macht Spaß! → S. 46

★ Mit dem Blokart über den Strand von Rømø sausen

Action pur an einem der besten Strände Europas → S. 48

★ Inselidyll im Kleinen Belt – eine Radtour auf Ærø

Einen Gang runterschalten → S. 50

★ Auf zwei Rädern durch den Nørreskov auf Als

Immer unter dem grünen Blätterdach → S. 52

★ Mit dem Fahrrad rund um die alte Stadt Ribe

Marsch, Deich, Wind und Wikinger → S. 54

★ Auf dem Gendarmsti mit dem Rad unterwegs

Auf dem alten Weg der Grenzgendarmerie → S. 56

Billund
Bredsten
Vejle
Fredericia
Kolding
Middelfart
Vejen
DÄNEMARK
Inselidyll im Kleinen Belt - eine Radtour auf Årø
Fyn
54 km, 1 Std.
Vojens
Haderslev
Lille Bælt
48 km, 50 Min.
Auf zwei Rädern durch den Nørreskov auf Als
Aabenraa
Als
der
Sønderborg
45 km, 50 Min.
EUTSCHLAND
Auf dem Gendarmsti mit dem Rad unterwegs
Leck
Handewitt
Flensburg

OUTDOOR-HIGHLIGHTS

*DIE BESTEN ERLEBNISSE DRAUSSEN

Besuch im Vikinge-Center Ribe ★

„Vikings", „Vikings: Valhalla", „The Last Kingdom", „Norsemen" – Serien, Filme und Dokumentationen über die Wikingerzeit boomen. Nicht selten wird eine Welt gezeigt, die von untergegangenen Königreichen, heroischen Kämpfern, nordischer Mythologie und blutrünstigen Schlachten, Raubzügen und Plünderungen erzählt. Im Vikingecentret Ribe kannst du dir – abseits von Netflix & Co. – ein ganz anderes Bild von dieser faszinierenden Epoche machen.

Wer waren die Wikinger?

Wikinger – das war kein Volk, sondern es ist der kollektive Begriff, der benutzt wird, um skandinavische Entdecker, Händler, Plünderer, Eroberer und Krieger zu beschreiben. Sie waren – entgegen der allgemeinen Auffassung, die Nordmänner waren lediglich auf Raubzügen unterwegs – begnadete Schiffsbauer und hervorragende Navigierer, vor allem aber Siedler und Händler, die sich in Skandinavien, aber auch im Norden Schottlands, Ostengland, den Färöern, Irland, Island und Grönland niederließen.

Auf Gut Lustrupholm bei Ribe kannst du 1300 Jahre in der Zeit zurückreisen und anhand möglichst authentischer Rekonstruktionen erleben, wie es an diesem Ort einst ausgesehen hat. Alles wurde ausschließlich mit historischen Werkzeugen und originalem Material nachgebaut. Besuche den Hviding-Gutshof und das imponierende Langhaus, das genau wie das gesamte Erlebniscenter in der Hochsaison von echten Nordleuten belebt wird.

In der Stadt und dem Hafen triffst du Tischler, Falkner und Händler. Und auch das Thinghaus und den Nachbau der ersten Kirche des Missionars Ansgar darfst du nicht verpassen. Bei Kindern besonders beliebt ist der mythologische Spielplatz. Auf dem Marktplatz wurden einst Waren getauscht und gehandelt. Jeder wollte hier ein Geschäft machen, und oftmals begaben sich Kaufleute und Handwerker auf eine mehrere Tage währende Reise, um Ripa zu erreichen. Der Marktplatz strotzte nur so vor Leben. Und genau das war, davon ist man heute überzeugt, der Anfang der heutigen Stadt Ribe.

Der Wikingermarkt im Frühjahr

Insider-Tipp Im Frühjahr, wenn hier der Internationale Wikingermarkt stattfindet, kannst du genau diese Atmosphäre erleben. Handwerker und Bogenschützen, Krieger, Reiter und Musiker. Es riecht nach Rauch und Essen, exotischen Gewürzen und glühenden Kohlen, Pferden und Kuhmist. Gaukler führen ihre Kunststücke vor, und Gesprächsfetzen in fremden Sprachen wehen herbei. Verkäufer rufen zu dir hinüber und versuchen, dich an ihre Buden zu locken. Vielleicht kannst du ja das eine oder andere gute Geschäft machen?

Die Tour im Überblick

Spaziergang durch die Wikingerstadt Ripa, 3–4 Std.

VikingeCenter, Roagervej 129, Ribe, Ortsteil Lustrup | Buslinie 417, Haltestelle Vikingecentret (sydtrafik.dk) | Mit dem Auto über die 11, dann Roagervej, Parkplatz vor Ort | ribevikingecenter.dk | €€

November–April geschl., im Frühjahr internationaler Wikingermarkt
Ans Wetter angepasste Kleidung
55.309756, 8.765080 (VikingeCenter)

DOWNLOAD GPX-Track

Authentische Rekonstruktionen und alte Handwerkskunst machen das Wikingerzentrum Ribe zu einem Erlebnis (li.). Auch Krieger und historische Boote sind zu sehen (re.)

Zeuge des Naturphänomens Sort Sol werden ★

Zweimal im Jahr kannst du Zeuge eines faszinierenden Naturschauspiels über der Marsch werden. Sowohl in der Zeit von Anfang März bis Mitte April als auch von Anfang September bis teilweise Ende Oktober versammeln sich bis zu 1,5 Mio. Stare, um ihr allabendliches Himmelsballett aufzuführen, bevor sie sich auf ihren Schlafplätzen im Schilf niederlassen.

Stare werden zu Stars

Es ist ein grandioses Frühjahrs- und Herbstschauspiel, das die sonst eher wenig beachteten Vögel jeden Abend ungefähr eine Stunde vor Sonnenuntergang aufführen. Sobald sich im Frühjahr die Frostzeit dem Ende zuneigt und bevor im Herbst die ersten Nächte mit Temperaturen unter null Grad wieder den Winter ankündigen, geht über der Marsch die schwarze Sonne auf und tanzt über den Himmel. Jedenfalls könnte man das meinen.

Die schwarze Sonne

Natürlich sind es die Tausende Stare, die sich wie zu einem einzelnen Organismus zusammentun und vor der untergehenden Sonne ihre prächtigen Muster an den Himmel werfen. Die Sonne verdecken sie dabei nahezu komplett – daher der Name „Schwarze Sonne". Die Stare, die in diese Gegend kommen, sind auf der Suche nach Larven, die massenhaft in den feuchten Wiesen der Tøndermarsch leben. Tagsüber suchen sie nach Futter in den äußeren Gebieten des Marschlandes und nachts schlafen sie im Schilfrohr. Die Übernachtungsplätze werden ständig gewechselt – zum einen, um Raubvögel in die Irre zu führen, zum anderen, weil das Schilfrohr, nachdem es einige Tage als Schlafstätte der Vogelkolonie gedient hat, auch brechen kann und die Tiere dann im Wasser sitzen müssten.

Unterwegs mit Profis

Man kann also nie genau wissen, wo die Stare sich zur Nacht niederlassen werden – die Vögel wechseln mehrmals in der Saison, manchmal sogar von einem Tag auf den anderen ihren Nachtplatz. Natürlich kannst du dich auf eigene Faust auf die Lauer legen, um diesem imposanten Spektakel beizuwohnen. **Insider-Tipp** Die Tøndermarsch wie auch mehrere Orte rund um Ribe sind in dieser Hinsicht gute Adressen. Es kann aber auch sinnvoll sein, dich einer Tour anzuschließen, um zur richtigen Zeit am richtigen Ort zu sein und die Chancen auf ein Erleben der schwarzen Sonne zu optimieren. Es existieren mehrere Anbieter von Exkursionen, so kannst du dich etwa mit Naturführern des Vadehavscenters aufmachen, die immer ihre „Spione" in der Marsch haben und die aktuelle Situation genau im Blick haben.

Die Tour im Überblick

Naturbeobachtung Sort Sol, an der Ribe Kammersluse, 1–2 Std.

Bjerrumvej 30, Ribe, oder Vadehavscenter, Okholmvej 5, Ribe | Parkplätze vor Ort | Du kannst dich gut allein auf die Lauer legen oder du nimmst an einer Tour teil, die vom Wattenmeerzentrum organisiert wird (vadehavscentret.dk, €€)

Frühjahr und Herbst, jeweils rund eine Stunde vor Sonnenuntergang
Warme Kleidung und warme Getränke
55.338940, 8.677805 (Kammersluse), 55.295833, 8.668861 (Vadehavscentret)

DOWNLOAD GPX-Track

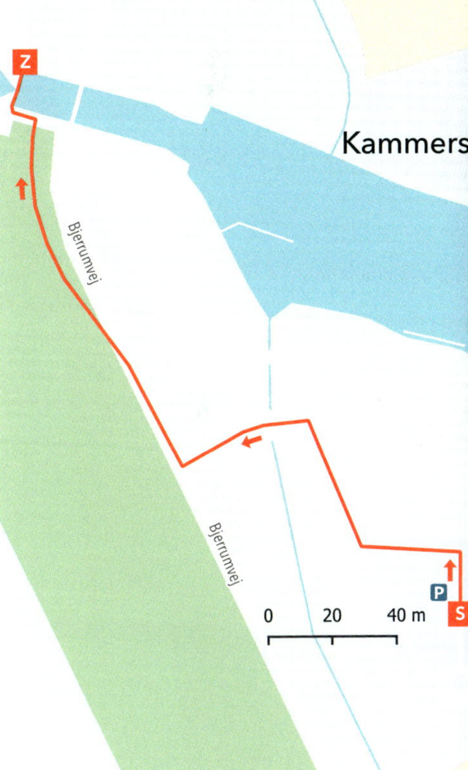

Im Frühjahr und Herbst ziehen große Starenschwärme über Süddänemark und bilden kurz vor Sonnenuntergang dunkle Wolken am Himmel: Sort Sol – Schwarze Sonne (li. und o.)

Wattwanderung zur Insel Mandø ★

Ein Besuch im Wattenmeer ist ein einzigartiges Naturerlebnis. Auf einer Länge von fast 500 km verteilt sich das Wattenmeer auf drei Nationen und gilt als eines der wertvollsten Ökosysteme der Welt. Der dänische Abschnitt ist im Vergleich der kleinste, seit 2010 bildet er jedoch den größten Nationalpark des Landes. Inzwischen wurde er auch von der Unesco zum Weltnaturerbe erklärt.

Ebbe & Flut

Mal ruhiges, seichtes Wasser, mal tosendes Meer und dann schlammiges Land – das Wattenmeer hat viele Gesichter. Antrieb dieses ständigen Wechsels sind die Gezeiten. Sechs Stunden und zwölf Minuten nach dem Höchststand ist der niedrigste erreicht, genau sechs Stunden und zwölf Minuten später wieder der höchste – und so geht es weiter. Im Normalfall steigt das Wasser im Bereich des Wattenmeers bis zu 2 m. Bei Ebbe und Flut treten starke Strömungen auf, die du keinesfalls unterschätzen solltest. **Insider-Tipp** Vor allem Priele und sogenannte Tiefs sind gefährlich, was schnell zu lebensbedrohlichen Situationen führen kann!

Nur geführt ins Watt!

Am besten ist es also, sich einer geführten Tour anzuschließen – so hast du Wattenmeerprofis an deiner Seite, die dich nicht nur vor Gefahren bewahren, sondern ganz nebenbei auch noch jede Menge Wissenswertes über einen der fruchtbarsten Lebensräume der Erde zu erzählen wissen. Und man erfährt eine Menge über die zahlreichen Arten, die hier leben – neben Würmern, Schnecken, Krebsen und Muscheln natürlich auch Fische und Vögel. Für viele von ihnen ist das Wattenmeer ein wichtiger Rastplatz und vor allem eine ergiebige Nahrungsquelle. Und nicht zu vergessen: Dänemarks größtes Raubtier, die Kegelrobbe.

Auf nach Mandø

Mit Naturguides des Wattenmeerzentrums kannst du entlang des alten Ebbevej zur Insel Mandø wandern. Die Wattenmeerinsel zwischen Rømø und Fanø liegt 6 km vom Festland entfernt und ist nur wenige Stunden am Tag erreichbar. Der Ebbevej wurde 1768 aufgeschüttet und wird heute nur noch von den Traktorbussen oder als Wanderroute benutzt. Eine weitere Möglichkeit, Mandø zu erreichen, ist der Låningsvejen. 1978 aus Kies angelegt und mit sogenannten Lahnungen abgesichert, liegt er ca. 65 cm über Normalnull. Auch er ist nur wenige Stunden am Tag befahrbar.
Auf dem Weg durch das Watt erfährst du alles über die einzigartige Landschaft und die Geschichte der Insel. Auf Mandø angekommen, kannst du vom Deich aus die Weite des Wattenmeers genießen. Zurück aufs Festland geht es mit dem Traktorbus.

Die Tour im Überblick

Wattwanderung mit Vadehavscentret, ca. 8 km, 2–3 Std.

Vadehavscentret, Okholmvej 5, Vester Vedsted, Ribe (auch individuell abgestimmte Tour möglich, Mindestalter: 8 Jahre) | Mit dem Auto bis Vadehavscenter und zum vorher bekannt gegebenen Startpunkt der Tour | vadehavscentret.dk | €€

Warme Jahreszeit bis früher Herbst
Kleidung je nach Wetterlage, Gummistiefel, alte Turnschuhe oder Sandalen, im Sommer an Sonnenschutz denken
55.295827, 8.668807

DOWNLOAD GPX-Track

Wenn sich bei Ebbe das Wasser zurückzieht und den Meeresboden freigibt, geht es raus aufs Watt mit seiner erstaunlichen Biodiversität (li. und re.)

Mit dem Blokart über den Strand von Rømø sausen ★

Blokart ist eine relativ neue Erfindung. Der Landsegler wurde 2001 in Neuseeland entwickelt, und sehr schnell hat diese neue Fun-Sportart überall auf der Welt Fuß gefasst. Besonders in Europa, wo breite Strände und gute stabile Winde ein einzigartiges Action-Erlebnis versprechen. An den kilometerbreiten Stränden Rømøs ist vor allem der Südstrand das Revier der Strandsegler, Kite-Buggys und Blokarts.

Segeln, ohne nass zu werden

Du möchtest etwas Neues ausprobieren oder einfach mit Freunden oder der Familie am Strand unterwegs sein und dem Ganzen eine Prise Action verleihen? Mit einem Blokart unterwegs zu sein ist eine fantastische Möglichkeit, die Freiheit und Geschwindigkeit des Segelns zu spüren – und das an Land. Es ist quasi Segeln ohne nass zu werden, und zwar über einen der schönsten Strände Europas. Die kleinen, leichten Fahrzeuge sind mit einem robusten Rahmen ausgestattet, der Stabilität und Sicherheit gewährleistet. Das Segel lässt sich leicht verstellen, du kannst also die Segelfläche an die Wetterlage und deine Vorlieben anpassen. So wird das Fahren bei leichter Brise genauso wie bei starkem Wind möglich. Konzipiert sind die Blokarts für die Bedienung durch eine Person und sind genauso geeignet für Erwachsene wie für Kinder.

Action & breites Grinsen

Du brauchst keine Segelerfahrung, um mit dem Blokart zu starten. Das Team von KiteSyd erklärt dir die ersten Schritte deines Landsegel-Abenteuers und stattet dich mit Helm und Handschuhen aus. Alle starten auf einer kleinen Übungsbahn. Innerhalb von nur zehn Minuten lernen die meisten Menschen, ein Blokart zu steuern und zu manövrieren. Und dann warten Action und vor allem

Der Südstrand von Rømø bietet die perfekten Bedingungen zum Blokart fahren. Das Pesen über den Sand ist bei der kurzen Einweisung kinderleicht zu erlernen (li. und re.)

ein breites Grinsen auf dem Gesicht auf dich. Es gibt kaum etwas Schöneres, als mit einem Blokart über diesen fantastischen Strand zu segeln. Das musst du erleben, wie einfach es ist, den Wind mit dem Segel zu kontrollieren und für sich zu nutzen. Spaß an der Geschwindigkeit zu haben ganz ohne Abgase und den Lärm, den Wind im Gesicht und den salzigen Geschmack der Nordsee auf den Lippen zu spüren. Ein grandioses Ereignis, das viel zu schnell vorübergeht. Blokarts gibt es auch als Zweisitzer, dabei muss allerdings, wie übrigens auch bei den Einsitzern, das Gewichtsmaximum beachtet werden. **Insider-Tipp** Bei SydKart auf Rømø können auch Rollstuhlfahrer eine Tour mit dem Blokart unternehmen. Es steht ein Lift für den Aus- und Einstieg zur Verfügung, der im Voraus gebucht werden muss, damit er rechtzeitig an den Strand gebracht wird.

Die Tour im Überblick

Blokart fahren mit KiteSyd, 1 Std.

Sønderstrandvej, Rømø | Buslinie 285 von Skærbæk nach Rømø (sydtrafik.dk) | Mit dem Auto über den Rømø Dæmningen auf die Insel, dann Richtung Rømø Sønderstrand, Parkplatz vor Ort am Strand | kitesyd.dk

Am schönsten im Sommer, sonst wird es eventuell schnell zu kalt
Ans Wetter angepasste Kleidung und gute Laune
55.080274, 8.518650 (Rømø Sønderstrand)

DOWNLOAD GPX-Track

Inselidyll im Kleinen Belt – eine Radtour auf Årø ★

Diese kleine idyllische Insel im Lillebelt musst du besuchen! Vom Hafenort Årøsund, von wo bis 1972 eine der wichtigsten Postschifflinien Dänemarks, nämlich die nach Fünen, ablegte, gelangt man mit der Fähre in nur wenigen Minuten auf das kleine Eiland. Ein Ausflug nach Årø eignet sich perfekt als Tagestour.

Årøsten & Årø Kalv

Das Rad satteln und ab auf die Fähre, die dich in Rekordzeit auf die 5,8 km² große Insel Årø im Kleinen Belt bringt. Eile und Hast kannst du getrost über Bord werfen, denn bist du erst mal auf Årø angekommen, wird einen Gang runtergeschaltet. Ganz automatisch – hier scheinen die Uhren nämlich tatsächlich ein wenig anders zu ticken.
Vom Fähranleger aus geht es erst mal durchs Dorf, dann hältst du dich links, passierst die Kirche und biegst in den ersten Weg wieder nach links ein. Durch Felder hindurch folgst du dem Verlauf dieser Route, umrundest fast das Feld, auf dem der Årøstenen liegt, ein großer Stein, der sich großer Beliebtheit bei Fans von Gesteinen erfreut. Weiter geht es wieder ins Inselinnere und dann Richtung Campingplatz, den du auf dem Weg zum Weststrand passierst. Hier solltest du einen Abstecher ins Naturschutzgebiet Årø Kalv machen, ein Wildreservat, das sich im Osten der Insel wie eine lange Landzunge erstreckt. Hier siehst du besonders schützenswerte Pflanzen- und Tierarten, besonders Hobby-Ornithologen kommen dort auf ihre Kosten. Tiefsandige Wege machen jedoch das Fahrradfahren schwer, lass also am besten dein Rad gleich zu Beginn stehen und erobere das wunderschöne Areal zu Fuß – und genieße Ruhe pur!

Dänischer Wein & Tangpesto

Anschließend radelst du wieder gen Osten, um dann Kurs auf Årø Vingård zu nehmen, der mit sowohl Rot- als auch Weiß- und Roséweinen wie auch

Likören und Sprudelndem die Herzen der Traubenliebhaber höherschlagen lässt. Mit Blick auf die Reben kannst du dich hier auf der Sonnenterrasse einmal durch die Künste dänischer Winzer probieren. Auf dem Weg zum Fähranleger kommst du an Brummers Gaard vorbei, einem Ausflugshof, dessen Spezialität eine Rinderwurst ist, die mit Meerkohlsalat, Tangpesto und frisch gebackenem Brot serviert wird. Eine Pause ist hier also mehr als angebracht. Schau dir auch die charakteristische Bohlenscheune – die Bullade – an, eine der wenigen erhaltenen Bohlenscheunen Dänemarks. **Insider-Tipp** In der nahe gelegenen Brauerei Årø Bryg kannst du an einer Brauereiführung samt Bierverkostung teilnehmen – aus dem Blick verlieren darfst du die Uhr dann aber doch nicht. Jedenfalls nicht, wenn du tatsächlich noch zurück aufs Festland möchtest.

Die Tour im Überblick

Leichte Fahrradtour auf Årø, ab/bis Årø Havn, ca. 9 km, 45 Min. plus Besichtigungen

Buslinie 268, 269, Haltestelle Årøsund Havn (sydtrafik.dk) | Mit der Fähre ab Årøsund, stündlich zwischen 6 und 23 Uhr (€) | Parkplatz im Årøsund Havn, Auto auf dem Festland lassen

Außerhalb der Brutzeit (von März bis 15. Juli ist das Reservat nicht zugänglich)
Ans Wetter angepasste Kleidung
55.260314, 9.731467

DOWNLOAD GPX-Track

Die kleine beschauliche Insel Årø ist mit dem Fahrrad schnell umrundet (li.). Der Ausflugshof Brummers Gaard (re. o.). Unterwegs mit der Fähre ab Årøsund (re. u.)

Auf zwei Rädern durch den Nørreskov auf Als ★

Eine Tour durch Naturgebiete, die zu einem Großteil nur mit dem Rad oder zu Fuß erreichbar sind, führt dich auf Asphalt- und Schotterwegen durch den Nørreskov, einen der längsten Küstenwälder Dänemarks. An manchen Stellen wirst du dein Rad schieben müssen, um einigen der zahlreichen Kulturdenkmälern und sagenumwobenen Stätten einen Besuch abzustatten.

Los geht's in Guderup

Vom Marktplatz des Dörfchens Guderup startest du Richtung Elstrup, an dessen Ortsrand die Elstrup Mølle ins Auge fällt, eine der wenigen noch existierenden Galerie-Holländerwindmühlen in Dänemark. Von der Mühle aus führt der Weg durch den Ort, ganz idyllisch vorbei an Fachwerkhäusern, und dann bis hin zum Nørreskov.

Kulturdenkmäler und Natur

Du kannst Den Grønne Bro, eine Steinbrücke, die mehr als 200 Jahre alt ist und einen ganz besonderen Baum, Den Lådne Bøg (die wulstige Buche) ansehen. Um den Baum – wild verzweigt, verknorpelt und mit wulstigen Gewächsen – rankt sich die Geschichte, ein Vater habe auf die Freier seiner Tochter schießen wollen und dabei den Baum getroffen, der bald darauf knorrig wurde. Auch die Schlossruine Østerholm liegt auf dem Weg – das Schloss wurde 1555 errichtet, jedoch nach längerer Zeit des Leerstandes 1733 schon wieder abgerissen. Heute sind hier lediglich die Grundmauern zu sehen, aber mit ein bisschen Fantasie wird daraus noch ein Schloss. Insider-Tipp Statte auch dem Leuchtturm Taksensand Fyr einen Besuch ab! Von Østerholm geht es über den Kongevej – so heißt der Weg im Volksmund – bis zum Fjordmosen. Das Moorgebiet ist Heimat für eine Vielfalt von Vögeln und Wildpflanzen. Vom Strandwall und auch vom Beobachtungsturm bei Troldmose

Der Nørreskov ist ein Naturwald entlang der Osküste von Als. Bei der Tour durch das Feuchtgebiet passiert man einige Brücken (li.). Breite Wege führen durch den dichten Wald (re.)

aus hast du gute Chancen, Fischreiher, Mäusebussarde oder Graugänse beobachten zu können.

Ungeliebter Herrensitz

Weiter geht's wieder tiefer in den Wald hinein. Hier liegt der gut erhaltene Burgwall von Helvedgaard, ein 1321 erstmals erwähnter Herrensitz, auf deiner Tour. Ab Mitte des 16. Jhs. gehörte Helvedgaard zum Besitz des Thomas Sture, seinerzeit mächtigster Mann von Als. Die Burg genügte Sture aber bald schon nicht mehr, und er verlegte seinen Herrensitz ins nahe Østerholm, Helvedgaard verfiel. Heute führt eine rekonstruierte Zugbrücke über den einstigen Burggraben – ein guter Platz für eine kleine Pause! Dann radelst du weiter durch den Wald, immer parallel zur Küste bis zur Wegkreuzung mit dem Holmvej, in den du links abbiegst und dem du bis nach Sjellerup folgst. Von dort geht es über Vesterled und Nørregade zurück nach Guderup.

Die Tour im Überblick

Leichte Fahrradtour, ab/bis Guderup, ca. 16 km, 2–3 Std.

Buslinie 223, 224 bis Guderup (sydtrafik.dk) | Mit dem Auto über die 405 bis nach Guderup

Besonders schön an einem goldenen Herbst- oder warmen Frühlingstag. Im Sommer bietet das Blätterdach des Nørreskov einen guten Schutz gegen die Sonneneinstrahlung

Verpflegung und vor allem genug zu trinken nicht vergessen, ggf. Sonnencreme!

54.989833, 9.867229

DOWNLOAD GPX-Track

Mit dem Fahrrad rund um die alte Stadt Ribe ★

Die Gegend um Ribe ist wie gemacht für Ausflüge in die einzigartige Landschaft des Wattenmeers. Auf der 28 km langen Fahrradroute „Wikinger und Wattenmeer" erlebst du neben der besonderen Natur auch ein Stück Kulturgeschichte. Zahlreiche Orte erzählen vom Kampf des Menschen gegen das Meer oder von den Wikingern, die bereits vor mehr als 1000 Jahren die Vorzüge dieser Gegend zu schätzen wussten.

Von der Plantage zum Deich

Gestartet wird an der Ribe Plantage am nördlichen Stadtrand. Hier gibt es Bäume, an denen noch Flutmarken zu erkennen sind, u. a. ein Exemplar, das an die verheerende Sturmflut des Jahres 1911 erinnert. Ein bisschen gruselig ist der Galgebakken, die ehemalige Hinrichtungsstätte, etwas abseits des Weges. Weiter geht's zum Dorf Nørre Farup am Rand des Marschlandes und dann auf dem Kammerslusevej in Richtung Nordsee. Kanäle und Eindeichungen zeugen hier von den steten Bemühungen der Menschen, dem Meer Land abzuringen. Die Kammerschleuse, die nun ins Blickfeld rückt, wurde 1912 errichtet und schützt Ribe bis heute vor Sturmfluten.

Sturmflutsäule, Wattenmeerzentrum & Wikinger

Jetzt am Deich entlang bis zur Sturmflutsäule nahe des Mandø Ebbevejs und dann wieder zurück ins Landesinnere. Am Vadehavscenter lohnt sich ein kleiner Stop samt Stärkung, denn im weiteren Verlauf der Strecke kann mitunter der Wind eine echte Herausforderung sein. Also ist ordentlich In-die-Pedalen-Treten angesagt. Im Ribe VikingeCenter kannst du dann deine Beine ein wenig ausruhen und dich zu Fuß auf eine kleine Zeitreise begeben. Die Rekonstruktionen aus der Zeit von 710–980 sind in der Sommerzeit belebt. Dann kannst du hier auf Handelsleute, Handwerker, Bauern und Krieger der Wikingerzeit treffen. Zurück nach Ribe geht es durch das kleine Dörfchen Lustrup mit seinen schönen reetdachgedeckten Häuschen.

Inmitten der Stadt: Ribe Domkirke

Schließlich erhebt sich der mächtige Turm der Domkirche weithin sichtbar über die flache Landschaft – einfach beeindruckend. **Insider-Tipp** Über die Hundegade und Stenbogade gelangst du auf direktem Weg zum Dom, den du dir auf dieser Tour keinesfalls entgehen lassen solltest. Über Dagmarsgade und Rosenallé oder ganz gemütlich durch die Fußgängerzone (hier wird natürlich geschoben), Saltgade und Plantagevej kommst du dann aus der Innenstadt zurück zur Ribe Plantage. Da es sich um eine Rundtour handelt, kannst du deinen Ausflug natürlich auch an jedem anderen Punkt der Strecke starten und beenden.

Die Tour im Überblick

Einfache Radtour ab/bis Ribe Plantage, ca. 30 km, 2½ Std.

Ribe Plantage, Farupvej, Ribe | Mit dem Zug bis zur Ribe Nørremark Station | Mit dem Auto bis zum Parkplatz Nord, Saltgade 21, Ribe | ribevikingecenter.dk

Am schönsten, wenn es warm und nicht zu windig ist und Vadehavscenter und VikingeCenter geöffnet sind

Ans Wetter angepasste Kleidung, vor allem winddicht, ausreichend Getränke

55.340104, 8.768658

DOWNLOAD GPX-Track

Im Freilichtmuseum Ribe VikingeCenter sind Gebäude aus der Wikingerzeit zu bestaunen (li.). Der Dom zu Ribe stammt aus dem 13. Jh. und ist damit die älteste Domkirche Dänemarks (re.)

Auf dem Gendarmsti mit dem Rad unterwegs ★

In früheren Zeiten patrouillierten auf diesem Weg Grenzgendarmen auf der Suche nach Schmugglern, die ihre Waren vorbei am dänischen Zoll außer Landes oder auch nach Dänemark hineinbringen wollten. Heute führt der 84 km lange Wanderweg von Padborg im Westen bis Høruphav im Osten – immer entlang der Flensburger Förde.

Los geht's am Sønderborg Slot

Einer der schönsten Abschnitte des in fünf Etappen unterteilten Wanderweges ist ein Teil der sogenannten Strandetappe, und zwar die Strecke von Sønderborg nach Høruphav. Hier geht es immer am Wasser entlang – auf der quirligen Promenade, durch geheimnisvollen Wald, auf steilen Böschungen und vorbei an herrlichen Stränden. Eine Traumtour! Gestartet wird am Sønderborg Slot, das heute ein Museum beherbergt und wo König Christian II. einst 17 Jahre in Gefangenschaft verbrachte. Die vierflügelige Anlage stammt aus dem 12. Jh. und ist komplett aus Backstein errichtet. Lauf ruhig einmal um das mächtige Bauwerk herum, um einen Eindruck zu bekommen. Eine wahre Festung!

Promenade & Sort Strand

Weiter geht es dann auf der Promenade, die je nach Tages- und Jahreszeit recht belebt sein kann. Kleine Strandabschnitte und Badestege auf der einen, die feinen Fronten der Stadthäuser und die Parkanlage auf der anderen Seite. Hat man den kleinen Segelhafen sowie Den Sorte Strand, einen beliebten Badestrand, passiert, führt der Weg nun auf einem Trampelpfad an der Küste entlang – grandiose Weitblicke inklusive.

Wald mit Aussichtspunkten

Und auch im Wald Sønderskov, durch den der Weg hindurchführt, wirst du das eine oder andere schöne Plätzchen finden, an dem du eine Pause

Am massiven roten Backsteingebäude des Sønderborg Slot beginnt unsere Tour (li.). Eindeutige Schilder weisen auf dem ehemaligen Grenzpfad den Weg (re.)

einlegen kannst. Die Blicke auf die Förde, die man durch die hohen Bäume hindurch immer wieder werfen kann, wirken wie eingerahmt vom Holz der Baumstämme – wie fantastische Naturgemälde. Einfach großartig! Ein schmaler Trampelpfad führt teilweise weiter auf einer Steilküste. Immer wieder gibt es Bänke und Aussichtspunkte, um zu verschnaufen oder einfach das Panorama zu genießen. Die oft kargen, bizarren Baumstämme und an einigen Stellen den Abhang hinabgerutschte Bäume erinnern an die sogenannten Gespensterwälder – woher der Name rührt, verstehst du, wenn du einmal im Halbdunkel hier entlanggegangen bist. **Insider-Tipp** Kurz vor Høruphav lohnt sich noch ein Abstecher zum Aussichtsturm Trillen: die Sicht genießen und den Blick schärfen für Zugvögel und vor allem rastende Gänse. Die Tour endet im kleinen Hafen von Høruphav.

Die Tour im Überblick

Leichte Radtour von Sønderborg nach Høruphav, ca. 20 km, 3–4 Std.

Mit dem Zug bis Sønderborg Bahnhof, dann ca. 1 km zum Schloss | Mit dem Auto über Dybbøl oder die 8, dann Richtung Zentrum, Parkplatz am Sønderborg Slot, Sønderbro 1, Sønderborg

Besonders schön in den Sommer- und Herbstmonaten
Ans Wetter angepasste Kleidung, ausreichend zu trinken und ggf. Sonnenschutz, im Sommer Badesachen
54.906893, 9.784632

DOWNLOAD GPX-Track

MEHR ERLEBEN

*WEITERE ABENTEUER & AUSFLÜGE

Im Wildgehege Haderslev stehen die Chancen sehr gut, Rothirsche oder Damwild zu Gesicht zu bekommen.

Ob auf dem Wasser, während eines gemütlichen Spaziergangs, einer ausgedehnten Radtour oder einer kürzeren und auch längeren Wanderung – den südlichen Teil Jütlands kannst du auf vielerlei Arten entdecken. Die spannende Wattenmeerküste im Westen, kleine Inseln und liebliche Buchten im Osten – dazwischen Wikinger und Drachen, Austern, Weihnachten und jede Menge historischer Boden. Entdecke die vielen Möglichkeiten im abwechslungsreichen Süden!

HADERSLEV

Wild im Gehege

1 Spaziergang durch das Wildgehege Haderslev, ca. 2,2 km, 1 Std.

Durch das wunderschöne Wildgehege nahe Haderslev führen verschiedene markierte Routen. Auf gut 100 ha leben hier gut 200 Hirsche, sowohl Damwild als auch Rothirsche. Die Chancen stehen also gut, die Tiere aus nächster Nähe beobachten zu können. Die Wege dürfen nicht verlassen werden, und Hunde müssen an die Leine. **Insider-Tipp** Es werden regelmäßig öffentliche Spaziergänge mit Guide angeboten, z. B. Futter-Touren im Winter oder zur Brunft im Herbst. Vom Tor 1 am Nørskovgårdsvej kannst du über die blau markierte Route durch den Wald bis Tor 2 gehen. Insbesondere im Winterhalbjahr wirst du hier Hirsche vor die Fotolinse bekommen. Im Sommer sind die Tiere eher auf den Ebenen unterwegs.

Nørskovgårdvej 24, Haderslev | Mit dem Auto bis zum Parkplatz am Nørskobgårdvej | Anreise auch mit dem Dambåd-Boot möglich, Ausstieg am Bergs Plads (haderslevdambaad.dk) Herbst und Winter 55.224590, 9.430411 (Parkplatz)

Fahrspaß pur auf zwei Rädern!

2 Mittelschwere MTB-Strecke, Start- und Ziel: MTB Pamhule Starten, 11 km, 1–1½ Std.

Die gut 11 km lange MTB-Strecke ist nur in einer Richtung befahrbar und schlängelt sich durch den rund 300 ha großen Wald Pamhule Skov, einen der größten Wälder der Gegend. Die größtenteils aus Singletrails und ansonsten aus Schotterwegen bestehende Strecke mit einer Steigung von

Auch erfahrene Mountainbiker werden auf den Singletrails durch den Wald von Pamhule ihren Spaß haben

Das elektrifizierte, nahezu lautlose Haderslev Dambåd macht an vier Anlegestellen halt

insgesamt 153 Höhenmetern ist auf der gesamten Länge gut markiert und sowohl mit weißen Richtungspfeilen als auch MTB-Piktogrammen ausgeschildert. Da die Strecke in einer fantastischen Hügellandschaft liegt, fährst du teilweise beeindruckende Steilhänge entlang und wirst einige technisch herausfordernde Passagen und anspruchsvolle Abfahrten meistern müssen – grandiose Adrenalinkicks und großer Fahrspaß inklusive. Eher für erfahrene Mountainbiker geeignet.

Pamhulevej, Haderslev | Mit dem Auto bis zum Parkplatz am Ende des Pamhulevej | hmif-mtb.dk Am besten im Frühjahr und Herbst 55.221685, 9.417831 (Start/Ziel Parkplatz)

Leise übers Wasser

3 Bootstour mit dem Haderslev Dambåd, Startpunkt Bispebroen/Dampark, Rundfahrt ohne Stopps ca. 1½ Std.

Eine nahezu lautlose Bootstour auf dem elektrisch betriebenen „Dambåd Dorothea" kannst du auf dem größten Stausee Südjütlands unternehmen: dem Haderslev Dam. Hier entdeckst du eine fantastische Natur, und mit Glück flattern Fischreiher und Adler vor die Fotolinse. Du kannst sowohl eine Rundtour unternehmen oder, sollte es mehrere Abfahrten am Tag geben, an allen vier Anlegestellen das Boot verlassen und die Fahrt zu einem späteren Zeitpunkt weiterführen. Die Bootstour startet an der Bispebroen im Dampark inmitten von Haderslev. Von hier aus geht es weiter zum Danhostel und Bergs Plads, von wo aus du direkt zum Haderslev Dyrehave gelangen kannst. Letzte Anlaufstelle ist das Restaurant Damende, bevor du entlang des anderen Ufers des Sees wieder zurück zum Dampark kommst. Tickets online oder direkt bar auf dem Boot *(haderslevdambaad.dk)*.

Bispebroen, Haderslev | Busline 1, 3 Haltestelle Storegade/Vestergade | Mit dem Auto Haderslev bis zum Parkplatz an der Bispebroen oder Borgervænget | haderslevdambaad.dk | €€ Am schönsten im Sommer 55.250454, 9.483836 (Anlegestelle Bispebroen)

Flips, Grabs & Grinds

4 Straßensport im StreetDome Haderslev

Ein wahres Straßensport-Mekka, das es in dieser Art sonst nirgendwo in Dänemark gibt – und das für die ganze Familie. Auf der Außenanlage des Street Dome direkt an der Hafenpromenade von

Tønder ist im Dezember der perfekte Ort, um in Weihnachtsstimmung zu kommen

Im StreetDome in Haderslev findest du Rampen und Hindernisse für alle Levels

Haderslev kannst du von Sonnenaufgang bis Sonnenuntergang Flips, Grabs, Grinds und alle anderen Tricks üben. Es gibt Hindernisse und Rampen für alle Niveaus. **Insider-Tipp** In der ansässigen Skateboardschule lässt sich dieser Streetsport auch von Grund auf lernen. Du kannst aber auch mit dem Scooter, BMX oder auf Rollschuhen unterwegs sein – einzige Voraussetzung: Du bringst dein eigenes Equipment mit und kennst die ungeschriebenen Regeln eines Skateparks. Im Street Dome kannst du außerdem Parkour laufen, bouldern und Dänemarks höchste Kletterwand bewältigen – Letzteres allerdings nur unter Anleitung von geschultem Personal und deshalb kostenpflichtig.
Christian X's Vej 41, Haderslev | Buslinie 2, Haltestelle Haderslev Rådhus | Mit dem Auto, Parkplatz direkt gegenüber des Street Dome | streetdome.com *Zu jeder Jahreszeit, Öffnungszeiten innen ab 10 Uhr* *Sportequipment muss mitgebracht werden* *55.251580, 9.504999*

WESTLICHES SÜDJÜTLAND

Alle Jahre wieder ...

5 Bummel durch Julebyen Tønder, 1–2 Std.

Richtig in Weihnachtsstimmung kommst du in Dänemarks hyggeligster Weihnachtsstadt: Tønder. Jedes Jahr startet die Adventszeit mit einem Weihnachtsmannumzug und dem Santa Run durch die Stadt. Park deinen Wagen am besten etwas außerhalb und geh zu Fuß durch die gemütliche Søndergade bis zum Marktplatz. Die heimelig geschmückten Straßen der Stadt sind erfüllt von Weihnachtsmusik und dem Duft von gebrannten Mandeln und Gløgg. Auf dem Marktplatz lässt sich in den Buden rund um den großen Weihnachtsbaum warmer Kakao und Æbleskiver erstehen, die in keiner Adventszeit fehlen dürfen. **Insider-Tipp** Natürlich kannst du auch in Den Gamle Apotek, einem Geschäft, in dem das ganze Jahr über Weihnachten ist, nach dänischer Weihnachtsdekoration Ausschau halten (Østergade 1). An den Wochenenden dürfen Kinder mit ihren Eltern in einem Weihnachtszug durch die Stadt fahren.
Tønder | Mit dem Zug bis zum Bahnhof Tønder (arriva.dk) | Mit dem Auto bis Parkplatz am Sønderlandevej, 500 m Fußweg zum Marktplatz *Zur Weihnachtszeit* *Ans Wetter angepasste Kleidung* *54.936136, 8.869933 (Marktplatz)*

Gilt als schönste Dorfstraße Dänemarks: die Slotsgaden in Møgeltønder

Auf dem geführten Ghostwalk durch die Straßen von Ribe sind Gruseln und Gänsehaut angesagt

Gänsehaut im Sommer

6 Stadtspaziergang und geführter Ghostwalk in Ribe, ca. 1 Std.

Im Sommer ist Gruseln angesagt in den engen Gassen von Ribe. Hier kannst du im Juli und August an ausgewählten Terminen an einem Ghostwalk teilnehmen. Auf einem rund eine Stunde dauernden Abendspaziergang werden die spannendsten und skurrilsten Geschichten erzählt, es geht um Königsmorde in der Kirche, Piraten, ein wahnsinniges Kind, Hexen und wirklich seltsame Inschriften. Gänsehaut ist dabei garantiert, und es gibt viele seltsame Dinge, die sich hier zwischen den alten, niedrigen Häusern ereignen … Die Führungen finden auch auf Englisch statt.

Museets Ribes Vikinger, Odins Plads | Mit dem Zug oder Bus bis Ribe Bahnhof | Mit dem Auto bis zum Parkplatz Odins Plads an der Dagmars Gade | ribesvikinger.dk | € Termine im Juli und August 55.328352, 8.768781 (Museum)

Die schönste Dorfstraße Dänemarks

7 Spaziergang durch die Slotsgaden in Møgeltønder, ca. 1 km plus Strecke im Park, 1–1½ Std.

Lass dir nicht einen Bummel durch die Slotsgaden in Møgeltønder entgehen. Die mit Linden gesäumte kopfsteingepflasterte Straße mit ihren reetdachgedeckten, gedrungenen Häusern gilt als schönste Dorfstraße Dänemarks. Nur ein paar wenige Läden gibt es hier, dafür aber eine filmreife Kulisse, besonders, wenn das Sonnenlicht einzelne Partien der Straße wie im Scheinwerferlicht hervorhebt. Der Name sagt schon, worauf die Slotsgaden führt: auf ein Schloss, und zwar Schloss Schackenborg. Der wildromantische Schlosspark gegenüber ist eine kleine Oase und bestens dazu geeignet, ein wenig zu verschnaufen und den Augen im satten Grün eine kleine Pause zu gönnen.

Tønder | Buslinie 266, Haltestelle Møgeltønder, Møllevej | Mit dem Auto Parkplatz am Schloss Schackenborg am Ende der Slotsgaden oder am Møllevej Jederzeit zugänglich 54.941881, 8.808131, 54.941503, 8.802979 (Parkplatz Møllevej)

Ganz frisch direkt aus dem Wasser geerntet – auf einer Austerntour im Wattenmeer

Erlebe auf dem spektakulären Marsk Tower den Nationalpark Wattenmeer von oben

Blick von oben

8 Aufstieg auf den Marsk Tower, 1–2 Std.

Es sind 146 Stufen, die es zu erklimmen gilt, um den fantastischen Blick über die Marschlandschaft zu genießen. Hier oben, 36 m über dem Meer, wirst du vom frischen Westwind so richtig durchgepustet – das schafft Platz für neue Ideen! Und bei klarem Himmel wirst du von hier aus Ribe, Rømø und Sylt sehen können. Der Turm wurde vom weltberühmten dänischen Architekturbüro Bjarke Ingels Group entworfen, und die Konstruktion in Form einer Doppelhelix der menschlichen DNA ist einzigartig. Ein Weg führt den Turm hinauf, ein anderer hinunter – Auf- und Abstieg kannst du also völlig ungestört genießen. Für einen barrierefreien Zugang sorgt der Aufzug in der Mitte des Turms.

Hjemstedvej 60, Skærbæk | Mit dem Auto Parkplätze direkt am Turm | marskcamp.dk | €€ Ganzjährig geöffnet, Tickets online oder an Rezeption des Camps 55.153148, 8.740795

Ab ins Watt

9 Mittelschwer: kleine Austerntour bei Ribe, ca. 4 km, 3–4 Std. inkl. Einführung

Mit einem Guide hinaus in die fantastischen Weiten des Wattenmeeres zu gehen, ist ein unvergessliches Naturerlebnis. Bei einer Austerntour kannst du zusätzlich auch etwas über die Rolle der Austern im Ökosystem Wattenmeer erfahren und lernen, wie man diese beliebte Delikatesse im Wattenmeer pflückt und öffnet. So frisch hast du Austern vermutlich noch nie probiert! Die Tour startet mit einer Einführung am Vadehavscentret, dann geht's ab in die Wathosen und mit eigenen Autos zum Deich. Auf dem Meeresboden wanderst du dann unter fachkundiger Leitung zu Stellen, an denen Austern gesammelt werden können. Es wird dringend davon abgeraten, Austerntouren auf eigene Faust zu unternehmen! Es wird auch eine 8 km lange Route zu den Austern angeboten, hierfür solltest du körperlich sehr fit sein. Austernmesser, Arbeitshandschuhe und Eimer können käuflich erworben werden, Wathosen werden gestellt.

Vadehavscentret, Okholmvej 5, Vester Vedsted, Ribe | Parkmöglichkeit direkt vor Ort | vadehavscentret.dk | €€ Austerntouren finden von September bis Anfang April statt Hohe Gummistiefel, Regenhose, warme Bekleidung: Jacke, Mütze,

Verwunschener Ort: die Schlossruine Trøjborg Slotsruin nördlich von Tønder

Handschuhe. Außerdem Arbeitshandschuhe, alter Rucksack und Plastiktüte oder Eimer für die Austern. Auch an Wechselklamotten denken!
55.295809, 8.668840 (Vadehavscentret)

Radeln zur verwunschenen Schlossruine

10 Leichte Radtour zur Trøjborg Slotsruin, ca. 15 km, knappe 60 Min.

Von Tønder aus geht es auf dem Radweg entlang des Ndr Landevejs und weiter auf dem Møgeltønder Omfartsvej. Insider-Tipp Wenn du möchtest, kannst du auch den kleinen, ca. 1,5 km längeren Schlenker direkt durch Møgeltønder nehmen. Dann weiter auf dem Guldhornsvej, im weiteren Verlauf Møllevej, Sønderhedevej und dann dem Nørrehedevej folgen bis zur Abzweigung in den Østerbyvej, weiter über Parkvej und schließlich in den Møllevej fahren. Am Ende des Wegs in den Trøjborgvej einbiegen. Hier findest du versteckt hinter hohen Bäumen nahe des kleinen Dörfchens Visby und gegenüber einem Parkplatz die Schlossruine Trøjborg – ein wirklich seltener Anblick in Jütland. Im Jahr 1347 erstmals erwähnt, im 16. Jh. ein prächtiges Renaissanceschloss, sind heute lediglich das Fundament, die Südmauer sowie die später wieder hinzugefügte Brücke und das neu errichtete Portal erhalten. Ein bisschen verwunschen ist es hier – und frühmorgens oder im Abendlicht ganz besonders schön!

Trøjborgvej, Tønder | Mit dem Auto erreichbar, Parkplatz direkt gegenüber der Schlossruine
Ganzjährig *Kamera nicht vergessen – und vielleicht einen kleinen Picknickkorb*
55.021592, 8.753829

Mit dem Traktor auf dem Meeresgrund

11 Tour mit dem Traktorbus nach Mandø, 40 Min. Fahrtzeit

Mit einem Trecker, der ein, manchmal zwei Passagierkabinen hinter sich herzieht, gelangst du auf dem bei Niedrigwasser trockenliegenden Ebbevej auf die kleine Insel Mandø. Die Fahrt durch das Watt, die ungefähr 40 Minuten dauert, ist für die gut 30 Inselbewohner Alltag und wird beispiels-

Mandø Bussen fährt Gäste und Einheimische durchs Wattenmeer von und nach Mandø

weise auch von Schulkindern genutzt, die bereits ab der ersten Klasse aufs Festland müssen. Die Abfahrtzeiten sind tideabhängig, und in der Regel haben Besucher rund vier Stunden Zeit, die rund 7,5 km² große Insel zu erkunden.

Mandø Bussen, Okholmvej 5, Ribe | Mit dem Auto, Parkplatz direkt vor Ort | mandoebussen.dk | € Am schönsten im Frühling oder Sommer, Platzreservierung online oder telefonisch erforderlich von Juni–Aug. Ans Wetter angepasste Kleidung 55.296197, 8.669934

Entspannt durch die Marsch

12 Kanutour auf der Vidå, hin/zurück knapp 10 km, 3–4 Std.

Hier bestimmst du selbst, wie lange und wie weit du mit dem Kanu unterwegs bist. Aufs Wasser, die Vidå, geht's am Ruderklub in Tønder und dann erst mal in südwestlicher Richtung bis zum Nørresø, der eigens geschaffen wurde, um die Lebensbedingungen des stark vom Aussterben bedrohten Schnäpels, einer Fischart aus der Familie der Lachsfische, zu verbessern. Hier kannst du auch das Lægan, das größte der vier Schöpfwerke der Tøndermarsch besichtigen. Eine Tour auf der Vidå ist gemütlich und entspannt – unaufgeregt könnte man sagen – trotzdem aber abwechslungsreich und vor allem mit grandiosen Natureindrücken gespickt. Bei all der Idylle sollte man aber nicht vergessen, dass man abends wieder zurück nach Tønder muss!

Eine entspannte Kanutour auf der Ribe Å ist ein wunderbares naturnahes Erlebnis

Ab Tønder Roklub, Wegners Plads 4, Tønder | Mit dem Auto bis Wegners Plads | €€€ Am schönsten im Sommer Eigenes Equipment solltest du dabeihaben 54.931784, 8.869482

Durch die Natur gleiten

13 Kanutour auf der Ribe Å, 10 km, ca. 2 Std.

Im Kanu auf der Ribe Å, inmitten einer herrlichen Natur, ändert sich dein Blickwinkel. Die Touren auf den Flussauen Südjütlands sind sehr beliebt und ein grandioses Naturerlebnis. Du kannst deinen Ausflug an der Brücke am Stavnagervej (Stavnagerbro) starten. Von hier aus sind es ca. 10 km nach Ribe. Die Tour auf der Ribe Å, die durch den Zusammenfluss von Gels Å und Gram Å gebildet wird, führt südöstlich von Ribe durch das Naturschutzgebiet Ribe Å Vildtreservat, einem sumpfigen Gebiet, das zahlreiche Wasservögel bevölkern. Direkt, nachdem du unter der Eisenbahnbrücke hindurch bist, geht es links ab in einen kleinen Seitenarm, an dem es nach ca. 200 m einen Abholpunkt gibt.

Riplay in Ribe: ein Spielplatz der Superlative mit einer Vielzahl von Attraktionen

ⓘ *Mit dem Auto bis zum Parkplatz direkt an der Brücke Stavnagerbro | Kanu online buchen unter vejen-fodboldgolf.dk/de/kanuzentrum/buchen beim Vejen Fodboldgolf og Kanocenter, Haderslevvej, Rødding | €€€* ⏲ *Im Sommer ist es auf dem Wasser am schönsten* 📍 *55.322531, 8.876954 (Startpunkt Stavnagerbro)*

Toben nach Herzenslust

14 Besuch von Riplay, dem größten Spielplatz Dänemarks

Mitten in Ribe auf 12 500 m² nach Herzenslust Kind sein – oder wieder zum Kind werden. 20 Rutschen wollen erklommen und hinuntergesaust, ein Hindernisparcours bewältigt und die kleine Burg Riberhus erkundet werden. Klettern, krabbeln, balancieren, wippen, Seilbahnfahren – ein riesiger Spielplatz lässt die Herzen höherschlagen. Auch eine 400-m-Bahn, aus nachhaltigen Materialien errichtet – in diesem Fall wurden 24 000 recycelte Sportschuhe verwendet – und mehrere Spazierwege gibt es auf dem Gelände. Reichlich Platz also, sich so richtig auszutoben!

ⓘ *Riplay, Sportsvej, Ribe | Buslinie 416, Haltestelle Ribe Fritidscenter Sportsvej | Anfahrt mit dem Auto, Parkplatz direkt vor Ort | riplay.dk* ⏲ *Ganzjährig 8–22 Uhr* 📍 *55.332483, 8.778370*

Beim Internationalen Drachenfestival auf Rømø tanzen die bunten Fluggeräte um die Wette

Ein Himmel voller Drachen

15 Drachenfestival, am Strand von Lakolk auf Rømø

Ein endlos breiter flacher Sandstrand, frischer Nordseewind und ein Himmel voller bunter Drachen in allen erdenklichen Formen und Größen. Das ist Nordeuropas größtes Drachenfestival am Strand von Lakolk auf der Insel Rømø. Lässt du selbst gerne Drachen steigen, kannst du dich hier mit anderen Drachenfliegern austauschen, erfreust du dich aber nur an der bunten Fliegerei, bist du hier auch genau richtig. Bis zu 50 000 Drachenfans besuchen täglich das immer am ersten Septemberwochenende stattfindende Festival. **Insider-Tipp** Besonders beliebt sind die Nachtflüge, an deren Ende die fantasievollsten beleuchteten, selbst gebauten Drachen prämiert werden.

ⓘ *Lakolk, Rømø | Buslinie 285, Haltestelle Lakolk Vesterhavsvej | Mit dem Auto über den Vesterhavsvej, Parken am Strand oder vorher am Vesterhavsvej* ⏲ *Erstes Septemberwochenende* 📍 *55.145827, 8.484908*

Koresand ist die größte Sandbank des dänischen Wattenmeers. Oft tummeln sich hier auch Seehunde

Auf der Suche nach Fossilien

16 Buddeln im Gram Lergrav Palæontologi

Du träumst davon, Fossilien zu finden? Vielleicht einen Haifischzahn oder einen versteinerten Seeigel? Vor 10 Mio. Jahren war ein großer Teil Südjütlands vom Meer bedeckt und Lebensraum zahlreicher Tiere. Heute kannst du im Sommer in der großen Tongrube von Gram einen Eindruck davon bekommen, wie es sich anfühlt, Paläontologe zu sein. Du kannst dich auf Fossilienjagd begeben und sofort mit dem Buddeln loslegen. So hast du nicht nur eine spannende Aufgabe, du hilfst vor allem auch dem Museum dabei, neue Erkenntnisse zu gewinnen. Werkzeuge und Gummistiefel werden gestellt. Alles, was du gefunden hast, legst du einem Museumsmitarbeiter vor, der dir dann sagt, ob du etwas ganz Seltenes gefunden hast und was davon du mit nach Hause nehmen kannst. **Insider-Tipp** Im Museum werden ausschließlich Funde aus Gram ausgestellt, und die weltweit einzigartigen Walfossilien sowie Überreste des Riesenhais Megalodon sind echte Attraktionen.

Lergravsvej 2, Gram | Buslinie 567, Haltestelle Gram Lergrav | Kostenloser Parkplatz direkt am Museum | € Die Tongrube ist in den Sommermonaten zugänglich Denk an Kleidung, die richtig dreckig werden darf 55.307636, 9.061585

Buddeln was das Zeug hält: auf Fossilienjagd in der Grammer Tongrube

Sandiges Abenteuer im Watt

17 Tierbeobachtung auf Koresand, ca. 4 Std.

Sand, so weit das Auge reicht! Koresand, den gut 20 km² großen Hochsand inmitten des Wattenmeers, solltest du unbedingt besuchen. Eine riesige Sandinsel mit breiten, sauberen Stränden. Von Mandø aus fährst du mit dem Traktorbus hinüber und findest dich auf einer wüstenähnlichen Sandbank wieder. Im südlichen Teil nahe Juvre Dyb kannst du – mit Fernglas und ausreichend Abstand – Robben beobachten. Auch Seeadler sind häufige Gäste auf Koresand. Die Westküste des Hochsandes ist bei den richtigen Windverhältnissen bekannt für Bernstein, der hier gefunden werden kann. Also die Augen aufhalten! Und ach ja, auch das Baden nicht vergessen!

Tour ab Vadehavscentret | Mit dem Auto bis zum Vadehavscentret, Okholmvej 5, Vester Vedsted, Ribe | €€€ Am schönsten in der warmen Jahreszeit 55.295839, 8.668797 (Vesterhavscenter), 55.250390, 8.483419 (Koresand)

Auf der Insel Rømø werden Reiterträume wahr! Thomsens Ridecenter hält die Pferde dafür bereit

Für die Öffentlichkeit zugänglich: der königliche Küchengarten in Gråsten

Hier werden Reiterträume wahr

18 Thomsens Ridecenter in Rømø, 1–2 Std.

Du träumst von einem Strandausritt? Um dich und dein Pferd herum nur Sand, Watt, Wind und Wellen? Auf Rømø kannst du mit Haflingern, Freibergern, Isländern oder Shetlandponys über den kilometerbreiten Strand galoppieren oder entspannt durch Wald und wunderschöne Heidelandschaft reiten. In der Reitsaison vom 16. März bis 31. Oktober gibt es täglich zwei Ausritte in Gruppen, die nach reiterlichen Fähigkeiten zusammengestellt werden. Strandausritte wie auch das Reiten von Isländern werden individuell vereinbart. Vorbereitung, Satteln und Putzen der Pferde gehört dazu. Terminabsprachen telefonisch oder direkt vor Ort zwischen 10 und 12 bzw. 15 und 16 Uhr.

Vråbyvej 9, Havneby, Rømø | Mit dem Auto über den Langdalsvej | sigurd-thomsen.com | €€€ Ganzjährig schön Geeignete Reitbekleidung, Stiefel oder Turnschuhe, Reithelme können geliehen werden 55.095236, 8.536958

ÖSTLICHES SÜDJÜTLAND

Königliches Gemüse

19 Spaziergang im Kongelige Køkkenhave, ca. 2 Std.

Einmal auf königlichen Pfaden wandeln und dabei den Majestäten auf den Teller schauen? Ganz hundertprozentig so ist es zwar nicht, aber einen Spaziergang durch den königlichen Küchengarten genau neben der Sommerresidenz der Königsfamilie in Gråsten kannst du auf jeden Fall einmal einplanen. Was wohl davon wirklich auf den royalen Tellern landet und welche Blumen den Weg ins Schloss finden, wenn die Familie hier weilt? Der Küchengarten duftet nach vietnamesischer Minze, Engelwurz und unzähligen Kräutern. Brombeeren, Stachelbeeren, bunte Stauden und ein wahrer Spalierwald aus Obstbäumen zieren den Garten. Es gibt sowohl ein kleines Café als auch einen Laden, in dem Obst und Gemüse für ein königliches Mahl zu Hause erstanden werden können.

Feldstedvej 8, Gråsten | Buslinie 110, Haltestelle Gråsten Slotsbakken | Mit dem Auto bis Parkplatz Slotsgade 26, Gråsten, etwa 10 Min. Fußweg | Hunde sind im Küchengarten nicht gestattet Zugänglich wochentags 10–17 Uhr, Café & Laden können in den Öffnungszeiten abweichen 54.928502, 9.595930

Mit dem Nachtwächter auf Tour – und dazu eine ganze Menge interessanter Geschichten

Das kleine Städtchen Aabenraa hat sich zu einer Hochburg für Street-Art gemausert

Kunst der Straße

20 Street-Art-Tour durch Aabenraa, 2 Std.

Du liebst Street-Art? In dem Stadtviertel zwischen den Plätzen Nørreport und Nørretorv, das sich mit seinen schmalen Gassen und engen Passagen fast einen mittelalterlichen Charakter bewahrt hat, kannst du auf eine ganz besondere Entdeckungstour gehen. Hier haben junge dänische Künstler der Stadt Aabenraa ihren Stempel aufgedrückt. An sieben ausgewählten Orten der nördlichen Innenstadt entlang der Straße Ramsherred lässt sich erleben, wie eine Passage stromlinienförmig erleuchtet wird, und rätseln, ob du einem Pilzgeflecht, Gehirnzellen oder vielleicht Strukturen des Internets gegenüberstehst. **Insider-Tipp** Mit etwas Glück ertönt aus den Orgelpfeifen neben dir gerade John Lennons Hymne an den Frieden, oder du entspannst in einem imaginären Wald. Eine der Installationen stellt Bezüge zur Umgebung der Stadt, eine andere zum beliebten Ringreiten her. Das grotesk große Fischfilet am Nørreport 16 ist der Endpunkt der kleinen Street-Art-Galerie – welches Kunstwerk gefällt dir am besten?

Der Bahnhof liegt fußläufig zur Innenstadt | Mehrere Parkplätze in unmittelbarer Umgebung der Innenstadt *Bei Sonnenschein* *Ans Wetter angepasste Kleidung und gute Schuhe zum Pflastertreten* *55.046244, 9.418385*

Klatsch & Tratsch beim Stadtrundgang

21 Einfacher Nachtwächterrundgang in Aabenraa, ca. 1 Std.

Damals nicht besonders angesehen, heute eine kleine Attraktion: Nachtwächter. Man kann sie sowohl in Haderslev wie auch in Aabenraa in der Hochsaison in den Abendstunden auf ihrem Gang durch die Stadt begleiten. Stündlich mussten die Nachtwächter früher auf ihren Rundgängen durch die alten Kopfsteinpflastergassen die Zeit ausrufen: *Hov vægter! Klokken er slagen 8!* Und zwischendurch kannst du den vielen spannenden Geschichten der Nachtwächter lauschen, die über wirklich jedes Haus der Stadt etwas zu erzählen haben. Vielleicht entdeckst du auch den einen

Früher Weideland, heute unbewohnt – die Ochseninseln in der Flensburger Förde

oder anderen Namen an den alten Bürger- und Handwerkshäusern und errätst so schon etwas über die Vergangenheit der bunten, kleinen Häuser. In den zur Straße weisenden Erkern waren Handwerker bei ihrer Arbeit zu sehen, und manchmal kann man auch einen Blick in die winzigen, malerischen Hinterhöfe und Gärten erhaschen.
Start am Vægterpladsen, Aabenraa | Verschiedene Buslinien, Haltestelle Aabenraa Busstation | Mit dem Auto diverse Parkmöglichkeiten nahe der Innenstadt | €€ Rundgänge im Sommer Ans Wetter angepasste Kleidung 55.044841, 9.416482 (Vægterpladsen)

Robinson-Crusoe-Feeling in der Flensburger Förde

22 Besuch der großen Ochseninsel Store Okseø, halber bis ganzer Tag

Vor Sønderhav in der Flensburger Förde liegen die Ochseninseln, die ihren Namen aufgrund ihrer seit dem Mittelalter ausgeübten Nutzung als Viehweiden der Festung Duborg erhielten. Die größere der Inseln ist öffentlich zugänglich. Hier gab es mal eine Bootswerft, ein Ausflugslokal und auch einen Campingplatz. Seit 2016 ist sie jedoch unbewohnt, die Gebäude sind abgerissen. Über einen Weg am Strand entlang kannst du die gesamte Insel zu Fuß umrunden und die herrliche Natur genießen. Seit Kurzem stehen hier auch einfache Shelter für Übernachtungen zur Verfügung, die vorab über die dänische Naturschutzbehörde, in deren Besitz sich die Insel heute befindet, gebucht werden müssen. Möchtest du die Insel besuchen, solltest du alles Nötige mitbringen. Auch für die Überfahrt musst du selbst sorgen – mit Kajak oder SUP lässt sie sich gut erreichen. Die kleinere der beiden Inseln ist für die Öffentlichkeit gesperrt.
Anfahrt mit dem Auto über den Fjordvejen bis zum Sønderhav Parkplatz Da du übers Wasser musst, ist eine warme Jahreszeit von Vorteil Für die Überfahrt zur Insel musst du selbst sorgen, also Kajak oder SUP nicht vergessen, außerdem an Verpflegung denken und hinterher den Müll wieder mitnehmen 54.857449, 9.508956

Christiansfeld verfügt über ein erstaunlich geschlossenes architektonisches Stadtbild

Originalgetreue Nachbildung eines Feldlagers in Dybbøl Banke

Zu Fuß auf barocken Straßen

23 Stadtrundgang durch Christiansfeld, ca. 2 Std.

Die Gründung der Stadt Christiansfeld geht auf die Herrnhuter Brüdergemeine zurück, die hier eine Siedlung hatte. Die gut erhaltene kleine Innenstadt gehört seit 2015 zum Unesco-Weltkulturerbe. Begib dich also am besten zu Fuß auf Erkundungstour. Christiansfeld wurde auf einem barocken, rechtwinkligen Straßennetz erbaut, und wer heute durch die Straßen schlendert, den wird die besondere Atmosphäre schnell gefangen nehmen. Du gehst vorbei an Brüder- und Schwesternhaus, wo die unverheirateten Mitglieder der Gemeinde bis zu ihrer Vermählung lebten, und passierst die Apotheke, das Pastorat, das Spritzenhaus sowie die Mädchen- und Jungenschule. **Insider-Tipp** In Christiansfeld musst du unbedingt Honigkuchen probieren! Die Kirche ist ganz nach Art der Herrnhuter auffällig schlicht, das Innere gilt als einer der größten nicht von Säulen getragenen Kirchenräume Dänemarks: schlicht weiß, ohne Altar, Kanzel, Taufbecken oder Bilder, nach wie vor erhellen Kerzen den schönen Raum. Und auch der Gottesacker, der Friedhof, ist sehenswert. *Buslinie 900, Haltestelle Omfartsvejen, Christiansfeld | Parken entlang der Lindegade Zu jeder Jahreszeit 55.355535, 9.481130*

Geschichte erleben

24 Besuch im Historiecenter Dybbøl Banke, ca. 3 Std.

Gedenksteine und Reste alter Schanzen sind in dieser Gegend nicht zu übersehen. Wenn du erfahren willst, was es damit auf sich hat, solltest du das Historiecenter Dybbøl Banke besuchen, das sich dem Deutsch-Dänischen Krieg 1864 widmet. Neben informativen Ausstellungen im Inneren gibt es vor allem im Außenbereich des Geschichtszentrums Spannendes zu entdecken. Hier wurde in unmittelbarer Nähe der historischen Schanzen ein Barackenlager von 1864 nachgebaut und eine Schanze rekonstruiert. Im Anschluss lohnt sich ein Spaziergang durch die Umgebung. Die beeindruckende Anlage ist an ausgewählten Terminen und in der Hochsaison sehr belebt – es gibt Führungen,

Der Gendarmsti bzw. Gendarmenpfad ist ein küstennaher Wanderweg entlang der deutsch-dänischen Grenze

du kannst mit Feldkoch und Schmied ins Gespräch kommen, auf den großen Strohbetten in der Mannschaftsbaracke liegen oder Feldpost verschicken. *Dybbøl Banke 16, Sønderborg | Buslinie 711, Haltestelle Dybbøl Banke | Mit dem Auto Parkplatz direkt vor Ort | 1864.dk | €€ Geöffnet von April–Okt. Festes Schuhwerk und ggf. Regenkleidung 54.906727, 9.754511*

Wandern entlang der Grenze

25 Mittelschwere Wanderung auf dem Gendarmsti von Kruså nach Sønderhav, ca. 15 km, 5½ Std.

Auf dem Madeskovvej gehst du Richtung Kollund Skov, und nachdem du die Kruså überquert hast immer entlang der deutsch-dänischen Grenze. Im schönen, mancherorts zerklüfteten Waldgebiet führt der Gendarmenpfad über Treppen und Brücken. Es geht immer weiter Richtung Förde bis nach Skomagerhuse. Hier lohnt sich ein Abstecher zum kleinen Grenzübergang Skomagerhus (Schusterkate), der nur zu Fuß überquert werden kann und an dem sich der erste der 280 Grenzsteine auf dänischer Seite befindet. Von hier aus geht es immer parallel zur Fjordküste – kleine Buchten und schönste Aussichten garantiert. Erst in Kollund entfernst du dich kurzfristig etwas vom Ufer, folgst Molevej, Bredsdorfvej und Kummelefort, um wieder an den Fjord zu gelangen. Kurz hinter dem am Fjordvejen gelegenen Restaurant Fakkelgaarden führt der Weg zum Fjordvejen, dem du ein kurzes Stück folgst, um dich dann wieder etwas ins Landesinnere zu begeben. **Insider-Tipp** Dein Magen knurrt mittlerweile und verlangt nach einer Stärkung? Halte noch ein bisschen aus, am Ziel erwartet dich Dänemarks bekannteste Hotdog-Bude. Auf dem Østerskov läufst du durch den Dyrehave, bis du kurz vor deinem Ziel wieder auf den Fjordvejen triffst, den du mit herrlichster Aussicht auf den Fjord und die Ochseninseln bis nach Sønderhav entlanggehst. Zurück kannst du mit dem Bus wieder nach Kruså. *Start: Parkplatz am Madeskovvej, Kruså | Buslinie 110, Haltestelle Kruså Busstation (sydtrafik.dk) | Der Weg ist nicht barrierefrei, Hunde müssen an der Leine geführt werden Am schönsten im Frühling und Herbst 54.842730, 9.402769 (Parkplatz)*

Die Strecke vom Genner Strand nach Tormaj säumen zahlreiche schöne Badestellen

Bei Aabenraa geht es mit dem Mountainbike durch einen dichten Wald mit steilen Hügeln

Radausflug mit Meerblick

26 Einfache Radtour vom Genner Strand bis Tormaj, ca. 11 km, 1 Std.

Einen herrlichen kleinen Streifzug in Küstennähe kannst du nördlich von Aabenraa unternehmen. Hier geht es von Strand zu Strand, pack also unbedingt Badesachen und ein Picknick ein. Vom Genner Strand aus radelst du gemütlich an der lang gezogenen Genner Bucht entlang. Ostsee-Feeling wie im Bilderbuch. Mehrere Stege führen ins Wasser hinein, und es ist gar nicht so leicht, den Verlockungen dieses herrlichen Ufers (noch) nicht nachzugeben. Aber du fährst weiter Richtung Sønderballe, Vikær Strand und Diernæs Strand. Die Ostsee beinahe immer im Blick radelt es sich noch mal so gut. Noch einen kurzen Bogen geht es durch den Wald und entlang einiger Felder, schon bis du am Strand von Tormaj angekommen und solltest spätestens jetzt das Rad einmal abstellen und die Badestelle, die Richtung Osten eine kleine Steilküste begrenzt, ausgiebig genießen.

Mit dem Auto bis zum Parkplatz Sønderballevej 38, Rødekro Im Sommer am schönsten Badesachen nicht vergessen, auch ein Picknickkorb kann nicht schaden, Fahrrad, Trinkflasche 55.129614, 9.470747 (Parkplatz Start/Ziel)

Über Stock und Stein

27 Mittelschwerer MTB-Trail durch den Wald bei Aabenraa, ca. 12 km, 1–3 Std.

Hier wurde der Sage nach 1219 erstmals die dänische Flagge, der Dannebrog, präsentiert, als Valdemar Sejr siegreich aus Estland zurückkehrte. Heute kannst du dich auf der Kongehøjsporet (dem Königshügelpfad) durch hügeliges Gelände in den Wäldern von Aabenraa mit dem Mountainbike auspowern. Auf etwa 12 km geht es durch eine malerische Umgebung – lange Anstiege, anspruchsvolle Abfahrten, Sprünge, Serpentinen, aber auch Ausweichstrecken gestalten die Anlage sehr abwechslungsreich. Auf dem Parkplatz am Anfang des Trails gibt es einen kleinen Übungsparcours zum Trainieren von Gleichgewicht und Sprungtechniken. Der Trail ist mit blauen (leicht) und roten (schwer) Pfeilen gekennzeichnet, Schilder machen auf schwierige Abfahrten und Hindernisse aufmerksam.

Mit dem Auto über Tøndervej und Gamle Tøndervej bis zum Parkplatz, Gamle Tøndervej 14, Aabenraa Am schönsten im Trockenen und bei klarer Sicht Equipment fürs Mountainbiken 55.032759, 9.375749 (Parkplatz)

Der Sprungturm am Ende des Badestegs von Vedsted Sø ist ein kleines Highlight

Surfer's Paradise Kegnæs hält all das Equipment fürs ausgiebige Surfvergnügen bereit

Abtauchen ins kühle Nass

28 Baden im Vedsted Sø in Vojens

Du möchtest in einem der saubersten Seen Jütlands baden? Dann ist der Vedsted Sø vielleicht etwas für dich. Vom Badesteg aus kannst du direkt ins kühle Nass steigen oder vom kleinen Sprungturm hineinhüpfen. **Insider-Tipp** Für die mutigen Winterbader steht in der Zeit vom 15. Oktober bis 15. April auch eine Sauna zur Verfügung. Es gibt einen kleinen Sandstrand, und dazu jede Menge Platz zum Entspannen auf der vorgelagerten Wiese. Umgeben ist der oftmals gut besuchte Vedsted Sø von einem schönen Wald. In gut 20 Minuten kannst du den See umrunden, vielleicht willst du dich auch erst nach der Strecke von ca. 1,4 km etwas abkühlen. Der Rundweg ist bestens geeignet zum Spazierengehen und Joggen, außerdem können hier auch Vögel besonders gut beobachtet werden.

Skovbyvej 6, Vojens | Buslinie 236, Haltestelle Vedsted Tøndervej/Ustrupvej | Mit dem Auto bis zum Parkplatz direkt am Skovbyvej *Im Sommer am schönsten* *Badesachen, Decke und gut gefüllten Picknickorb nicht vergessen*

55.190669, 9.367101

Rauf aufs Board

29 Kitesurfen mit Surfer's Paradise Kegnæs

Das Gewässer zwischen der Halbinsel Kegnæs und Als, das Lillehav, ist ein idealer Kite- und Windsurfspot. Sowohl Anfänger als auch Profis finden hier ein kleines Surf-Paradies. Das große Stehrevier Kegnæs/Drejby ist gezeitenunabhängig und mit einer der besten Windstatistiken Europas gesegnet. Der Damm, der die Insel Als mit Kegnæs verbindet, sorgt dafür, dass du mit wenig Wellen zu kämpfen hast und dich voll auf dein Board und Kite konzentrieren kannst. Also nichts wie rein ins Wasser und rauf aufs Brett. Bei Surfer's Paradise Kegnæs *(daenemark.surfers-p.de)* kannst du das gesamte Equipment ausleihen, aber auch Kurse buchen und so die geeignete Anleitung für dein Surfvergnügen bekommen. Natürlich gibt es auch für Fortgeschrittene das richtige Wasserrevier: Auf der Ostseite des Damms gibt es reichlich Wellen-Action!

Campingplatz Drejby, Kegnæsvej 85, Sydals | Mit dem Auto über die 427 bis zum Parkplatz direkt vor Ort | drejby.dk | €€€ (Verleih bzw. Kurse)

Gravensteiner Äpfel: Die sehr alte Sorte ist mindestens seit dem 17. Jh. in Dänemark und Norddeutschland bekannt

Beim Discgolf wird versucht, mit möglichst wenigen Frisbee-Würfen Körbe zu treffen

Kurse finden bis Ende September statt, außerhalb der Sommermonate ist das Center nur bei guten Wetterbedingungen an den Wochenenden geöffnet *Equipment kann ausgeliehen werden* *54.860443, 9.998997*

An apple a day …

30 Das Gråsten Apfelfestival

Von frisch gepflückt bis Apfeltorte und Apfelwein – am Hafen von Gråsten wird jedes Jahr im September dem Nationalapfel Dänemarks und dessen Geschichte gehuldigt. Der Gråstenæble, zu Deutsch Gravensteiner Apfel, hat seinen Ursprung im Schlosspark von Gråsten, wo noch immer der alte Baum steht, auf den die heutige Sorte zurückgeht. Und ja, sogar dem Apple-Logo soll der Gråstenapfel einst als Vorlage gedient haben. Auf dem Apfelfestival kannst du dich verzaubern lassen vom herrlichen Duft und Geschmack von Apfelkuchen, Apfelmost, Apfelschnaps oder dem traditionellen Gericht *Æbleflæsk*, einem traditionellen Rezept aus gepökeltem Schweinebauch, gebraten mit Äpfeln, Zwiebeln, Thymian und Zucker – beste Voraussetzungen für hyggelige Stunden.

Gråsten Havn, Toldbodgade, Gråsten | Bahnhof in fußläufiger Entfernung | Mehrere Parkplätze vorhanden *Das Festival findet jeweils Ende September statt* *Ans Wetter angepasste Kleidung und Lust auf Äpfel* *54.919098, 9.597785*

Frisbee oder Golf? Mach einfach beides!

31 Bolderslev Discgolf Bane, Markedsskoven, ca. 3 Std. je nach Teilnehmerzahl

Der Discgolfplatz in Bolderslev ist einer der am häufigsten genutzte Platz in Südjütland. Hier kannst du auf neun Bahnen mit je zwei Abschlagplätzen – weiß für Könner (Par 27), rot für Anfänger (Par 24) – dein Geschick unter Beweis stellen. Über den Platz verläuft ein öffentlicher Weg, es ist also vor jedem Abwurf Aufmerksamkeit gefordert. Zu bestimmten Zeiten sind einige der Bahnen nicht bespielbar, da das Krolf-Team dann einige der Bahnen selbst benutzt (Bahn 1, 3 und 4 nicht be-

Der große Reiterumzug mit Musikanten zum Ringreiterfest in Sønderborg ist ein großes gesellschaftliches Ereignis

spielbar dienstags von 9.30–11.30 und zusätzlich im Sommer mittwochs von 18.30–21 Uhr). Beim Discgolfen kannst du zusammen mit Freunden oder Familie ein paar spaßige Stunden in freier Natur verbringen – Bewegung und je nach persönlichem Ehrgeiz auch sportlicher Wettkampf inklusive. Der Platz ist jederzeit mit eigener Ausrüstung bespielbar. **Insider-Tipp** Möchtest du spielen, hast aber keine eigenen Discs, kannst du nach vorheriger Vereinbarung im Club Ausrüstung leihen.

Stadionvej, Bolderslev | Buslinie 116, Haltestelle Bolderslev Stadionvej | Mit dem Auto über Stadionvej Zu jeder Jahreszeit Eigenen Disc nicht vergessen, Ausleihe über bvu.dk/indhold/bolderslev-disc-golf-klub 54.994131, 9.278491

Alte Traditionen pflegen

32 Ringreiten auf der historischen Bahn in Sønderborg

Hoch zu Pferd müssen Reiter in vollem Galopp mit ihrer Lanze aufgehängte Ringe durchstechen, die stufenweise kleiner werden, je nachdem, wie weit der Wettbewerb vorangeschritten ist. Das Ringreiten ist eine Tradition aus dem Mittelalter und löste als friedliche Trainingsform die Kämpfe auf Leben und Tod zwischen Rittern ab. Bereits im 18. Jh. war König Christian IV. ein begeisterter Anhänger, und auch heute erfreuen sich die Ringreiterfeste größter Beliebtheit – vor allem im östlichen Teil Südjütlands. Hier hat eigentlich jede Stadt ihr eigenes Fest, Aabenraa (1. Juliwochenende, Fr–Mo) und Sønderborg (um das 2. Juliwochenende, Fr–Mo) streiten um den Titel als größtes. Gråsten (3. Juliwochenende, Do–So) zumindest rühmt sich, das drittgrößte Ringreiterfest zu veranstalten. In Sønderborg kannst du neben den Wettbewerben auch den beeindruckenden Umzug von über 500 Pferden und Reitern bestaunen. Im Hochsommer werden immer dienstags auf der historischen Bahn am Schloss Ringreitervorstellungen gegeben.

Sønderborg Slot, Sønderbro 1, Sønderborg | Mit dem Zug bis Sønderborg Bahnhof, dann ca. 1 km zum Schloss | Parkplatz Rosengade 14C, dann ca. 8 Min. zu Fuß Das Festival findet am zweiten Wochenende im Juli statt Ans Wetter angepasste Kleidung 54.907212, 9.783904 (Slot)

DER SCHÖNSTE SONNENUNTERGANG

Sonnenuntergang in Südjütland

33 Solnedgang an der Ribe Kammersluse

So einen Himmel kannst du nur über dem Wattenmeer erleben, Orange, Gelb und Rosa in allen Nuancen. Dunkle Wolkenbänder, die die herannahende Nacht ankündigen. Erst dann bemerkst du, dass sich der fantastische Himmel im seichten Wasser widerspiegelt. Die Ribe Kammersluse ist der ideale Ort, um diesem Naturspektakel beizuwohnen. Am besten im Herbst, wenn die Landschaft schon ins abendliche Dunkel abgleitet und der Himmel leuchtet, als habe man eine Lampe dahinter eingeschaltet.

Bjerrumvej 30, Ribe | Mit dem Auto bis zum Parkplatz vor Ort

Am schönsten im Herbst *Warme Kleidung, Kamera, warme Getränke, evtl. eine Decke* *55.338965, 8.677698*

LOKALE SPEZIALITÄTEN

*UND WO DU SIE PROBIEREN KANNST

Die Südjütländischen Kaffeetafel – Sønderjysk Kaffebord – mit einer Vielzahl von Keksen und Torten ist in der Region zu einer wahren Institution geworden

Dem Sønderjysk Kaffebord schuf einst Siegfried Lenz ein literarisches Denkmal, und bevor man sich der Herausforderung der südjütländischen Kaffeetafel nicht einmal gestellt hat, sollte man diese Gegend nicht verlassen. Aber auch weitere Leckereien wie Hotdog und frische Austern warten darauf, probiert zu werden.

Frokost-Klassiker

1 Biksemad

Der Klassiker dänischer Hausmannskost und früher besonders beliebt bei dänischen Seeleuten. Biksemad ist ursprünglich ein Resteessen und besteht aus Fleischwürfeln – oft handelt es sich um Reste vom Sonntagsbraten – und Kartoffeln mit Roter Bete, saurer Gurke und Spiegelei. Besonders am Mittag steht Biksemad – gerne mit Sauce béarnaise oder Engelsk Sauce verfeinert – hoch im Kurs.

ℹ *Ganz klassisch kommt Frokost beispielsweise im Restaurant* **Damende** *auf den Tisch | Fredstedvej 70, Haderslev*

Schwarzbrottorte

2 Rugbrødslagkage

Die Roggenbrottorte, in Südjütland oft auch nur als *brødtorte* bezeichnet, ist ein echter Klassiker hierzulande. Die Böden werden aus körnerlosem Roggenbrot hergestellt und dann aufgeschichtet mit einer Marmelade aus schwarzen Johannisbeeren, Schlagsahne, Haselnüssen und Schokolade.

ℹ *Noch besser als hausgemacht im* **Den Gamle Kro** | *Slotsgade 6, Gråsten | 1747.dk | €*

Austern aus dem Wattenmeer

3 Østers fra Vadehavet

Dieser Köstlichkeit ist ein ganzes Festival gewidmet. Die Konsistenz der Auster ist vielleicht nicht jedermanns Sache, probiert haben solltest du sie in Jütland aber mindestens einmal.

ℹ *Frischer als auf einer* **Austernsafari** *bekommst du sie nirgendwo – und hier gibt es manchmal sogar ein Glas Sekt dazu | Vadehavscentret | Okholmvej 5, Vester Vedsted, Ribe | vadehavscentret.dk | €€*

Honigkuchen

4 Honningkage aus Christiansfeld

Die Gründung der Stadt geht auf die Herrnhuter Brüdergemeine zurück, und sie ist bekannt für ihren Honningkage. Diese an einen Lebkuchen erinnernde Leckerei wird dir den Tag versüßen!

ℹ *Die traditionelle Bäckerei* **Xocolatl** *im Herzen von Christiansfeld wurde 1783 gegründet. Jeden Tag wird hier Honigkuchen frisch hergestellt | Lindegade 36, Christiansfeld | xocolatl.dk | €–€€*

Die Südjütländische Kaffeetafel

5 Sønderjysk Kaffebord

Auf der Kaffeetafel im Süden gibt es nicht weniger als sieben weiche Kuchen, also Sahnetorten, Schichtkuchen, Napfkuchen, und sieben harte Kuchen, dabei handelt es sich meist um Keksvarianten.

ℹ *Im Sommer kannst du dich in* **Nordborg** *durchschlemmen | Den Røde Plads 3, Nordborg | Mittwochs auf dem Marktplatz, 14–16 Uhr*

Hier findest du alles

7 Hattesgaard auf Rømø

Im nostalgischen Hattesgaard kannst du nicht nur Antiquitäten-Schnäppchen machen, sondern dich auch durch das üppige Kuchenbuffet probieren oder ausgewählte regionale Produkte wie hausgemachte Bolcher, Kaffee, Tee und Honig kaufen.

ℹ *Hattesgaard Rømø, Cafe- Antik & Genbrug | Hattesvej 17, Tvismark, Rømø | €*

Wurst im Brötchen

6 Dansk Hotdog

Ein Würstchen im Brötchen. Dazu Remoulade, Ketchup, süßer Senf, Röstzwiebeln, rohe Zwiebeln und Gurkenscheiben – so gehört sich ein anständiger dänischer Hotdog. Ob du ihn am liebsten *rød*, *risted* oder als *fransk hotdog* magst, kannst du nur entscheiden, wenn du alle Varianten probiert hast.

ℹ *Bei* **Annies Kiosk** *gibt es den besten Hotdog Dänemarks – sogar der Ort heißt im Volksmund nur noch Hotdoghav | Fjordvejen 67, Sønderhav | annies-kiosk.business.site | €*

Auf dem Dach des ARoS-Kunstmuseums in Aarhus wurde ein begehbares Regenbogenpanorama installiert

Ostjütland

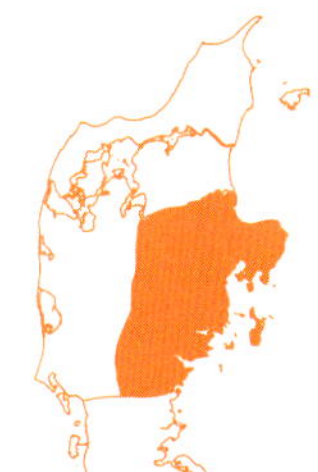

FJORDE, HÜGEL UND HEIDE

Diese Region Jütlands ist definitiv der Landesteil, der vielen Urlaubern eher unbekannt ist. Und das völlig zu Unrecht. Der Osten ist perfekt für alle, die eine nicht so geläufige Seite Jütlands kennenlernen wollen und diejenigen, die ein Fünkchen Entdeckergeist in sich verspüren. Für das ansonsten eher flache Land gibt es hier beachtliche Hügel und wunderschöne Fjorde, die sich weit ins Landesinnere schneiden. In der ausgedehnten Seenlandschaft und den großen Heideflächen im Landesinneren sammelst du völlig neue Eindrücke, die denen der Westküste in keiner Weise nachstehen. Außerdem liegt hier mit Aarhus Dänemarks zweitgrößte Stadt – ein echtes Wunderwerk an Innovation und Lebensfreude. Architektur- und Kunstfans werden von Aarhus genauso begeistert sein wie Freunde kulinarischer Highlights und Menschen, die das urbane Leben genießen.

AUF EINEN BLICK

*OSTJÜTLAND

Anholt

Aalborg Bugt

MARCO POLO OUTDOOR-HIGHLIGHTS ★

★ Eine Tour durch 800 Jahre Geschichte
Wiederentdeckte Vergangenheit neu in Szene gesetzt → S. 84

★ Die Wiege Dänemarks – ein Besuch in Jelling
Auf zu Dänemarks Geburtsurkunde → S. 86

★ Bummel durch eine vergangene Zeit
Im Freilichtmuseum Den Gamle By → S. 88

★ Hoch hinaus! Eine Radtour zum Himmelbjerget
Auf zwei Rädern hinauf zum Himmelberg → S. 90

★ Mit dem Kanu unterwegs auf der Gudenå
Auf dem Wasser durchs wilde Grün → S. 92

★ Eintauchen in eine einzigartige Eiszeitlandschaft
Streifzug durch den Nationalpark Mols Bjerge → S. 94

★ Mit dem Fahrrad auf der Insel Samsø
Unterwegs in Dänemarks Speisekammer → S. 96

Sejerø
Samsø
Kalundborg
Holbæk
Roskilde
Jyllinge
Sjælland
Store Bælt
Høng
Sorø
Ringsted

OUTDOOR-HIGHLIGHTS

*DIE BESTEN ERLEBNISSE DRAUSSEN

Eine Tour durch 800 Jahre Geschichte ★

Lange waren die Geschichte und Bedeutung der Gegend um Hald sowohl bei Urlaubern wie auch Einheimischen relativ unbekannt, doch nun ist die Gegend aus ihrem Dornröschenschlaf erweckt worden. Umfangreiche archäologische Untersuchungen des Viborg Museums brachten viele neue Erkenntnisse zum Verständnis der spannenden und dramatischen Vergangenheit des Gebiets um Hald ans Licht.

Günstige Lage

Hald lag strategisch günstig in der Nähe von Viborg, das zeitweise das politische Zentrum Jütlands war. Die landschaftlich reizvolle Gegend zwischen Dollerup Bakker und dem Hald Sø war zudem ein idealer Rückzugsort. In den letzten Jahren wurden umfassende Restaurierungsarbeiten vorgenommen. Man hat Wälle, Gräben und Wege instandgesetzt, Grund- und Umrisse von Burgen, Belagerungsstätten und Gutshäusern exponiert und Holzwege angelegt. Hier wird die Geschichte von Machtkämpfen, Streitigkeiten und Belagerungen erzählt, aber auch vom täglichen Leben der Menschen zwischen Königen, Adelsleuten und Vertretern der Kirche.

Spaziergang durch die Geschichte

Starte deine Tour am Parkplatz Niels Bugge Kro und mach dich auf zu einem Spaziergang durch 800 Jahre dramatischer Geschichte am Hald-See. Der erste Teil des Wegs führt dich immer am See entlang, bis du dann später auf einem kleinen Bogen zurück zum Ausgangspunkt gehst. Auf deiner Tour wirst du das Alte Hald sehen, eine Burg, die nie wirklich fertiggestellt wurde. Der Burgwall misst rund 8 m im Durchmesser, und der Burggraben hatte eine Tiefe von 2,50 m. Auch am Belagerungskomplex König Valdemar Atterdags von 1372 wirst du vorbeikommen, zwei der Wälle sind erhalten. Dort stand wohl einst eine große Wurfmaschine.

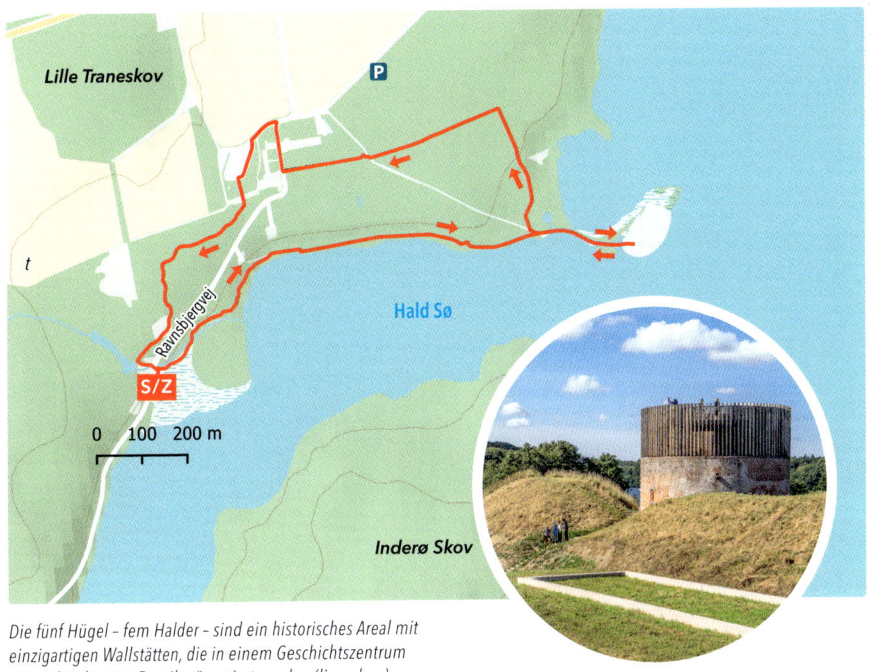

Die fünf Hügel – fem Halder – sind ein historisches Areal mit einzigartigen Wallstätten, die in einem Geschichtszentrum mit viel Liebe zum Detail präsentiert werden (li. und re.)

Ruine einer hochmodernen Burg

Die Ruinen von Burg Hald, errichtet vom letzten katholischen Bischof von Viborg Jørgen Friis, waren seinerzeit eine hochmoderne Verteidigungsanlage mit mächtigen Wällen, imposantem Torgebäude und doppelter Zugbrücke. Hier zog sich der Bischof zurück, nachdem er in den 1520er-Jahren in Konflikt mit dem protestantischen Reformator Hans Tausen geraten war. Vom Turm aus bietet sich eine großartige Aussicht über den See. 2018 fand man Hinweise darauf, dass unter dieser Anlage die Burg des jütischen Ritters Niels Bugge gelegen haben muss – eine kleine Sensation, denn bisher war es ein Rätsel, wo Bugge – mal Verbündeter, mal Feind König Valdemar Atterdags und 1358 vermutlich in einem Hinterhalt ermordet – seinen Sitz hatte. Auf dem Rückweg passierst du das Herrenhaus Daas, den Hals Hovedgaard und den Hald-Waldspielplatz.

Die Tour im Überblick

Spaziergang zu De fem Halder bei Viborg, ca. 3 km, 1–2 Std. (je nach Aufenthaltsdauer bei Sehenswürdigkeiten)

Ravnsbjergvej 71, Viborg | Parkplatz neben Niels Bugge Kro | viborgmuseum.dk

Zu jeder Jahreszeit etwas Besonderes!
Ans Wetter angepasste Kleidung und wenn es kalt ist, vielleicht etwas Warmes zu trinken. Auch in den Sommermonaten an Verpflegung denken – wie wär's mit einem Picknickkorb?
56.389110, 9.337731 (Parkplatz)

DOWNLOAD GPX-Track

Die Wiege Dänemarks – ein Besuch in Jelling ★

In Jelling, nahe der Stadt Vejle, stehst du auf historischem Boden, der 1994 auf die Unesco-Welterbeliste gesetzt wurde. Immer neue Ausgrabungen belegen die schon lange gehegte Vermutung, dass dieser Ort die Wiege des dänischen Königreichs ist. Hier lag ein frühes Machtzentrum mit Königshof, Kasernengebäuden und Kirche. Das gesamte Gebiet um die Runensteine, Hügel und Kirche wird als Monumentområde bezeichnet und umfasst eine Fläche von rund 20 Fußballfeldern.

Zeugnisse aus einer anderen Zeit

Gorm den Gamle, auf den das dänische Königshaus zurückgeführt wird, residierte hier mit seiner Frau Thyra, für die er den kleineren der beiden Steine von Jelling errichten ließ. „König Gorm errichtete dieses Denkmal für seine Frau Thyra, Dänemarks Zierde" ist darauf zu lesen, und „tanmarkaR" im Original ist das älteste schriftliche Zeugnis des Landesnamens – die Geburtsurkunde Dänemarks. Gleich daneben die Taufurkunde. Denn auf dem größeren Stein, den Gorms Sohn König Harald Blåtand im 10. Jh. errichten ließ, rühmt sich Harald, die Dänen zu Christen gemacht zu haben. Die beiden Runensteine gelten als die bedeutendsten wikingerzeitlichen Monumente Europas und werden in Vitrinen geschützt. Eingerahmt werden sie von zwei Hügeln. Während der südliche Hügel Teile einer älteren Schiffsetzung überdeckte, fand man im nördlichen eine leere, hölzerne Grabkammer aus dem frühen 10. Jh. Unter der romanischen Kirche von Jelling wurden Fundamente früherer Holzkirchen gefunden, die ältesten stammen aus der Mitte des 10. Jhs.

Heutiger Blick

Unzählige neue weiße Betonpfähle markieren heute den Standort des ursprünglichen, die gesamte Anlage umgebenden Palisadenzauns. Die ganze Monumentområde ist frei zugänglich und mit etlichen Sitzmöglichkeiten versehen. Du hast also viel Zeit, das Gelände auf eigene Faust zu erkunden. **Insider-Tipp** Du kannst aber auch an einer Führung durch das Gelände teilnehmen. Ein hervorragender Aussichtspunkt über die Anlage befindet sich auf dem Hügel nördlich der Kirche oder von der Dachterrasse des Erlebniszentrums Kongernes Jelling. Digitale Ferngläser ermöglichen von hier aus Einblicke, wie Jelling in seiner Blütezeit ausgesehen haben könnte. Kongernes Jelling, das Jelling der Könige, informiert neben zahlreichen interaktiven Ausstellungen über das Leben der Wikinger und die Geschichte der Monumente laufend über den aktuellen Stand der Ausgrabungen. Der Eintritt ist gratis, und vielleicht erfährst du hier auch, was König Harald Blåtand mit deinem Handy zu tun hat?

Die Tour im Überblick

Spaziergang durch Kongernes Jelling, ca. 2 km, Dauer nach Lust und Laune

Gormsgade 23, Jelling | Parkplatz in der Nähe (55.757985, 9.415577)

Außenbereich ganzjährig geöffnet, Ausstellung 10–16, im Sommer 10–17 Uhr

Ans Wetter angepasste Kleidung, viel Zeit und Spaß an Geschichte

55.756587, 9.419563 (Runensteine Jelling)

DOWNLOAD GPX-Track

Betonpfähle markieren den Standort des ursprünglichen Palisadenzauns (li.). Einer der beiden Runensteine von Jelling (re. o.). Die romanische Kirche von Jelling aus dem 11. Jh. (re. u.)

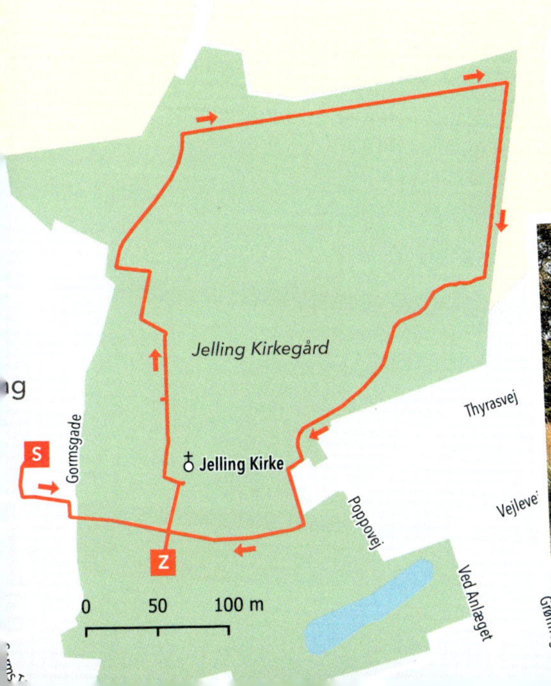

Bummel durch eine vergangene Zeit ★

Das Freilichtmuseum Den Gamle By öffnete 1914 seine Tore für Besucher und war weltweit das erste Freilichtmuseum für Stadtkultur. Heute ist das Areal in Dänemarks zweitgrößter Stadt mit mehr als 500 000 Besuchern jährlich das meistbesuchte kulturhistorische Museum des Landes. Aus ganz Dänemark wurden Gebäude hierhergebracht, wo sie ihren Platz in einer eigenen Stadt – der alten Stadt – bekamen.

Tauch ein in die Geschichte

Ein Besuch in Den Gamle By ist eine kleine Zeitreise. Du läufst durch historische Straßen, Hinterhöfe, Läden und Werkstätten und bewegst dich gleichzeitig durch die Geschichte – von den frühen Zeiten, der alten Handelsstadt des 19. Jhs., durch die Geschäftsstraße der 1920er-Jahre, die 1970er bis in das Jahr 2014. Im Museum gibt es darüber hinaus fünf historische Gärten sowie ein Treibhaus, in dem man früher ganz gewöhnliche, aber heute selten gewordene Topfpflanzen kaufen kann.

Im Sommer ist das Museum belebt und du wirst Menschen aus der Vergangenheit begegnen, mit denen du ein Schwätzchen halten kannst. So kannst du den Gänsejungen nach dem Weg fragen, die Fachwerkhäuser erkunden, eine Tour mit dem Pferdewagen machen oder Vanillekränze beim Bäcker kaufen. In den Straßen der 1920er-Jahre hält die Moderne Einzug. Es gibt Fußwege und Straßenlaternen, außerdem Telefone und Reklame an den Hausgiebeln. Schau beim Buchhändler und Modegeschäft rein oder informiere dich über die neuesten Modelle der 20er-Jahre beim Autohändler.

Sarah Bernhardt & Korbchianti

Insider-Tipp In den 1970ern angekommen, kannst du in der Konditorei das berühmte Kuchenstück Sarah Bernhardt probieren. Oder auch die neuesten Schallplatten bei Pouls Radio durchstöbern oder dich ins Wartezimmer einer Arztpraxis setzen – zeitgemäß mit Aschenbecher auf dem Tisch. Oder durch eine Studenten-WG schlendern – achte auf die Tropfkerze in der Korbchianti-Flasche. So mancher Einrichtungsgegenstand wird dir unter Umständen bekannt vorkommen – gab es das bei dir zu Hause damals auch?

Unsere Zeit im Museum

Wenn noch nicht in den 1970ern, dann aber sicher in der Dronning Margrethes Gade, es ist ein Schnappschuss des Jahres 2014: ein kleines Einkaufscenter, Sonnenstudio, 7-Eleven, eine Bank, eine Pizzeria und eine alte Jazzbar, die nach kaltem Rauch und abgestandenem Bier riecht. Schau dir die Singlewohnung an und statte der Regenbogenfamilie einen Besuch ab.

Die Tour im Überblick

Freilichtmuseum Den Gamle By, Halbtagesausflug

Viborgvej 2, Aarhus C | Buslinien 3A, 4A, 11, 14, 44 | Parkhaus in unmittelbarer Nähe in Ceres Byen, Parken im gesamten Gebiet zahlungspflichtig, Registrierung des Fahrzeugs beim Parken via App oder Automaten (nahe Den Gamle By oder Eugen Warmings Vej) | dengamleby.dk | €€

Ganzjährig geöffnet

Gute Schuhe, teilweise läuft man über Kopfsteinpflaster

56.157921, 10.193698 (Den Gamle By)

DOWNLOAD GPX-Track

Den Gamle By verspricht seinen Besuchern eine Zeitreise in die Geschichte dänischer Handelsstädte von 1864 bis 2014 (li.). Süße Leckereien in der Konditorei des Museums (o.)

Hoch hinaus! Eine Radtour zum Himmelbjerget ★

Einer der bekanntesten Orte im wunderschönen Søhøjlandet ist der Himmelbjerget bei Skanderborg. Mach einen Ausflug auf die Spitze der 147 m hohen Erhebung, die über die Jahre hinweg Schauplatz verschiedener historischer Ereignisse gewesen ist, und genieße den Ausblick auf den See Julsø und die großartige Landschaft.

Grandiose Aussicht

Das Søhøjlandet ist das am höchsten gelegene Gebiet Dänemarks. Hier kannst du eine Gegend entdecken, die vor allem bei Outdoor-Begeisterten beliebt, vielen Touristen aber eher unbekannt ist. Üppige Waldgebiete, imponierende Landschaftserhebungen und tiefe Seen prägen diese zauberhafte Landschaft. Auch die höchsten Berge Dänemarks findest du hier im Søhøjlandet, einer von ihnen ist der Himmelbjerget.

Von Ry aus kannst du über den Rodelundvej radeln, bis du rechts in den Munkedalsvej abbiegst. Nun geht es durch den herrlichen Wald. Du radelst entlang des schönen Birksø und folgst dem Verlauf der Gudenå bis zu einem kleinen Parkplatz am Julsøvej. Von hier ab geht's zu Fuß weiter. Auch, wenn es vielleicht etwas schweißtreibend ist, hier hinaufzusteigen, die durchschnittliche Steigung beträgt 6,4 % – es lohnt sich. Oben wirst du mit einer atemberaubenden Aussicht über die Seen und Wälder des Søhøjlandes belohnt.

Ein historischer Ort

Auf der Spitze des Hügels steht der Himmelbjergtårn, ein 25 m hoher, kantiger Turm, der zu Ehren von König Frederik VII. errichtet wurde. Es war dieser Monarch, der den Dänen 1849 ihre Verfassung gab. Hier gibt es aber noch viele andere Denkmäler, die an wichtige Daten der dänischen Geschichte und die damit verbundenen Personen und

Ereignisse erinnern. Unter anderem der Blicher-Stein, der auf Steen Steensen Blicher verweist, der hier erstmals eine große Volksversammlung organisierte. Auch die Fraueneiche wirst du hier sehen. Sie wurde 1959 gepflanzt, einen Tag, nachdem das Frauenwahlrecht eingeführt wurde. Verpasse auch nicht die H. C.-Andersen-Bank, die an den großen dänischen Märchendichter erinnert, der mehrmals den Himmelbjerget besuchte und hier Inspiration fand. Mach dich einfach auf die Suche!
Steht dir der Sinn nach einer kleinen Erfrischung, bekommst du diese auf dem Himmelbjerg-Plads, wo sich im Sommer einige Verkaufsstände und Kioske befinden. Hier kannst du vor deiner Tour zurück richtig entspannen. **Insider-Tipp** Hast du Kinder dabei, können die sich auf dem nahe gelegenen Spielplatz nochmal so richtig austoben, bevor es wieder heißt, in die Pedale zu treten.

Die Tour im Überblick

Leichte Radtour von Ry zum Himmelbjerget, 14 km, plus Fußweg vor Ort, rund 2–3 Std.

Mit dem Auto bis zum Parkplatz Parkering Skimminghøj, Ry

Ganzjährig möglich, am schönsten an einem klaren Tag mit guter Sicht in den Herbstmonaten

Ans Wetter angepasste Kleidung, Fernglas und genug zu trinken

56.092872, 9.753990 (Parkering Skimminghøj), 56.105923, 9.684843 (Himmelbjerget)

DOWNLOAD GPX-Track

Auf dem Gipfelplateau: Die Aussicht über den Julsø und das Seenhochland ist wirklich himmlisch (li.).Der Raddampfer „Hjejlen" mit dem Himmelbjerget im Hintergrund (re.)

Mit dem Kanu unterwegs auf der Gudenå ★

Dänemarks längster Fluss, die Gudenå, ist für Kanutouren wie geschaffen. Besonders schön ist der südliche Abschnitt, der von schmalen, kurvigen Strecken in schöner, ruhiger Natur geprägt ist – ein wahres Eldorado für Kanuwanderer. Es gibt zahlreiche Verleihstationen, einfache Unterkünfte und Rastplätze, die auch Mehrtagestouren möglich machen.

Natur pur auf der südlichen Gudenå

Mit dem Kanu unterwegs zu sein, ist ein ganz besonderes Erlebnis. Sanft gleitest du auf dem Wasser dahin und hast das Gefühl, eins mit der Natur zu sein. Auf der Gudenå, 162 km von der Quelle nahe Tørring bis in den Randers Fjord, gibt es ein ganzes Füllhorn an Erlebnissen. Besonderer Zauber aber umgibt den südlichsten Teil des Flusses. In dieser einzigartigen Natur triffst du kaum auf Verkehrslärm oder andere, die Stille durchbrechende Geräusche. Du bist in einer recht dünn besiedelten Gegend unterwegs, auf beiden Seiten erhebt sich die Natur, und du bist nur in Gesellschaft von anderen Kanufahrern und der Tierwelt um dich herum.

Nur du, der Fluss und das Vogelgezwitscher

Der südlichste Teil des Flusses führt allgemein wenig Wasser, und der meist niedrige Wasserstand der Strecke eignet sich hervorragend für Anfänger. Die vielen Kurven der Strecke machen aber auch erfahrenen Kanuten Spaß. Feuchtgebiete, große Wälder, offene Weite und das Gefühl von Dschungel – umgeben von Bäumen und Vogelgezwitscher. Starte deine Tour bei Tørring Kanoudlejning & Kanofart – der perfekte Startpunkt, denn von hier aus kannst du den schönsten Abschnitt der Gudenå in vollen Zügen genießen. Darüber hinaus kannst du hier nicht nur deine gesamte Ausrüstung leihen,

Dänemarks längster Fluss ist für Kanufahrten wie geschaffen. Der obere Abschnitt zeichnet sich durch schmale, kurvige Strecken in herrlich grüner Natur aus (li. und re.)

du bekommst auch noch die besten Tipps und Tricks mit auf den Weg. Mit dem Kanu in dieser großartigen Natur unterwegs zu sein, wird dich erden, du erlebst deine Umgebung aus einer neuen Perspektive. Nutze dieses Back-to-the-roots-Erlebnis und nimm die Farben, die Geräusche und den Geruch der fantastischen Natur wahr.

Entspannt zurückkommen

Der Abschnitt zwischen Tørring und Klostermølle ist eine Einbahn-Wasserstraße, hier darf nur mit dem Strom gefahren werden. **Insider-Tipp** In der Hochsaison von Ende Juni bis Anfang August bringt dich ein Bus von der Endstation der Tour wieder zurück zum Ausgangspunkt. Die Fahrt mit dem Modstrømbus, dem Gegen-den-Strom-Bus, ist gratis. Auch sonst ist für Rücktransport gesorgt – und Proviant für deine Tour kannst du auch bestellen.

Die Tour im Überblick

Kanutour vom Startpunkt Tørring bis Gudenå Camping, 21 km, Tagestour

Kanoudlejning og Kanofart, Aagade 31, Tørring | Buslinie 114, 115, Haltestelle Tøring Bredgade | Mit dem Auto über die 13, Abfahrt Tørring, Parkplatz direkt vor Ort | kano-udlejning.dk

Mai–Okt., am schönsten von Ende Juni bis Anfang August – auch wegen des Mødstrømbusses

Wechselkleidung und ausreichend Verpflegung

55.854758, 9.485608

DOWNLOAD GPX-Track

Eintauchen in eine einzigartige Eiszeitlandschaft ★

Der Nationalpark Mols Bjerge ist der zweitälteste Nationalpark Dänemarks und wurde 2009 eingeweiht. Er liegt auf der Halbinsel Djursland und wurde nach dem in diesem Gebiet von der Eiszeit geschaffenen Höhenzug benannt. Auf 180 km² findest du hier eine einzigartige Eiszeitlandschaft mit rund 80 km Küste, seltenen Lebensräumen und einer interessanten Kulturgeschichte.

Viele Wanderwege

Ein großes Netz an Wander- und Radwegen führt dich durch eine sehr abwechslungsreiche Landschaft, geprägt von Seengebieten und der Küste. Aber auch Wald, Heide- und Grünlandflächen haben dem Nationalpark ihren Stempel aufgedrückt. Der Mols Bjerge Sti führt dich auf 80 km durch einen Großteil des Nationalparks und ist mit weißer Schrift auf grünen Schildern markiert. Er ist in vier Tagesetappen unterteilt, die jeweils ca. 20 km umfassen: die Kalø-Etappe, die Berg-Etappe, die Ebeltoft-Etappe und die Gåsehage-Etappe.
Möchtest du lieber kleinere Strecken laufen, empfiehlt es sich, eine markierte Route in der Nähe des Highlights zu nehmen, das du dir als Ziel ausgesucht hast. **Insider-Tipp** Von fast allen Parkplätzen starten Routen, außerdem gibt es Infotafeln und Faltblätter. Und Highlights gibt es jede Menge zu entdecken im Nationalpark Mols Bjerge.

Hinauf auf den Agri Bavnehøj

Oder du startest deine Tour zum Agri Bavnehøj am gleichnamigen Parkplatz. Der Weg führt teils durch sehr hügeliges Gelände, und die Pfade können mitunter etwas bröckelig und schwierig sein. Mit seinen 137 m ist der Agri Bavnehøj die höchste Erhebung des Nationalparks. Ein Bavnehøj bezeichnet einen Hügel, auf dem mitunter

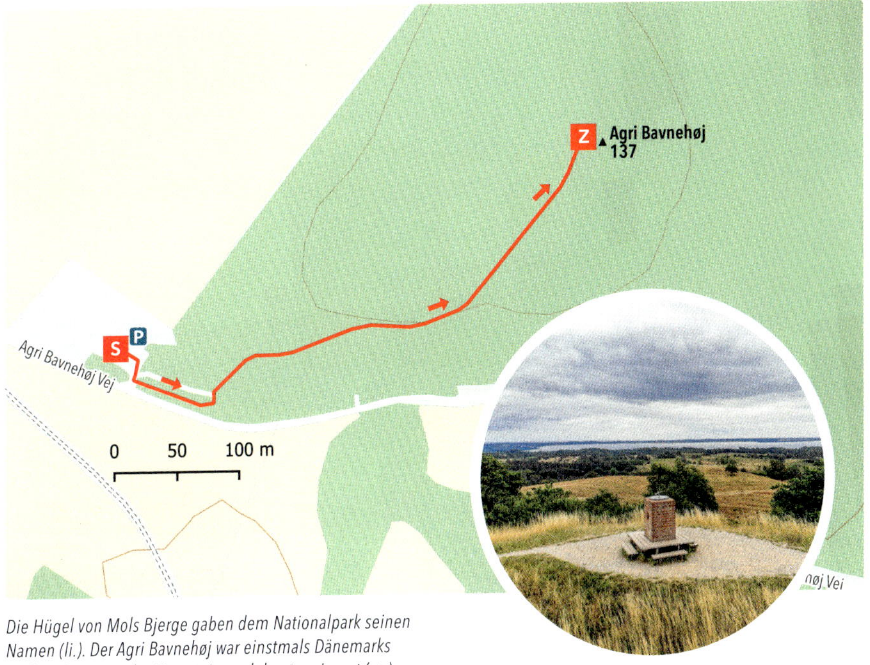

Die Hügel von Mols Bjerge gaben dem Nationalpark seinen Namen (li.). Der Agri Bavnehøj war einstmals Dänemarks Nullpunkt, woran der Messstein noch heute erinnert (re.)

schon seit der Wikingerzeit ein großes Feuer entfacht wurde, um mitzuteilen, dass sich ein Feind nähert. Auf der Spitze von Agri Bavnehøj ist heute ein Messstein zu sehen – er diente als Nullpunkt bei der Vermessung von Karten. Vom Bavnehøj hast du einen fantastischen Blick auf die Bucht von Aarhus, Helgenæs und Samsø. Bei guter Sicht erkennst du von hier aus auch den bronzezeitlichen Grabhügel Trehøje und im Norden Toteislöcher und scharfe Hügelkämme. Eines der größten der nicht mit Wasser gefüllten Toteislöcher im Park ist das Tinghulen, das in früheren Zeiten als Gerichtsort diente. In diesem 30–35 m tiefen Loch war nach dem Rückzug des Eises ein mit Kies und Sand bedeckter Eisklumpen zurückgeblieben, der mehrere tausend Jahre brauchte, um zu schmelzen und so dieses Toteisloch schuf. Egal, welche Strecke du dir aussuchst – in dieser fantastischen Natur gibt es viel zu entdecken!

Die Tour im Überblick

Leichte Wanderung, Start/Ziel: Parkplatz Agri Bavnehøj, unterschiedliche Streckenführungen von 1–6,5 km, ab 1½ Std.

Mit dem Auto über die 21, ab Feldballe Richtung Mols Bjerge

Jederzeit möglich, besonders schön im Herbst

Gutes Schuhwerk, ans Wetter angepasste Kleidung, Fernglas

56.228821, 10.530559 (Plads Agri Bavnehøj)

DOWNLOAD GPX-Track

Mit dem Fahrrad auf der Insel Samsø ★

Samsø ist Dänemark im Miniformat. Hier kannst du eine wunderbare Hügellandschaft, kilometerlange Badestrände, Heidegebiete, Wald, Fjorde und Felder entdecken. Das milde Klima der Insel, die vielen Sonnenstunden sowie der gute Boden bieten zudem optimale Bedingungen für den Anbau von Obst und Gemüse. Kein Wunder, dass Samsø als Speisekammer Dänemarks gilt.

Eine nationale Sehenswürdigkeit

Auf Samsø ist das Fahrrad das ideale Fortbewegungsmittel. Nicht nur, dass es aufgrund des relativ geringen Autoverkehrs wirklich Spaß macht, die Insel an der frischen Luft zu erkunden, Samsø ist zudem seit 1997 international anerkannter Feldversuch als Energiesparinsel und soll sich aus erneuerbaren Quellen selbst versorgen.

Den Norden Samsøs, mittlerweile zur nationalen Sehenswürdigkeit ernannt, kannst du hervorragend von Nordby aus erkunden, einem der am besten erhaltenen Dörfer Dänemarks. Schöne Fachwerkhäuser, Strohdächer, kleine Gassen, hyggelige Läden – einfach idyllisch. Ganz besonders malerisch ist es um den kleinen Dorfteich herum. Von hier aus kannst du in nördlicher Richtung in die Moränenlandschaft Nordby Bakker losziehen bis nach Issehoved, dem nördlichsten Punkt der Insel, wo du dich mit einem Fuß östlich, mit dem anderen westlich von Samsø in das Kattegat stellen kannst.

Kanal der Wikinger

Die Erkundungstour mit dem Rad führt dich von Nordby aus durch das Dorf Mårup und weiter zum inzwischen versandeten Kanhave Kanal. Heute nur noch eine einem Graben ähnliche Vertiefung in der Landschaft, doch trotzdem eine kleine Sensation, denn es handelt sich um einen mehrere Hundert Meter langen und 11 m breiten Kanal vom Stavns Fjord zur Sælvig Bugt. Untersuchungen datieren den Bau auf das Jahr 726 – also noch vor der Wikingerzeit. Weiter geht's Richtung Langøre an den

Stavns Fjord, dessen man niemals überdrüssig wird. **Insider-Tipp** Lege einen Stopp an der Naurskole Samsø ein und genieße die fantastische Aussicht vom kleinen Hügel Grønhøj – eine Märchenlandschaft wie aus längst vergangenen Zeiten.

Verträumter Hafen

In Langøre, bis 1880 wichtigster Hafen der Insel, kannst du dich, bevor es zurück nach Nordby geht, in eine Zeit träumen, in der der Fjord voller Wikingerschiffe war. Halte auf deinem Weg zurück unbedingt an einem der vielen Straßenstände an und nimm dir etwas von dem großartigen Obst und Gemüse mit – die Samsø-Kartoffeln sind in ganz Dänemark beliebt, aber auch Erdbeeren und Spargel aus Samsø sind bekannte Delikatessen.

Die Tour im Überblick

Einfache Radtour ab/bis Nordby, Samsø, rund 20 km, Halbtagesausflug

Fähre ab Hou (mit Pkw) oder Aarhus (nur mit Fahrrad) | Parkplatz Nordby Centrum

Jede Jahreszeit auf der Insel hat ihren eigenen Reiz
An das Wetter angepasste Kleidung, ausreichend Verpflegung
55.963746, 10.552883

DOWNLOAD GPX-Track

Eine teils noch unberührte Natur sowie eine wunderschöne Landschaft zeichnet die Insel Samsø im Kattegat aus (li.). Traditionelle, reetgedeckte Häuser in Nordby (re.)

MEHR ERLEBEN

* WEITERE ABENTEUER & AUSFLÜGE

Über dem Dach des ARoS-Kunstmuseums in Aarhus schwebt ein begehbarer bunter Regenbogen-Panoramaring

Erklimme Jütlands „Berge", springe in Dänemarks zweitgrößter Stadt ins Meer oder geh auf Entdeckungstour in den größten, von Menschenhand geschaffenen Kalkminen der Welt. Hier im Osten Jütlands kannst du Parkour laufen, auf alten Kurpfaden wandeln, Brücken wieder entdecken und in luftiger Höhe überqueren oder die grandiose Landschaft auf dem Mountainbike für dich erobern. Das Abenteuer Ostjütland wartet darauf, entdeckt zu werden!

AARHUS, SØHØJLANDET & RANDERS

Bunter Blick auf Jütlands größte Stadt

1 Durchs Regenbogenpanorama im ARoS Kunstmuseum in Aarhus, Dauer nach Belieben

Sich die Welt nicht nur in den schönsten Farben ausmalen, sondern sie einfach in den schönsten Farben ansehen – das kannst du im begehbaren Regenbogenpanorama auf dem Dach des ARoS Kunstmuseums mitten in Aarhus. Erschaffen wurde dieses grandiose Kunstwerk vom dänisch-isländischen Künstler Ólafur Elíasson. Dich erwarten 150 m Rundumsicht durch 116 Verbundglasscheiben, die leicht gebogen und bunt in den Farben des Regenbogens getönt sind. Der Panoramaring lagert auf schlanken Stützen über dem Dach des Museumsbaus in 50 m Höhe. Fast scheint er darüber zu schweben. Du wirst die Stadt plötzlich in einem ganz anderen Licht sehen – und zwar wortwörtlich mit quasi jedem Fuß, den du im Regenbogenpanorama vor den anderen setzt. Aber auch du veränderst deine Farbe und wirst so zum Teil des Kunstwerks. Ein wahrer Spaziergang für die Sinne, der in Erinnerung bleiben wird.

Aros Allé 2, Aarhus C | Buslinie 12, 14, Haltestelle Mølleparken (midttrafik.dk) | Zugang zum Museum über Aros Allé oder das Parkhaus | aros.dk | €€€

Ganzjährig 56.154041, 10.199695

Vom Turm der mittelalterlichen Schlossruine auf der Insel Kalø bietet sich ein atemberaubendes Panorama

Bei den Touren von UrbiHunt wird die ganze Stadt zum spannenden Spielfeld

Zur Schlossruine mit Blick auf Aarhus

2 Spaziergang zur Kalø Slotsruin, 1,5 km, 30 Min.

Auf dem Weg zur Kalø Slotsruin am Rande der Kalø Vig spazierst du Dänemarks älteste mittelalterliche gepflasterte Straße entlang. Dieser mit groben Feldsteinen versehene Pfad führt über einen im 14. Jh. angelegten Damm zur kleinen Insel Kalø. Auch, wenn es ob dieser atemberaubenden Landschaft schwerfällt – ab und zu sollte sich dein Blick auch auf den Weg richten: Stolpergefahr! Die Burg, vor deren Ruinen du am Ende des Weges stehst, wurde Anfang des 14. Jhs. von König Erik Menved errichtet und war seinerzeit hochmodern. Sie galt als uneinnehmbar. Prominentester Gefangener von Kalø war der spätere König von Schweden Gustav Wasa. Lass dir aber auf keinen Fall entgehen, die Treppe im Innern der Turmruine nach oben zu steigen und den Ausblick von den gläsernen Kanzeln bis nach Aarhus zu genießen.

Molsvej 31, Rønde | Buslinie 121, 123, Haltestelle Kalø Slotsruin | Parkplatz direkt vor Ort Ganzjährig Gutes Schuhwerk 56.283544, 10.480660 (Kalø Slotsruin Parkplatz), 56.275010, 10.466525 (Kalø Slotsruin)

Auf Schnitzeljagd durch Aarhus

3 UrbiHunt, Unlock Aarhus Tour, 2–3 km, 2 Std.

Du magst Escape Rooms und Rätsel aller Art sind so richtig dein Ding? Dann versuche doch mal UrbiHunt in Aarhus – eine Mischung von Escape Room und Schnitzeljagd. Du und dein Team werdet auf eurem Weg durch Aarhus kryptische Mitteilungen entschlüsseln und versteckte Hinweise finden, um die zehn bis zwölf herausfordernden, aber auch lustigen Aufgaben zu lösen, die euch während eurer Tour durch die Stadt gestellt werden. Das Ganze funktioniert über eine App, in der du dir auch deine Schnitzel-Stadtjagd aussuchen kannst. **Insider-Tipp** Per GPS bekommt ihr die Rückmeldung, ob ihr noch auf Spur seid und auch für Pausen ist bei dieser lustigen Tour durch die Stadt genügend Zeit eingeplant.

Startpunkt Skulptur Agnete og havmanden, Park Allé, Aarhus C | In Aarhus gibt es drei unterschiedliche Touren mit jeweils verschiedenen Startpunkten | urbihunt.com | €€€ Ganzjährig Aufgeladene Mobiltelefone, gutes Schuhwerk,

Die Kalkhöhlen von Mønsted lassen sich auf eigene Faust oder mit einer Führung erkunden

Vom Wiedervereinigungsturm auf dem Ejer Bavnehøj bietet sich ein fantastischer Blick

um 2–3 km in der Stadt gehen zu können, ans Wetter angepasste Kleidung 56.151502, 10.202908 (Startpunkt Agnete og havmanden)

Auf Höhlentour

4 Einfache Entdeckungstour in den Mønsted Kalkgruber, 2–3 Std.

Wo liegen die größten zusammenhängenden, von Menschenhand erschaffenen Kalkhöhlen der Welt? Richtig! In Jütland! In den Kalkgruben von Mønsted gibt es in mehreren Ebenen ein Gangsystem von mehr als 60 km Länge – nur zwei davon sind elektrisch beleuchtet. Manche der Gänge sind hoch wie ein prächtiger Dom, andere teilweise bis zu 1000 Jahre alte sind so niedrig, dass darin an Aufrechtstehen nicht zu denken ist und du dich nur in der Hocke fortbewegen kannst. Man kann die Grube eigenständig betreten und frei erforschen. **Insider-Tipp** Denk unbedingt an eine Taschenlampe, um auch mal in dunklere, nicht beleuchtete Gänge hineinschauen zu können. Scheuche aber nicht die 18 000 Fledermäuse auf, die hier überwintern. Mønsted zählt zu den wichtigsten Winterquartieren für Fledermäuse in ganz Europa. Eine weitere Besonderheit haben die Kalkgruben noch zu bieten: Hier lagert der Käse, der in Deutschland als dänischer Höhlenkäse verkauft wird. 250 t Käse liegen hier rund vier Wochen, um zu reifen.

Kalkværksvej 10, Mønsted | Parkplatz direkt vor Ort | monsted-kalkgruber.dk | €€ April–Oktober In der Grube herrschen konstant 8 Grad und eine hohe Luftfeuchtigkeit: entsprechende Kleidung nicht vergessen 56.456242, 9.165880

Eine Bergtour in Jütland

5 Mittelschwere Wanderung in Ejer Bjergene, ab/bis Ejer Bavnehøj, 1,5 km, ca. 2 Std.

Du brauchst weder Kletterausrüstung noch Sauerstoffgerät, um die drei höchsten Punkte Dänemarks zu erklimmen. Und große Strecken überwinden musst du auch nicht. Ejer Bavnehøj, Ejer Møllehøj und Ejer Møgelhøj liegen nämlich dicht beieinander, allesamt in den Ejer-Bergen nahe Skanderborg. 171 Höhenmeter überwindest du auf der kleinen, 1,5 km langen Runde. Gestartet wird am Parkplatz unterhalb des Wiedervereinigungsturms auf Ejer Bavnehøj, der an die Wiedereingliederung Südjütlands nach Dänemark 1920 erinnert. Genieße auf jeden Fall auch den Blick

Auch erfahrene Mountainbiker werden im Ry Bike Park einige Herausforderungen zu meistern haben

Der Raddampfer „Hjejlen" ist eine Ikone – seit 1861 befährt er die Silkeborgseen

vom Turm, bei guter Sicht schaust du von hier bis Samsø und zur Kleinen Beltbrücke. Die anspruchsvolle Wanderung durch hügeliges Terrain führt dich weiter zum Møllehøj, Dänemarks höchstem natürlichen Punkt, und über die dritte Anhöhe Møgelhøj zurück zum Ausgangspunkt.

Ejer Bavnehøjvej 4, Skanderborg | Mit dem Auto über die E 45, Abfahrt Ejer Bavnehøj, Parkplatz vor Ort | € (Turmbesteigung sowie Benutzung des Fahrstuhls) Besonders schön im Herbst Ans Wetter angepasste Kleidung, an Verpflegung und vor allem an Getränke denken (Kiosk vor Ort nur im Sommer) 55.977606, 9.830814

Über den Dächern von Jütland – mit dem Bike

6 Anspruchsvolle Mountainbike-Strecke im Ry Bike Park, 8 km, ca. 1 Std.

Der Name der Mountainbike-Strecke „Auf dem Dach Dänemarks" deutet es schon an: Hier geht es durch hügeliges Gelände. Die Strecke ist aber auch technisch sehr herausfordernd und daher nur für erfahrene Mountainbiker geeignet. Der Weg führt dich durch abwechslungsreiches Gelände, und du wirst Schlaufen, Sprünge, Steilwand- und Haarnadelkurven zu meistern haben. Den teilweise anspruchsvollen Abfahrten „Tote Kuh", „Das schwarze Gold" und „Die Schmiede" folgen jeweils harte Anstiege, bei denen du einige Höhenmeter überwinden wirst. Für erfahrene Fahrer definitiv eine herausfordernde, spaßige Strecke!

Start am Parkplatz (P5) Bøgedalsvej, Ry | Anfahrt mit dem Auto bis zum Startpunkt am Parkplatz
Zu jeder Jahreszeit, am besten im Trockenen
Ausrüstung zum Mountainbiking
56.109763, 9.666639

Mississippi-Feeling in Silkeborg

7 Fahrt mit dem Raddampfer „Hjejlen", Strecke Silkeborg–Himmelbjerget, 75 Min.

In Silkeborg kannst du dich an Bord des ältesten original kohlebefeuerten Raddampfers der Welt begeben und die wunderschöne Seenregion vom Wasser aus erkunden. Diese kleine „Kreuzfahrt" ist ein echter Klassiker unter den Erlebnissen Jütlands. Im Sommer schippern die „Hjejlen" sowie auch ihre jüngeren „Kollegen" täglich von Silkeborg zum Himmelbjerget und weiter zum kleinen Bahnhofsort Laven. Auf neueren Booten der Hjejlen-Flotte kannst du dich auch auf eine Nonstop-

Die beiden runden Badestege am Almind Sø – der innere dient als Kinderbecken mit nur einem Meter Wassertiefe

Rundfahrt über die schöne Seenlandschaft machen oder dir diese besondere Gegend im grandiosen Licht eines endenden Tages auf einer abendlichen Tour ansehen. Weitere Strecken findest du online. *Silkeborg Havn, Sejsvej 2, Silkeborg | Buslinie 7, Haltestelle Hjejlekiosken | Parken am Godthåbsvej (56.171643, 9.55191)6 | €€ Im Sommer, außerhalb der Saison spezielle Events, Ankündigungen online 56.169774, 9.555870 (Hjejleselskab)*

Abkühlen im klaren See

8 Ein Bad im Almind Sø, Vestre Søbad, Dauer nach Belieben

Ein Bad in einem der tiefsten und saubersten Seen Dänemarks – wenn du das für eine gute Idee hältst, dann mach dich auf zum Almind Sø in der Nähe von Silkeborg. Am besten zum Vestre Søbad. Hier werden dich die beiden nebeneinanderliegenden runden Badestege überraschen – auf dem größeren, der zur Hälfte über den Sandstrand verläuft, findest du Umkleiden, Toiletten, eine Sauna und auch Bänke, auf denen du dich ausruhen oder einfach dieses grandiose Ambiente genießen kannst. Der dem Strand am nächsten liegende Steg hat im Inneren nur eine Wassertiefe von einem Meter – ideal für Kinder, die dort im Wasser planschen

Schwimmen im Meer inmitten der Großstadt? Aarhus Havbane macht's möglich

können. Der äußere Steg hingegen bietet guten Schwimmern die Möglichkeit, das klare Wasser, das hier ca. 4,5 m tief ist, zu durchschwimmen. Im Frühjahr ist das Wasser des bis zu 20 m tiefen Sees besonders sauber und klar, aber dieser einzigartige See ist auch im Sommer und Winter ein fantastischer Badeort. **Insider-Tipp** Ganz in der Nähe: das Østre Søbad – auch mal ausprobieren! *Søndre Ringvej 1, Silkeborg | Buslinie 4, 110, Haltestelle Østre Søbad (plus Fußweg) | Parkplatz am Søndre Ringvej, dann knapp 10 Min. zu Fuß bis zum Søbad Unbedingt im Sommer Badesachen und Sonnenschutz nicht vergessen 56.152225, 9.543535 (Vestre Søbad)*

Spring ins Meer – mitten in der Stadt

9 Schwimmen in Aarhus Havbane, Dauer nach Belieben

Hast du einmal damit begonnen, wirst du vielleicht nur schwer wieder aufhören wollen. Schwimmen im Meer ist der neue Hit. Die 500 m

Wakeboarding: Rausch der Geschwindigkeit im Aarhus Watersports Complex

lange, mit gelben und orangefarbenen Bojen markierte Schwimmbahn im Hafen von Aarhus ist von der dänischen Schifffahrtsbehörde genehmigt und für motorisierte Schiffe gesperrt. Schwimmen im Meer hat seine ganz eigenen Herausforderungen – Wind und Strömungen sind ständigen Veränderungen unterworfen, und es ist wichtig, sich dem Rhythmus des Meeres anzupassen. **Insider-Tipp** Wenn du zwar im Meerwasser baden möchtest, aber ein geschützteres Terrain bevorzugst, dann besuche das Havnebad. Das Meeresschwimmbad am Becken 7 liegt ebenfalls im Stadtteil Aarhus Ø. Es wird dringend empfohlen, immer zu zweit schwimmen zu gehen und aufeinander zu achten. In unmittelbarer Nähe der Schwimmbahn ist auch das Schnorcheln möglich.

Aarhus Ø, Aarhus C | Buslinie 23, Haltestelle Aarhus Ø/Esther Aggebos Gade, 5 Gehminuten entfernt | Parkplätze und Q-Park-Parkhäuser in der Nähe | havbanen.dk Im Sommer macht es am meisten Spaß Für das Schwimmen im Meer wird empfohlen, einen Nassanzug, Schwimmbrille und eine möglichst bunte Badekappe zu tragen

56.167610, 10.228782 (Havbane)

Geschwindigkeitsrausch auf dem Wasser

10 Wakeboarding im Aarhus Watersports Complex, Dauer nach Belieben

Wie beim Snowboarding oder Wasserski spürst du beim Wakeboarding den Rausch der Geschwindigkeit, und in Aarhus kannst du dich diesem Rausch voll hingeben. In den Wakepark des Aarhus Watersports Complex brauchst du nichts als Badesachen und ein Handtuch mitzunehmen. Alles andere, was du an Equipment benötigst, wird dir gestellt. Natürlich steht dir auch ein Crewmitglied zur Seite – egal, ob du zum ersten oder zehnten Mal dabei bist – das dafür sorgt, dass du das bestmögliche Erlebnis im Wakepark haben kannst. Der Wasserskilift der Anlage kann individuell bezüglich Geschwindigkeit und Trainingsstand angepasst werden.

Irma Pedersens Gade 2 a, Aarhus C | Buslinie 23, Haltestelle Nikoline Kochs Plads | Parken am Bernhard Jensens Boulevard, 3 Std. kostenlos parken (Parkscheibe), ansonsten mehrere kostenpflichtige Parkmöglichkeiten | awc.dk | €€€ Zu jeder Jahreszeit Ausrüstung wird vor Ort gestellt

56.164253, 10.224897

Randers Industriparkour: Hier gilt es, ohne Hilfsmittel diverse Hindernisse zu überwinden

Auf dem trialektischen Fußballplatz spielen drei Parteien auf drei Tore

Fußball zu dritt

11 Trialektischer Fußballplatz, Museum Jorn

So hast du bestimmt noch nicht Fußball gespielt! Hier kannst du eine Partie trialektischen Fußball spielen, das der bedeutende Künstler Asger Jorn in den 1960er-Jahren entwickelte. Drei Parteien spielen auf einem hexagonalen Spielfeld auf drei Tore. Entgegen der üblichen Spielweise geht es hier um Allianzen und wechselnde Zusammenarbeit, die Voraussetzung für einen Sieg sind. Kooperation ist gefragt, Gegner und Verbündete können schnell die Seite tauschen, Spontanität und Kommunikation stehen im Vordergrund. **Insider-Tipp** Die Nutzung des trialektischen Fußballplatzes ist kostenlos, Spielregeln gibt's auf der Internetseite des Museums. Probier es unbedingt mal aus!

Gudenåvej 7–8, Silkeborg | Buslinie 4, Haltestelle Plejecenter | Parkplatz unmittelbar am Jorn Museum | museumjorn.dk Zu jeder Jahreszeit 56.161402, 9.558178

Hürden überwinden in Randers

12 Parkour im Randers Industriparkour, Tronholmparken, Dauer nach Lust und Laune

Parkour ist eine recht anspruchsvolle Sportart, bei der eine gute Grundfitness Voraussetzung ist. Hier geht es darum, Hürden zu überwinden, sich seinen Ängsten zu stellen und die Fähigkeiten des Körpers auszubauen. Auch Kreativität ist gefragt, denn das Ziel ist es, möglichst effizient einen Punkt nach dem nächsten zu erreichen. Die Parkouranlage in Randers erzählt mit ihren Windradflügeln, dem Seilparcours, Eisenbahnschienen, -rädern und -schwellen eine eigene Geschichte, nämlich die der Industriestadt Randers. Die Elemente fordern Anfänger wie auch Fortgeschrittene jeden Alters heraus. Unkonventionelle Stationen wie beispielsweise die Windradflügel zwingen Benutzer über die Standards hinauszublicken und sich eigene Sprünge auszudenken. Benutzung der Anlage ab acht Jahren, Sicherheitshinweise beachten!

Tronholmen 1, Randers Sø | Buslinie 1A, 3, 4, Haltestelle Aarhusvej/Grenåvej | Mit dem Auto bis zum öffentlichen Parkplatz nahe Brotoften Zu jeder Jahreszeit 56.456009, 10.041955

Auch in Ebeltoft kannst du den Nachtwächter auf seiner Tour durch die Stadt begleiten

DJURSLAND & VEJLE & JELLING

Singend durch die Stadt

13 Nachtwächterrundgang in Ebeltoft, Det Gamle Rådhus in Ebeltoft, ca. 1 Std.

Historische Stadthäuser, kopfsteingepflasterte, verwinkelte Gassen und das alte Rathaus, das als kleinstes Rathaus der Welt gilt – der Stadtkern von Ebeltoft ist ein Idyll. Hier kannst du in der Sommersaison mit Nachtwächtern, die in Ebeltoft erstmals Ende des 17. Jhs. erwähnt wurden, eine Runde drehen. Sie sollten die Straßenbeleuchtung an- bzw. ausschalten, für Ruhe und Ordnung sorgen und außerdem Brandgefahren erkennen und gegebenenfalls beseitigen. Außerdem verkündeten sie zu jeder vollen Stunde singend die Uhrzeit. Heute werden die traditionellen Lieder in der Sommersaison vor dem alten Rathaus vorgetragen, und du kannst anschließend die Nachtwächter auf ihrem Weg durch die Stadt begleiten.

Det Gamle Rådhus, Torvet 2a, Ebeltoft | Buslinie 2, Haltestelle Ebeltoft C | Mit dem Auto über die 21 bis zum großen Parkplatz am Strandvejen In der Sommersaison Rundgang jeweils 19 und 20 Uhr ab dem alten Rathaus, im Dezember jedes Wochenende um 12, 13 und 14 Uhr Gute Schuhe, um die Strecke auf Kopfsteinpflaster gut gehen zu können 56.197955, 10.676724

Unterwegs auf historischen Kurwegen

14 Spaziergang durch die Parkanlage des Hotels Vejle Fjord, 1–2 Std.

Durch den wunderschönen Park am Fuß des alten Sanatoriums und heutigen Hotels Vejle Fjord führen vier ausgeschilderte historische Kurwege. Als im Jahr 1900 hier das erste Tuberkulose-Sanatorium Dänemarks eröffnet hatte, wurde ein regelrechtes Netzwerk von Wegen mit unterschiedlichen Schwierigkeitsgraden angelegt, sodass sich die Patienten systematisch regenerieren konnten. Bereits im Eröffnungsjahr erstreckte sich das Wegenetz über 12 km. Gleichzeitig wurde direkt am Fjord der romantische Park angelegt – noch heute eine wahre Blütenpracht zu fast jeder Jahreszeit. Und versuch dich doch mal an dem spiralförmigen Hügel: Konnte ein Patient diesen bewältigen, galt das als Indikator für eine Entlassung. Auf deinem Weg kommst du an mehreren Holzbänken mit Zitaten vorbei – sogenannte Denk-Bänke. Außerdem wirst du einige historische Sehenswürdigkeiten

Die Kleepfade in Grenå – Kløverstier – führen von einem zentralen Punkt in vier Richtungen

auf deinem Spaziergang entdecken – darunter Großmutters Brücke, das Küss-mich-sofort-Haus, den Therapiegarten und natürlich den malerischen Leuchtturm Træskohage Fyr.

Sanatorievej 26, Stouby | Mit dem Auto bis zum Parkplatz am Sanatorievej Besonders hübsch, wenn der Park in Blütenpracht steht, also Frühjahr und Mai–Juni (Rhododendren), aber auch im Herbst 55.682920, 9.761692 (Parkplatz)

Wandern auf den Kleeblattwegen

15 Kløverstier in Grenå, ab/bis Grenå Kirke, unterschiedliche Streckenführungen: 3 km, 5 km und 7,8 km, 1–3 Std.

Kløverstier – Kleepfade – gibt es in ganz Dänemark. Alle haben einen zentralen Startpunkt, von dem aus vier unterschiedlich lange Routen abgehen, die sowohl zu Fuß, wie auch joggend oder radelnd bewältigt werden können. Möglichst viele Menschen sollen von diesem Wegesystem animiert werden, die Natur und das Leben an der frischen Luft zu genießen. In Grenå starten die Kløverstier am Torvet bei der Kirche. Die grüne, ca. 3 km lange Route führt dich durch Grenås goldene Zeiten, währen dich die blaue, gut 5,5 km lange Tour vor allem durch das städtische Umland führt. **Insider-Tipp** Folgst du auf 7,6 km auf der roten Strecke dem kleinen Fluss, streifst du durch die Grenå Plantage und kannst einen Abstecher zum Hafen oder zum Naturcenter machen. Die letzte, schwarze Route ist hier Mountainbikern zugedacht, die sich auf eine rund 13 km lange Tour durch die Plantage von Grenå machen können.

Torvet 12, Grenå | Buslinie 2,3, Haltestelle Kannikegade/Søndergade | Mit dem Auto bis zum Parkplatz am Rathaus in der Markedsgade Zu jeder Jahreszeit schön Bequeme Schuhe 56.413401, 10.875891 (Kirke)

Tolkiens Djursland

16 Leichte Wanderung auf Jernhatten, 4 km, 1½–2 Std.

Östlich des Stubbe Sø liegt Jernhatten, eine Hügelgruppe, die sich 49 m über den Meeresspiegel erhebt. Vom Parkplatz aus führt ein markierter Weg in den Troldeskov, den Trollwald. Die Süntel-Buchen entlang des steilen Aufstiegs wirken wie aus einer Märchenwelt, beinahe schon mystisch.

Vom Gipfel des Jernhatten, etwa 50 Meter über dem Meeresspiegel, bietet sich eine tolle Aussicht

Wer von Vejle nach Jelling wandert, durchstreift einen wunderschönen Mischwald

Das spezielle Klima des Jernhatten mit wenig Niederschlag und hoher Sonneneinstrahlung hat zur Folge, dass sich einige seltene Pflanzenarten, die sonst nur in südlicheren Gefilden zu finden sind, hier zu Hause fühlen. Oben angekommen, wird man mit einer grandiosen Aussicht belohnt, u. a. hinüber zur Insel Hjelm. Was fällt dir zu den ostjütischen Ortsbezeichnungen und den vermutlich daraus entstandenen literarischen Orten ein? Hjelms Dyb – Helm's Deep, Isgård – Isengard, Eskerod – Esgaroth und Aros? Bei guter Sicht erkennt man auch Samsø und Seeland. Zurück geht es durch den Wald Bagskov, hinunter an den Strand und entlang der Küste zurück zum Parkplatz.

Ebeltoft | Mit dem Auto bis zum Parkplatz Jernhatten am Havmøllevej *Am schönsten in der warmen Jahreszeit* *Gute Wanderschuhe, da das Gelände teilweise uneben ist, und literarischen Entdeckergeist solltest du dabeihaben*
56.244695, 10.780302 (Parkplatz Havmøllevej)

Durchs Grejstal zu den Wikingern

17 Einfache Wanderung von Vejle nach Jelling, 16 km, 3–5 Std.

Der Grejsdalstien führt dich durch ein Stück herrlichster Natur. Von Vejle aus geleitet der Weg durch das Grejstal, eines der tiefsten und schönsten Täler in Dänemark: Mischwald, steile Hänge, Klüfte und Vertiefungen in der hügeligen Landschaft. Dann weiter entlang des Wasserlaufs Hørup Bæk und schließlich durch den Brandbjerg Sønderskov – einem ganz besonderen Naturschatz, der seit dem Jahr 1997 geschützt ist und wo sich auch seltene Pflanzen entfalten können. Das letzte Stück des Wegs wanderst du über offenes Gelände bis du zum historischen Ochsenweg (dän. Hærvejen) gelangst, der von Viborg nach Wedel in Schleswig-Holstein führte. Die Wanderroute ist mit orangefarbenen Piktogrammen markiert, teilweise führen Stege über feuchtere Wegabschnitte.

Beginne deine Wanderung am St. Grundet Skovvej hinter dem Krankenhaus von Vejle | Buslinie 5, Haltestelle Grejdalsvej in Vejle | Parkplatz am Grejdalsvej in Vejle | Mit Zug oder Bus zurück zum Ausgangspunkt, der Wanderweg kann auch in entgegengesetzter Richtung gelaufen werden
Frühling, Sommer, Herbst – immer schön!
An regenreichen Tagen gerne Gummistiefel, streckenweise kann es dann sehr matschig werden
55.730145, 9.536721 (St. Grundet Skovvej), 55.756939, 9.418300 (Kongernes Jelling)

Der Vejle BikePark bietet diverse Trails und spannende Hindernisse sowohl für Anfänger als auch Wagemutige

Radeln am Fjord

18 Leichte Radroute um den Rands Fjord, 15,5 km, ca. 1½–2 Std.

Der Radweg führt durch das Naturschutzgebiet Rands Fjord, wo dich hügeliges Terrain, kleine Wälder und steile Talhänge erwarten – die perfekte Tour für alle Naturfans. Auf diesem markierten Rundweg passierst du die Kirche von Egeskov, deren Chor und Kirchenschiff aus romanischer Zeit stammen. Nachdem du das stillgelegte Kieselgurwerk in Vejlby passiert hast, geht es durch idyllische Landschaften um die alten Gutshausgebiete Østedgård und Nebbegård und kleine malerische Dörfer. Nachdem du das Flüsschen Spang Å sowie die eingedämmte Mündung des Rands Fjords überquert hast, bist du bald wieder am Ausgangspunkt.

Parkplatz und Startpunkt am Besøgscenter Rands Fjord, Vejlby Kirkevej, Fredericia Am schönsten im Frühjahr und Herbst Ans Wetter angepasste Kleidung, genügend zu trinken, evtl. Badesachen und Fotoapparat 55.613599, 9.742238

Für Anfänger und Könner auf zwei MTB Rädern

19 Mit dem Mountainbike im Vejle BikePark

Hier kannst du dich im Mountainbiken ausprobieren oder deine bisherigen Fähigkeiten erweitern. Der Vejle BikePark liegt inmitten des Waldgebietes Sønderskoven und ist eine der größten Technik- und Trainingsbahnen für Mountainbiker in Dänemark. Es gibt sowohl einfache Trails für Anfänger als auch herausfordernde für Könner und Wagemutige – eingeteilt in fünf Schwierigkeitsstufen von einfach (grün) über mittel (blau), mittelschwer (rot), schwer (schwarz) bis extrem (orange). Es gibt zahlreiche Hops, Rollers, Berms, Rampensprünge, Brücken, Switchbacks und vieles mehr – insgesamt wurden fast 100 Features in den Trail eingebaut. Also, nichts wie rauf aufs Bike!

Grønnedalen 95, Vejle | Buslinie 9, Haltestelle Grønnedalen | Parkplatz direkt vor Ort Rund um die Uhr geöffnet Helmpflicht, auf schweren Strecken zusätzliche Sicherheitsausrüstung erforderlich 55.685196, 9.540356

Die Küste rund um den Nationalpark Mols Bjerge ist ein ideales Terrain für Touren mit dem Seekajak

Der Blick vom Wasser aus

20 Seekajak im Karpenhøj Naturcenter, 3 Std.

Möchtest du den fantastischen Nationalpark Mols Bjerge aus einer neuen Perspektive erleben? Dann ist vielleicht eine Tour mit dem Seekajak etwas für dich. Im Karpenhøj Naturcenter kannst du dir Seekajaks sowie alles nötige Equipment wie z. B. Neoprenanzug und Schwimmweste ausleihen. Möchtest du dagegen erst eine grundlegende Einweisung in diese großartige Fortbewegungsart auf dem Wasser, ist das hier ebenfalls möglich. Eine dreistündige Schnuppertour, auf der du für das Zusammenspiel von Meer, Kajak und dir selbst sensibilisierst wirst, startet am Vibæk Strand. Hier ist das Wasser so ruhig, dass du keinerlei Gefahr läufst, schon in deinen ersten Versuchen mit dem Seekajak von Wellen umgeworfen zu werden.

Dragsmurvej 12, Knebel | Mit dem Auto über Dragsmurvej, Parkplätze direkt vor Ort | karpenhoej.dk Besonders schön im Sommer Badesachen, Handtuch, Wechselkleidung und Getränke 56.183408, 10.528846 (Naturcenter)

Auf eigene Faust Fossilien am Strand entdecken? Karlby und Sangstrup sind gute Adressen

Fossilien und Hühnergötter

21 Auf Fossiliensuche an den Steilküsten Karlby und Sangstrup, Dauer je nach Belieben

Ein ideales Revier, um dich auf die Suche nach Fossilien zu machen, sind die Strände zu Füßen der grandiosen Steilküsten von Karlby und Sangstrup im Norden der Halbinsel Djursland. Die Chancen, hier versteinerte Seeigel, Muscheln oder Schnecken zu finden, stehen ausgesprochen gut. **Insider-Tipp** Auch Donnerkeile und Hühnergötter werden mit ein bisschen Glück unter deinen Fundstücken sein. Wenn du dich jetzt fragst, was Hühnergötter sind – das sind die von der Natur gelochten Feuersteine. In ihrem Inneren gibt es oft fossile Einschlüsse, die deutlich weicher sind als der Feuerstein selbst und die durch Verwitterung und Brandung herausgespült werden und im Stein ein oder sogar mehrere Löcher hinterlassen. In Dänemark heißen sie *hulsten* – Lochstein. Manchmal werden die Steine, denen oftmals eine schutzbringende Rolle nachgesagt wird, auch noch mit dem altjütischen Wort *hulko* bezeichnet.

Grenå | Mit dem Auto bis zum Parkplatz am Hjembækvej, Grenå, direkt vor Ort Ganzjährig Festes Schuhwerk, da sehr unebener Untergrund 56.481505, 10.893606

Für ein ganzes Menschenalter verborgen und 2014 freigelegt: Den Genfundne Bro

Schwindelfrei sollten die Teilnehmer des Bridgewalking Lillebælt schon sein …

KYSTLANDET

Ein Brückenspaziergang der besonderen Art

22 Velkomstcenter Bridgewalking Lillebælt, 2,5 km, ca. 2 Std.

An nur vier Orten weltweit kann man diesen schwindelerregenden Nervenkitzel erleben – an dem einzigen europaweit stehst du, wenn du planst, auf der alten Lillebælt-Brücke von Fünen nach Jütland hinüberzugehen. In 60 m Höhe erwarten dich eine einzigartig spektakuläre Aussicht und je nach Jahreszeit und Wetterlage auch mal gehörige Böen. Die besondere Stahlkonstruktion der alten Brücke quietscht und knarrt. Fahren schwere Güter- oder Schnellzüge unter dir hindurch, spürst du die Vibration am ganzen Körper. Jeder Brückenspaziergang wird von einem fachkundigen Guide begleitet, der über die Einhaltung der Sicherheitsregeln wacht und jede Menge Informationen zum Bau der Brücke, zur Geschichte der Region sowie zur Natur rund um den Lillebælt bereithält. **Insider-Tipp** Auf die Brücke dürfen keinerlei Gegenstände mitgenommen werden, und die Taschen müssen geleert sein – es sind also auch keine Kameras oder Handys erlaubt. Der Guide macht während der Tour Fotos, die nach dem Spaziergang über die Brücke heruntergeladen werden können.

Start und Sicherheitseinweisung am Willkommenscenter Bridgewalking LilleBælt, Galsklintvej 2, Middelfart | Buslinie 361, Haltestelle Hindsgavl Dyrehave | Parkplätze am Willkommenscenter | Voraussetzung: gute körperliche Verfassung und Fitness | bridgewalking.dk | €€€ Windstille ist am besten 55.511954, 9.700807 (Velkomstcenter)

Zur wiedergefundenen Brücke

23 Leichte Wanderung zu Den Genfundne Bro, 3,9 km, ca. 1 Std.

Die Brücke wurde 1899 als Teil der Eisenbahnverbindung zwischen Horsens und Bryrup errichtet. 50 m lang, war sie mit ihren 13,40 m Höhe zu dem Zeitpunkt die höchste ihrer Art im Norden. Nur 30 Jahre später war sie allerdings aufgrund ihrer Spurweite und der neuen Bahnstandards bereits wieder veraltet. Ein Umbau bzw. eine Neukonstruktion schien zu teuer, also entschloss man

Unterwegs im größten Irrgarten der Welt mit verschiedenen Zwischenzielen: Samsø Labyrinten

sich, das Bauwerk durch einen Damm zu ersetzen. Die Brücke aber riss man nicht ab, sondern baute den Damm einfach um die Brücke herum. Und dort blieb sie dann, im Inneren des Damms, bis sie 2014 nach Abriss ihrer Ummantelung wieder zum Vorschein kam. Sorgfältig restauriert ist die rote Stahlgitterbrücke nicht nur ein hervorragendes Fotomotiv, sondern auch ein beliebtes Ausflugsziel. Du kannst sie auch als Teil des 61 km langen Naturstis zwischen Horsens und Silkeborg erkunden. Eine kleine Wanderung führt dich zur Brücke und durch das schöne umgebende Gebiet an den Ufern von Dänemarks längstem Fluss Gudenå entlang. Diese Brücke ist ganzjährig ein tolles Ausflugsziel und zu jeder Jahreszeit ein großartiges Fotomotiv. Also Kamera keinesfalls vergessen!

Mit dem Auto bis zum Parkplatz am Vestbirkvej 2 a in Brædstrup | In der Nähe der Brücke gibt es eine kleine Picknick-Area für alle, die Proviant dabeihaben Zu jeder Jahreszeit eine grandiose Tour Ans Wetter angepasste Kleidung 55.975768, 9.689580 (Parkplatz), 55.973074, 9.689636 (Den Genfundne Bro)

Finde deinen Weg

24 Samsø Labyrinten, ca. 5,5 km, 1½–2 Std.

Eine Fläche so groß wie zwölf Fußballfelder, ein Wegesystem mit einer Länge von insgesamt 5,5 km und mehr als 50 000 Nadelbäume und Büsche. Das Labyrinth auf Samsø ist – vom Guinness-Buch der Rekorde anerkannt – das größte Labyrinth der Welt. Beim Weg durch den Irrgarten hilft dir ein „Pfadfinder" – ein Heft mit einem Quiz, das an jeder der 168 T-Kreuzungen im Labyrinth eine Frage stellt und deren zwei Antwortmöglichkeiten dich entweder nach links oder rechts weiterführen. Schon im Labyrinth gibt es mehrere Zielorte – darunter einen Steinkreis und einen Ewigkeitsbaum – die du mithilfe deines Pfadfinders entdecken wirst. Den gibt es in verschiedenen Sprachen, zu vielfältigen Themenbereichen und unterschiedlichen Schwierigkeitsgraden – da ist auf jeden Fall auch für dich das richtige dabei.

Issehoved 1, Samsø | Fähre ab Aarhus oder Hou nach Samsø | Mit dem Auto oder Rad über Nordby | samsolabyrinten.com | € Geöffnet Mai–Oktober Ans Wetter angepasste Kleidung 55.972513, 10.554246

Die kleine Insel Endelave ist eine Hochburg der Kaninchen. Eine spezielle Route führt zu ihren bevorzugten Plätzen

Zu Besuch auf der Kanincheninsel

25 Einfache Wanderung auf Endelave, 3–21 km, je nach Wanderweg 1–4½ Std.

Auf der kleinen Kattegatinsel Endelave leben Tausende Wildkaninchen. Angelehnt an den berühmten Camino, den Pilgerweg nach Santiago de Compostela, kannst du Endelave auf dem 21 km langen Kanino erkunden, der an einigen der beliebtesten Habitate der Kaninchen, aber auch anderen Natur-Highlights vorbeiführt. Vom Hafen aus verläuft die markierte Wanderroute größtenteils auf Schotterwegen und Trampelpfaden entlang der Küste bis zur Nordspitze Øverste Ende. Hier kannst du am schönen Sandstrand pausieren, bevor es wieder zurück zum Hafen geht. Auf keinen Fall solltest du einen Bummel durch den idyllischen Ort verpassen. Hier ist es möglich, ein Fahrrad zu leihen, wenn dir der Sinn eher danach steht, die Insel auf dem Drahtesel zu entdecken. Vom Kanino gibt es auch kürzere Varianten – einen Rundweg von 12 oder auch 3 km, alle Strecken sind farblich markiert. Routenkarten gibt es an Bord der Fähre oder auf der Insel.

Anreise per Fähre ab Snaptun im Sommer 4-mal tgl., sonst 3-mal tgl., Parkplatz direkt am Hafen | € (Fährüberfahrt) Im Sommer Ans Wetter angepasste Kleidung, Verpflegung, ggf. Sonnenschutz 55.821548, 10.051907 (Snaptun Havn), 55.762044, 10.272505 (Endelave Havn)

Entspannung auf der Insel

26 Leichte Wanderung auf Tunø, 8 km, ca. 2 Std.

Die Überfahrt von Hou zur autofreien Insel Tunø dauert eine Stunde – bereits jetzt kannst du genießen und so richtig runterfahren. Auf Tunø angekommen, solltest du die 8 km lange Umrundung des Eilands ins Auge fassen, denn auf dieser Strecke wirst du einiges zu sehen bekommen. Du wanderst durch eine herrliche Landschaft, vorbei an Steilküsten und passierst die einzige Kirche Dänemarks, deren Turm gleichzeitig als Leuchtturm dient – die Aussicht vom Turm wird oft mit jener auf dem berühmten Regenbogenpanorama von Ólafur Elíasson im ARoS in Aarhus verglichen. Außerdem kannst du, zieht es dich an die Westseite der Insel, einen Blick auf den ältesten Offshore-Windpark der Welt werfen. Besorgst du dir auf der Fähre einen kostenlosen Inselplan mit einem

Ausblick vom Tunø Fyr – der Leuchtturm wurde auf dem Kirchturm der Tunø Kirke eingerichtet

Die Radtour vom Randbøldal Museum führt am Naturphänomen der Siebenjahres-Seen vorbei

kleinen Quiz – du kannst dir das Ganze auch vorher schon zu Hause ausdrucken – und beantwortest während deiner Inselwanderung alle Fragen richtig, hast du die Chance auf eine der begehrten Tunø-Medaillen. **Insider-Tipp** Wer keine Lust hat, so viel zu laufen, erkundet Tunø per Rad oder Traxa – dem inseleigenen Traktor-Taxi.

Anreise per Fähre ab Hou, ganzjährig mindestens zwei Abfahrten pro Tag, im Sommer idealer Tagesausflug | Das Auto muss auf dem Festland bleiben Am besten im Sommer Ans Wetter angepasste Kleidung, ggf. Sonnenschutz und Verpflegung 55.912145, 10.258823 (Hou Fährhafen), 55.949168, 10.452570 (Tunø Havn)

Radeln durch Wald und Heide

27 Leichte Radtour ab/bis Randbøldal Museum, ca. 19 km, ca. 1½–2 Std.

Deine Tour startet am Randbøldal Museum, das von Ostern bis Ende September über die Papier- und Bekleidungsproduktion berichtet. Von hier aus führen Ahornvej und Rygbjergvej über Randbøl Sogn in die Frederikshåb Plantage, mit deren Anpflanzung bereits 1804 begonnen wurde. Flugsand erschwerte jedoch erheblich die Arbeiten, sodass erst rund 100 Jahre später ein geschlossener Wald daraus hervorging. Leider ist dieser infolge eines Orkans 1999 nicht mehr erhalten. Inzwischen wurden die Flächen mit einer Mischung aus Laub- und Nadelbäumen wieder aufgeforstet. Über den Bindeballestien geht es zum spannenden Phänomen der Syårssøerne – der Siebenjahres-Seen. In dieser normalerweise trockenen Landschaft füllen sich in unregelmäßigen Abständen mehrere Seen und fallen dann – niemand weiß genau, wann und für wie lange – wieder trocken. Anschließend radelst du weiter auf dem Bøgvadvej Richtung Randbølhede Rasteplads – Zeit für eine Rast an einem der größten Binnenheidegebiete Dänemarks. Über Bøgvadvej und Springbjergvej geht es zum Krämerladen Bindeballe Købmandsgård aus dem Jahr 1897. Über den Bindeballevej radelst du gemütlich bis nach Randbøldal zurück.

Dalekildevej 1, Randbøl | Buslinie 143, 336, Haltestelle Randbøldal | Mit dem Auto bis zum Dalekildevej, Parkplatz vor Ort Am schönsten im Sommer Ans Wetter angepasste Kleidung, etwas zu trinken 55.692322, 9.265743 (Randbøldal Museum)

Auf dem Schnorchelpfad von Trelde Næs lassen sich wunderbare Entdeckungen machen …

Erfahrene Naturguides bieten am Fuglsø Strand spannende Schnorcheltouren an

Unterwasserentdeckungen für Anfänger

28 Einfacher Schnorchelpfad beim Naturzentrum Trelde Næs, Dauer nach Belieben

Hier hast du die Gelegenheit abzutauchen und dir das Leben auf dem Meeresboden aus nächster Nähe anzusehen. Der Schnorchelpfad ist 100 m lang, und entlang der Strecke gibt es sechs Unterwasserposten, hinter denen sich Bilder mit Texten oder Fragen verbergen, für deren Beantwortung du tauchen musst. Die Unterwasserposten sind durch eine Kette miteinander verbunden. Folgst du ihr, kommst du sicher zur nächsten Station. Das Ende der Strecke markiert eine orangefarbene Boje. Der Pfad ist auch für Anfänger geeignet und ist vom Ufer aus leicht zugänglich. **Insider-Tipp** Die maximale Tiefe auf dem Pfad beträgt 1,70 m. Gute Möglichkeiten für Makrofotografie!

Im Naturzentrum Trelde Næs direkt neben dem Strand gibt es einen Ausrüstungsverleih. Zum Schnorcheln sind in diesem Gebiet keine besonderen Genehmigungen erforderlich. Du kannst dein Schnorchelerlebnis mit einem Besuch des Naturzentrums Trelde Næs verbinden, das sich direkt neben dem Strand befindet. Vom Parkplatz aus gehst du auf dem Kiesweg durch den Wald zum Strand. Wenn du aus dem Wald wieder herauskommst, siehst du den Schnorchelpfad, der mit zwei orangefarbenen Bojen markiert ist, zu deiner Linken.

Trelde Næsvej 290, Fredericia | Mit dem Auto bis zum Parkplatz von Trelde Næsvej Ganzjährig geöffnet Ausrüstung zum Schnorcheln erforderlich 55.623312, 9.843631

Auf dem ersten Unterwasserpfad des Landes

29 Am Fuglsø Strand in Knebel

Am Strand von Fuglsø auf der Halbinsel Djursland kannst du im ersten Unterwasserpfad Dänemarks auf Tauchstation gehen. Der Trail steht für alle zur freien Verfügung. Wer will, erkundet den Pfad auf eigene Faust und entdeckt die Unterwasserwelt bei einem Tauchgang oder schnorchelnd. Oder du schließt dich einer geführten Tour an, bei der du nebenbei noch einiges über das Leben im Meer erfahren kannst. So oder so – es ist in jedem Fall eine ungewöhnliche Tour! Beachte, dass du niemals allein ins Meer gehen solltest, auch nicht als erfahrener Schwimmer oder Taucher.

Der funkelnde Nachthimmel ohne Lichtverschmutzung im Dark-Sky-Gebiet Nordby Bakker auf Samsø

ⓘ *Mit dem Auto über den Fuglsø Strandvej bis zum Parkplatz* ◷ *Im Sommer* ⚙ *Equipment fürs Schnorcheln erforderlich* ⚲ *56.182596, 10.541435 (Parkplatz), 56.185003, 10.547683*

Freier Blick zu den Sternen

30 Unterwegs im Dark-Sky-Gebiet in den Nordby Bakker auf Samsø

Eine dunkle, klare Nacht, und über dir funkeln die Sterne. Nach und nach erkennst du vermutlich das eine oder andere Sternbild, vielleicht weißt du auch noch eine Geschichte dazu – aus der Kindheit oder einfach, weil dich der Sternenhimmel fesselt. Kaum vorstellbar, dass über 60 % der Europäer in Gebieten wohnen, wo die Luftverunreinigung – damit ist künstliches Licht gemeint – so groß ist, dass sie die Milchstraße nicht einmal erahnen können. Und dabei ist nachgewiesen, dass permanente Verunreinigung durch Licht dem Ökosystem der Erde schadet. Daher gibt es weltweit Projekte, die sich mit dem Problem beschäftigen und sogenannte Dark-Sky-Gebiete einrichten – u.a. durch die Benennung von Naturräumen, wo der Nachthimmel geschützt werden soll. Auf Samsø gibt es mehrere Areale fast ohne Luftverunreinigung, eines davon liegt bei Kalmose in den Nordby Bakker. Hier ist es lediglich der 22 km entfernte Leuchtturm von Hjelm, der die Dunkelheit durchbricht. Traust du dich in die Finsternis, um dich von einem grandiosen Sternenhimmel faszinieren zu lassen?

ⓘ *Fähre ab Aarhus oder Hou nach Samsø | Mit dem Auto oder Rad über Ballebjergvejen* ◷ *Zu jeder Jahreszeit, Hauptsache dunkel* ⚙ *Ans Wetter angepasste Kleidung, Picknickdecke oder Sitzmöglichkeiten, Getränke, Kamera und Taschenlampe* ⚲ *55.970191, 10.527717 (Parkplatz)*

Geschichten, Lillebælt & Wale

31 Auf Walsafari mit der „MS Marianne" ab Middelfart oder Fredericia, 2 Std.

An Bord der „MS Marianne" kannst du die einzigartige Natur des Kleinen Belts hautnah erleben. Hier sind keine zwei Touren gleich, und du erfährst Geschichten und Anekdoten über alle interessanten Dinge während der Fahrt: Landschaft, Gebäude und natürlich alles über das Leben und Verhalten der Schweinswale, die hier im Kleinen Belt eine der dichtesten Populationen weltweit bilden. Die Tiere bestimmen den Ablauf der Tour, es gibt keine festgelegte Route. Von einem der

Auf Walsafari mit der „MS Marianne": Mit etwas Glück lassen sich Schweinswale aus nächster Nähe beobachten

insgesamt zwölf Sitzplätze an Deck hast du beste Sicht auf das Meer. Zück also schon mal die Kamera – die Chancen hier Schweinswale beobachten zu können, sind sehr hoch. **Insider-Tipp** Bei der Buchung auf den Abfahrtsort achten, der zwischen Fredericia und Middelfart wechseln kann. Mitunter dürfen Kinder das Schiff auch steuern und können ein Diplom erwerben. Auf der Fahrt siehst du die alte und die neue Lillebæltsbro, Inseln und Halbinseln, die Städte Fredericia und Middelfart mit ihren markanten Bauwerken vom Wasser aus, und mit etwas Glück entdeckst du neben den Schweinswalen auch Robben oder einen Seeadler.
Købmagergade 100, Fredericia | Abfahrten in Middelfart: Gammel Havn, Havnegade 84 | Anfahrt mit dem Auto bis zum Parkplatz an der Havnegade (55.507590, 9.727178) | Guides sprechen Dänisch, Deutsch und Englisch | msmarianne.dk | €€€ Touren von März bis September An das Wetter angepasste Kleidung, an Bord sind Sonnensegel sowie im Winter warme Decken, eigene Verpflegung kann mitgebracht werden, Tee- und Kaffee auf dem Schiff 55.561320, 9.757676

Hoch zu Island-Pferd

32 Fuglsang Rideture, ca. 1 Std.

Ein Ausritt auf einem Islandpferd durch die wunderschöne Natur des Bakkelandet zwischen Horsens und Silkeborg – kaum etwas kann dir besser eine Auszeit vom Alltag bescheren. Im hier und jetzt den Duft des Waldes und das rhythmische Hufeklappern auf dem Kiesweg wahrnehmen. Du kannst als Anfänger, aber auch als erfahrener Reiter teilnehmen und diese wunderschöne Natur erleben. Es werden unterschiedliche Touren angeboten, für kleine Kinder, die auf einem Pferd sitzen, das von einem Elternteil geführt wird, für geübte und ungeübte Reiter, von Ausritten, die weniger als eine Stunde dauern, bis zu Ganztagestouren. Das Reiten sollte für Gäste wie auch die 30 Pferde des kleinen Familienbetriebes zum guten Erlebnis werden.
Gudenåvej 34, Brædstrup | Mit dem Auto über die 453, Parkplätze direkt vor Ort | rideture.dk | €€–€€€ Zu jeder Jahreszeit, geöffnet täglich während der Sommerferien, Rest des Jahres nur an den Wochenenden Helme werden gestellt 56.014151, 9.661924

DER SCHÖNSTE SONNENUNTERGANG

Auch am Fjord geht die Sonne unter

33 Sonnenuntergang am Randers Fjord

Das seichte Wasser des Randers Fjord spiegelt das Licht der untergehenden Sonne wider, und jede einzelne Wolke am Himmel findest du auch auf dem Wasser wieder. Das Fjordufer wird in warmes Licht getaucht, zum Ende des Tages sieht alles so versöhnlich aus. Und vielleicht hast du ja eines der in Dänemark sehr beliebten *solnedgangsøl* (Sonnenuntergangs-Bier) dabei?

Mehrere Plätze möglich, z. B. Am Kyst- und Fjordcenter, Voer Færgevej 123, Ørsted *Zu jeder Jahreszeit* *56.519663, 10.235013*

LOKALE SPEZIALITÄTEN

*UND WO DU SIE PROBIEREN KANNST

Ein Smørrebrød ist stets üppig belegt, und der Kombination des Belages sind keine Grenzen gesetzt

Deftig und süß – vom grünen Kajkage bis zum klassisch belegten Smørrebrød, vom Nationalgericht des gesamten Landes bis zu köstlichen Hindbærsnitter. Wenn du dich durch Ostjütlands Leckereien durchprobieren willst, schaust du bei Aarhus StreetFood vorbei.

Der Klassiker: belegtes Brot

1 Smørrebrød

Grundlage eines Smørrebrød ist immer eine Scheibe Brot, die dann üppig belegt wird. Es gibt zahlreiche klassische Kombinationen mit teilweise fantasievollen Namen wie „Nachtmahl des Tierarztes". Typisch sind u.a. Frikadelle, Roastbeef oder Leberpastete, Hering oder Krabben, und selbst Kartoffeln werden auf das Brot gelegt.

ℹ *Klassisches Smørrebrød bekommst du im* **Lille Kro** | *Nørre Allé 25, Aarhus C* | *denlillekro.dk* | *€-€€*

Gebratener Schweinebauch

2 Stegt Flæsk med Persillesovs

Dänemarks Nationalgericht! Dem gebratenen Schweinebauch mit Petersiliensauce und Kartoffeln wurde Ende der 1980er-Jahre sogar ein Schlager gewidmet, der sehr populär wurde. In vielen Landgasthöfen *(kro)* und Restaurants ist Stegt Flæsk fester Bestandteil der Speisekarte.

ℹ *Fast besser als hausgemacht und ganz klassisch mit Roter Bete bekommst du Stegt Flæsk im* **Raadhuus Kafeen** | *Sønder Allé 3, Aarhus C* | *raadhuus-kafeen.dk* | *€€*

Apfelkrapfen ohne Apfel

3 Æbleskiver

Vor allem zur Weihnachtszeit steht diese Mischung aus Pfannkuchen und Krapfen hoch im Kurs. Ihren Ursprung haben Æbleskiver im Mittelalter, als man im Winter aus den letzten Äpfeln kleine, einfache

Apfelkrapfen gebacken hat – daher auch der Name. Heute sucht man – trotz des Namens – nach Obst in den Æbleskiver vergebens, dafür sind ein Becher Gløgg oder Marmelade niemals weit entfernt.

ℹ *Æbleskiver, Gløgg und fantastische Aussicht im* **Salling Rooftop** | *Søndergade 27, Aarhus* | €€

Himbeerschnitten

4 Hindbærsnitter

Ein rechteckiger, dünner Kuchen aus zwei Schichten Mürbeteig mit Himbeermarmelade dazwischen und Zuckerguss obendrauf. Auch die Mutter der berühmten Malerin Anna Ancher war Expertin für Hindbærsnitter. Angeblich reiste selbst der Schriftsteller Hans Christian Andersen eigens wegen der Mürbeteigstücke nach Skagen.

ℹ *Besonders lecker schmecken die Hindbærsnitter im* **Café Bonnich Petersen** | *Den Gamle By, Aarhus* | *dengamleby.dk* | €

Hier findest du alles

6 Aarhus Streetfood

Im alten Terminal des Busbahnhofs in Aarhus musst du nicht hungrig bleiben, denn hier wird dir alles angeboten, was Magen und Herz begehren. Traditionelle dänische Küche, Fish 'n' Chips, Spezialitäten aus allen Ecken der Welt, Kuchen, Kaffee und Eis.

ℹ **Aarhus Streetfood** | *Ny Banegårdsgade 46, Aarhus* | *aarhusstreetfood.com* | €-€€

Grünes Kuchenstück

5 Kajkage

Eine quietschgrüne Leckerei, die dich in vielen Bäckereien verheißungsvoll anlachen wird. Der Name geht angeblich auf einen Schüler zurück, der in den 1970ern ein Kuchenstück in einer Bäckerei entdeckte, das ihn an die Handpuppe Kaj erinnerte. Die mit grünem Marzipan umhüllte Trüffelkugel mit Augen und Mund ist ein Muss!

ℹ *Zu haben in so gut wie jeder Bäckerei, z. B. im* **Lagkagehuset** | *Nørrevænget 34, Silkeborg* | *lagkagehuset.dk* | €

Unterwegs auf der Raabjerg Mile, der größten Wanderdüne Dänemarks an der Nordspitze Jütlands

Nordjütland

SAND, STEILKÜSTEN UND KLITPLANTAGEN

Der Norden Jütlands ist karg und schroff, im Westen ragen Steilküsten auf. Die oft gewaltigen Stürme des Skagerraks lassen immer wieder ganze Küstenbereiche ins Meer stürzen. Sand beherrscht den Norden – noch immer gibt es, wenn auch vielerorts eingedämmt, Probleme mit Flugsand, der am Ende eines langen Tages in der Natur am ganzen Körper wiederzufinden ist. Und er schafft noch immer ganze Landschaften, da muss schon mal ein Leuchtturm umziehen. Und was passiert, wenn die gewaltige Råbjerg Mile die einzige Straße nach Skagen erreicht, bleibt abzuwarten. Die nördliche Ostküste ist seichter und lieblicher – ein Wohlfühlort für Familien und guter Platz für nicht ganz so rasante Wassersportarten. Von den Küsten bis ins Landesinneres hinein finden sich Klitplantagen, einst das Mittel der Wahl gegen Flugsand, heute hervorragende Naherholungsgebiete für alle, die Wald lieben.

AUF EINEN BLICK

*NORDJÜTLAND

MARCO POLO
OUTDOOR-HIGHLIGHTS ★

★ Die Welt der Tiere im Nationalpark Thy
Kraniche, Rotwild und ein Blick vom Isbjerget in Dänemarks letzter Wildnis → S. 124

★ Unterwegs in einem gläsernen Kajak
Den Limfjord erkunden – am Tag, unter dem Sternenhimmel oder bei Vollmond → S. 126

★ Sea, Sand & Stars – funkelnder Limfjord
Milchstraße, Meeresleuchten und manchmal sogar Nordlichter → S. 128

★ Auf der Panoramaroute am Mariager Fjord
Eine Wanderung entlang des schönsten Fjords im ganzen Land → S. 130

★ Ein ganzer Tag auf Læsø im Kattegat
Mit dem Rad Salzsiedehütten, Tangdächer und ganz viel Ostsee erleben → S. 132

★ Auf zwei Rädern zum Kanal
Vom Kloster an Küste und Kanal entlang in die Muschelstadt → S. 134

★ Skagens Odde – an der Spitze Dänemarks
Der nördlichste Punkt Dänemarks – umschlungen von zwei Meeren → S. 136

★ Unterwegs auf der Rebild-Bakker-Route
Heide, Hügel, Quellen und jeweils am 4. Juli ein Fest → S. 138

Skagen
Skagens Odde – an der Spitze Dänemarks
KATTEGAT
Frederikshavn
Hjørring
Løkken
Sæby
Ein ganzer Tag auf Læsø im Kattegat
Læsø
Brønderslev
95 km, 1 Std 20 Min.
110 km, 1 Std. 20 Min.
Aalborg
Svenstrup
Støvring
Aalborg Bugt
Aars
74 km, 1 Std.
Unterwegs auf der Rebild-Bakker-Route
Hobro
Mariager
Auf der Panoramaroute am Mariager Fjord
Randers
Grenaa

OUTDOOR-HIGHLIGHTS

*DIE BESTEN ERLEBNISSE DRAUSSEN

Die Welt der Tiere im Nationalpark Thy ★

Der Nationalpark Thy wurde als erster der fünf Nationalparks Dänemarks im Jahr 2008 eingerichtet. Er ist geformt von Wind, Meer und Sand und umfasst insgesamt ein Gebiet von 244 km². Dünen – und Heidelandschaften prägen dieses Gebiet, was in diesem Umfang eine Besonderheit ist. Der Nationalpark bietet Lebensraum für viele Pflanzen- und Tierarten und ist Rast- und Brutstätte für zahlreiche Zugvögel.

Wildreservat Hanstholm

Einen wichtigen Teil des Parks stellt das Wildreservat Hanstholm dar. Bis zum Jahr 1930 war das Gebiet in einzelne Parzellen unterteilt und wurde als Weideland oder als Jagdgebiet der einzelnen Besitzer genutzt. Dann erwarb der Staat das Areal, verbot die Jagd und errichtete 1949 ein Wildreservat – das größte Dänemarks. Hier brüten seltene Vogelarten, und in den ungestörten Naturräumen leben große Populationen von Rotwild. Aufgrund des Schutzstatus ist der Zugang eingeschränkt, und während der Brutzeit kann man die Landschaft nur aus der Ferne betrachten.

Kraniche, Rotwild & Seeadler

Auf der alten Steilküste bei Sårup wurde ein Vogelturm errichtet, der einen besonders guten Blick über das gesamte Gebiet erlaubt. Im Frühjahr kannst du mit etwas Glück Kraniche in den Teichen unterhalb des Vogelturms tanzend und trompetend erleben. Später siedeln sie sich auf den Brutplätzen im Reservat an, und im Sommer kann man sie paarweise und mit Jungen beobachten. Außerdem liegen entlang der alten Küstenlinie einige Seen, die viele Zugvögel anlocken. Nur gut 1,5 km Richtung Norden befindet sich in der Tved Klitplantage ebenfalls ein Aussichtsturm – der perfekte Ort, um nach den 500 Rothirschen des Hanstholm Vildtreservats Ausschau zu halten. Hier kannst du mit etwas Glück riesige Herden beobachten, die über das Moor ziehen. **Insider-Tipp** Auch von der alten Steilküste bei Sårup hast du eine tolle Aussicht.

Blick vom Isbjerget

Rund 4 km südlich des Vogelturms von Sårup liegt der höchste Punkt des Wildreservats. Hast du den Isbjerget erklommen und lässt den Blick über die Weite schweifen, wird dir klar, warum das Hanstholm Vildtreservat als Dänemarks größte Wildnis bezeichnet wird. Oben angekommen, stehst du 56 m über dem Meeresspiegel und hast freie Sicht auf die unberührte Landschaft – Dänemarks größte Dünenheide mit einer Gesamtfläche von 40 km². Man sieht das 6 km westlich gelegene Meer, und mit etwas Glück lassen sich auch hier Rothirsche, Kraniche oder Fisch- und Seeadler beobachten.

Die Tour im Überblick

Leichte Wanderung und Tierbeobachtung im Nationalpark Thy, ab Sårup Aussichtsplattform bis Isbjerget ca. 5 km, gut 1 Std. plus Beobachtungszeit

Mit dem Auto über Hanstholmvej, dann in den Borupvej abbiegen, Parken an der Tved Klitplantage, Sårupvej 62, Hanstholm | nationalparkthy.dk

Für die Tierbeobachtung der Frühling (Kraniche) und Herbst (Rotwild)
An das Wetter angepasste Kleidung, Fernglas, Kamera, Getränke
57.068614, 8.600254 (Wildreservat)

✓ DOWNLOAD GPX-Track

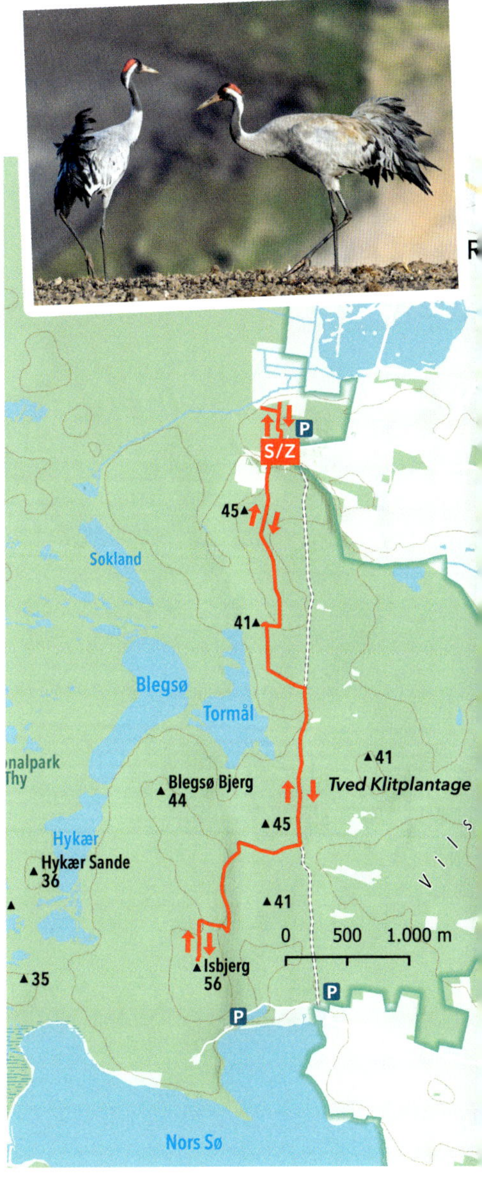

Die Aussichtsplattform in Sårup gewährt einen weiten Panoramablick auf das Reservat Hanstholm (li.). Der Kranich kann eine Flügelspannweite von bis zu 220 cm erreichen (o.)

Unterwegs in einem gläsernen Kajak ★

Stell dir vor, du gleitest in einem riesigen Aquascope über das glatte, glasklare Wasser des Limfjords hinweg. Über dir der blaue Himmel, unter dir entdeckst du spannendes Leben auf dem Grund. Als würdest du über das Wasser schweben. Ein wahrlich unvergessliches Erlebnis – sowohl auf als auch unter dem Wasser.

Blick ins Verborgene

Eine Tour in einem durchsichtigen Kajak solltest du dir nicht entgehen lassen. Die stabilen Boote sind leicht zu navigieren, bieten Platz für zwei Personen, und du benötigst keinerlei Vorkenntnisse oder Übung im Rudern. Durch das Kajak schaust du wie durch ein Fenster in eine Welt, die normalerweise verborgen unter der Oberfläche des Fjords liegt. Du entdeckst Krebse, die am Boden entlanghuschen, Seeanemonen und Seegras, das sich im Rhythmus des Fjords hin und her wiegt. Du ruderst über Muschelbänke hinweg, entdeckst Quallen, die im Wasser zu schweben scheinen, und mit etwas Glück siehst du Fische oder sogar einen Seehund. Auch die seltenen Limfjordaustern wirst du von oben erkennen können. An einem klaren Sommertag die leichte Brise und die ganz spezielle ruhige Stimmung auf dem Fjord zu genießen, ist einzigartig. Und je mehr Licht, desto besser kannst du durch das Kajak auf den Grund schauen. **Insider-Tipp** Spricht dich das an, ist eine Vormittagstour in diesem Fall für dich genau richtig.

Mitten im Sonnenuntergang

Vielleicht möchtest du aber auch einen Sonnenuntergang auf dem Fjord erleben. Eine wahre Farbexplosion von Rot, Orange und Rosa im Westen. Im Osten langsam dunkler werdendes Türkis und Blau. An einem windstillen Abend fungiert der Fjord wie ein riesiger Spiegel, der das Farbspekta-

Muschelbänke, Seegras, Krabben und vieles mehr, was sich unter der Wasseroberfläche tummelt, im Glaskajak aus nächster Nähe erleben und dabei trocken bleiben (li. und re.)

kel des Himmels reflektiert. Was für ein grandioses Naturschauspiel, dem du plötzlich nicht nur von Weitem zusiehst, sondern dich mittendrin befindest. Du fährst Kajak auf dem Sonnenuntergang – jedenfalls fast. Und dann wird es immer dunkler, und du wirst einen Stern nach dem anderen am Firmament entdecken, bevor es unter dem Sternenhimmel wieder zurück ans Ufer geht.

Die Krönung bei Vollmond

Eine ganz spezielle Erfahrung ist eine Vollmondtour – so schön und abenteuerlich und eines der besten Erlebnisse, die man auf dem Wasser haben kann. Der runde Mond, den die Oberfläche des Limfjords widerspiegelt, versieht alles mit einem silbernen Schimmer und Funkeln auf dem Wasser. Und du hautnah dabei – dieses Naturerlebnis wird dir nicht so schnell aus dem Kopf gehen.

Die Tour im Überblick

Kajaktour auf dem Limfjord ab/bis Marienlyst Strand, 1½–2 Std.

VisionKayak, Marienlyst Strand, Skive | Buslinie 40 oder 840, Haltestelle Plejecenter Skive, dann 1,3 km Fußweg | Mit dem Auto über Skive, dann dem Weg Marienlyst Strand folgen | Ausleihe von Schwimmwesten ist im Preis enthalten, an Land gibt es eine kleine Sicherheitseinführung | visionkayak.com | €€–€€€

Natürlich im Sommer
Kleidung zum Wechseln, Handtuch
56.596765, 9.043705

DOWNLOAD GPX-Track

Sea, Sand & Stars – funkelnder Limfjord ★

Am Limfjord kannst du dank der geringen Lichtverschmutzung Zeuge grandioser Naturphänomene im Dunkeln werden. Mach dich auf und erlebe eine Zeitreise mit Milliarden von Sternen am Nachthimmel, bestaune leuchtende Algen im Wasser oder sei mit etwas Glück zur richtigen Zeit am richtigen Ort, wenn das Nordlicht den Himmel über dem Limfjord in fantastische Farben hüllt.

Die Milchstraße im Herbst

Am wichtigsten ist es, für dein Abenteuer im Dunkeln einen Ort aufzusuchen, der so gut wie frei von Lichtverschmutzung ist. Ein Plätzchen inmitten der Natur und ohne störende Straßenbeleuchtung. Außerdem solltest du deinen Augen Zeit lassen, um dich an die dunkle Umgebung zu gewöhnen. Im Herbst bis einschließlich November wirst du schnell die Milchstraße entdecken. Gleich nach dem Hereinbrechen der Dunkelheit kannst du diesen faszinierenden hellen Streifen am Himmel ausmachen – wusstest du, dass die Milchstraße mehr als 200 Mrd. Sterne beinhaltet? Vielleicht erkennst du ja darüber hinaus spannende Sternbilder?

Nordlichter in Jütland

Aufgrund erhöhter Sonnenaktivität haben wir bis 2030 sehr gute Chancen, hier die magischen Nordlichter zu erleben. Der Augenblick, in dem sich Lichtsäulen über dem gesamten Himmel über dem Limfjord erstrecken, ist einfach unvergesslich! Typischerweise sehen wir in Dänemark Nordlichter als sehr hellen, weißen Schatten. Breiten sich sehr stark geladene Sonnenteilchen in der Atmosphäre bis nach Südnorwegen aus, erkennen auch wir deutlich lilafarbene Lichtsäulen am Himmel.

Nicht nur am Firmament, auch im Wasser gibt es Naturphänomene zu entdecken, die ins Staunen versetzen. Im Juli und August kannst du am Limfjord *morild* erleben – Meeresleuchten. Das Wasser des Limfjords scheint blau bis grün zu lumineszieren, tatsächlich aber leuchtet nicht das Wasser, sondern Algen, die nach Berührungsreiz mehr oder weniger lang andauernde Lichtsignale aussenden. Als nächtlicher Strandgast kannst du blau funkelnde Wassersternschnuppen bestaunen – vielleicht gehst du auch inmitten der Sterne schwimmen?

Naturerlebnis in Nykøbing

Der Strandpark Nykøbing auf Mors ist einer der besten Plätze am Limfjord, um einen großartigen Sternenhimmel und mit etwas Glück Sternschnuppen, Nordlichter oder Meeresleuchten zu erleben. **Insider-Tipp** Und vom Vollmond, der über der Insel Fur direkt gegenüber von Nykøbing aufgeht, ganz zu schweigen. Picknickdecke einpacken und los geht's zu – wie man hier sagt – Sea, Sand & Stars.

Die Tour im Überblick

Dark-Sky-Erlebnis am Limfjord, ab/bis Strandparken, Nykøbing Mors, Dauer je nach Lust und Laune

Anreise nach Mors über die Brücken Sallingsundbroen oder Vilsundbroen, Parken in Nykøbing Mors am Morsø Sundhedshus

Juli, August und gesamter Herbst
Picknickdecke, Klappstuhl, Kamera, warme Getränke und Taschenlampe – alles, was du brauchst, um diese Naturspektakel zu genießen. Und natürlich Geduld!
56.807904, 8.869888

DOWNLOAD GPX-Track

Der Limfjord wird bisweilen zum Schauplatz erstaunlicher Phänomene am Firmament: Sternschnuppen, die Milchstraße in voller Pracht und mit etwas Glück auch Nordlichter (li. und re.)

Auf der Panoramaroute am Mariager Fjord ★

Der Wanderweg zwischen dem kleinen Städtchen Hobro und den Bramslev Bakker war der erste in Dänemark, der als Premium-Wanderstrecke zertifiziert wurde. Die Route entlang des Mariager Fjords ist einer der schönsten Wanderwege Dänemarks, und für die allermeisten ist der Rundweg gut zu bewältigen.

Panoramaaussichten

Auf der Panoramaroute erlebst du eine Landschaft, die zwischen flachen Gebieten mit Landwirtschaft und Weidevieh und hügeligem Gelände hin- und herwechselt. Starten kannst du am kleinen Yachthafen von Hobro – das ist erst mal etwas schweißtreibend, denn es gibt kurz nach dem Start eine Treppe, die es zu bewältigen gilt. Oben angekommen, kannst du verschnaufen und in aller Ruhe die fantastische Landschaft und die Aussicht auf Land und Fjord genießen. Die Strecke führt hauptsächlich auf Schotterwegen und Graspfaden entlang und ist durch Pfosten mit weißen Markierungen sehr gut gekennzeichnet. Auf der Panoramaroute wanderst du auch über Viehweiden. Bitte halte stets Abstand zu den Tieren und verhalte dich ruhig. **Insider-Tipp** Deinen eigenen Vierbeiner hast du natürlich angeleint dabei. Auf der Strecke gibt es auch Restaurants und einen Kiosk, ein Herrenhaus, einen Campingplatz und einen Golfplatz – überkommt dich der ganz große Hunger, kann also Abhilfe geschaffen werden.

Der schönste Fjord Dänemarks

Die Panoramaroute macht ihrem Namen alle Ehre, deshalb lohnt es sich auch, sie komplett zu erwandern. Immer wieder eröffnen sich auf dieser Strecke grandiose Aussichten: auf die kleinen verschwiegenen Badebuchten am gegenüberliegenden, waldbewachsenen Fjordufer, die schroffen

Abhänge und das klare, glitzernde Wasser des Mariager Fjords, der nicht zufällig als schönster Fjord Dänemarks gilt. Er ist 35 km lang, und an der breitesten Stelle misst er ganze 4,5 km.

Abkürzung möglich

Der Weg schlängelt sich durch die Wacholderlandschaft, in der Schafe, Pferde und Rinder die Flächen beweiden, damit sie nicht von Bäumen überwuchert werden. Gegen eine geringe Gebühr kannst du dich vom Parkplatz Bramslev Bakker aus bis zum Strand fahren lassen, wo du dich anschließend im kühlen Nass erfrischen kannst. Außerdem legt hier das Ausflugsboot „Svanen“ an. Im Sommer lässt sich hier die Wanderung also auch abkürzen, indem du einfach die „Svanen“ wieder zurück nimmst oder dich mit dem Boot in die Bramslev Bakker bringen lässt.

Die Tour im Überblick

Mittelschwere Wanderung ab/bis Hobro Lystbådehavn, rund 10 km, gut 3½ Std. (hügeliges Terrain)

Nedre Strandvej 75, Hobro | Bis Hobro Busterminal, von da 1 km zu Fuß bis zum Hafen | Mit dem Auto über den Nedre Strandvej zum Yachthafen, Parkplätze direkt vor Ort

Beste Zeit für eine Wanderung auf der Panoramaroute ist der Sommer

Eventuell Badesachen, Getränke, Proviant und Kamera nicht vergessen

56.644015, 9.811203 (Start)

✓ DOWNLOAD GPX-Track

Bilderbuchlandschaft am Mariager Fjord – der schmale Meeresarm erstreckt sich im Osten Jütlands ganze 35 km tief ins Landesinnere (li.). Ein Schilderbaum weist den Weg (re.)

Ein ganzer Tag auf Læsø im Kattegat ★

Beeindruckende Natur, spannende Sehenswürdigkeiten, kulinarische Versuchungen und die meisten Sonnenstunden in Dänemark – die Insel Læsø ist ein kleines Juwel im Kattegat. Entspannung setzt schon auf der Fähre ein, die ab Frederikshavn rund 90 Minuten zur Insel braucht. Ob als Tagesausflug – je nach Fahrplan hast du bis zu zehn Stunden Zeit – oder für einen längeren Aufenthalt: Læsø entschleunigt!

Salz von der Insel

Angekommen im Hafen von Vesterø schwingst du dich auf den Sattel und schon geht's los. Du radelst entlang der Vesterø Havnegade und auf dem Byrumvej in Richtung der Salzsiederei. Hier gibt es ein kleines Museum mit zwei rekonstruierten, mittelalterlichen Siedehütten, in denen auch heute noch Salz hergestellt wird. **Insider-Tipp** Læsø-Salz gilt in ganz Dänemark als echte Delikatesse. Bis zur Mitte des 17. Jhs. lag auf Læsø das Zentrum der dänischen Salzgewinnung. Rund 2000 Siedeplätze sind nachgewiesen. Besondere geologische Gegebenheiten begünstigen ein Grundwasser mit einem Salzgehalt von 15 % – im Vergleich dazu: der Salzgehalt des Kattegats liegt hier bei 2–3 %. Mit etwas Zeit kannst du dir auch noch das nahe gelegene Naturgebiet Rønnerne ansehen.

Die berühmten Tangdachhäuser

Weiter geht's auf dem Kokvadgårdsvej Richtung Byrum und über den Østerbyvejen hinaus aus dem Dorf. Dann weiter am Læsø Museum vorbei – hier fällt dir mit Sicherheit sofort das Tangdach ins Auge. Lange wurde für den Bau von Häusern Treibholz und Seegras verwendet, denn es gab weder Holz noch Stroh auf der Insel. Für den Dachfirst stach man Torfsoden, die idealerweise auf dem Dach mit dem Gras verwuchsen. Ende des 20. Jhs. hatten die

Einst hatten in Ermangelung anderer Baumaterialien alle Häuser auf Læsø ein Tangdach (li.). Bereit zum Check-in – die Fähre von Frederikshavn nach Læsø (re.)

meisten Häuser auf Læsø ein Dach aus Tang, heute sind rund 20 davon erhalten. Das Tangdach des Museumshofes På Lynget ist das größte auf der Insel. Für das Dach des Hofes wurden – so schätzt man – mindestens 500 Wagenladungen Seegras verwendet, während der Hof selbst aus Treibholz und Holz aus gestrandeten Schiffen errichtet wurde.

Zurück zum Hafen

Weiter geht es Richtung Østerby, wo du einen Teil der Tanghausroute entlangfahren und einige der einzigartigen Häuser – die meist aufwendig und sorgsam restauriert werden – bestaunen kannst. Vorbei an Jegens, einem wunderschönen Naturgebiet, das Heimat der speziellen braunen Bienen Læsøs ist, führt dich der einzigartige Rhododendronweg bis Østerby Havn. Hier ist Zeit für eine Pause und Stärkung, bevor es zurück zur Fähre geht.

Die Tour im Überblick

Leichte Radtour auf Læsø ab/bis Vesterø Havn, ca. 40 km, Abkürzungen möglich, halber bis ganzer Tag

Anreise bis Frederikshavn Bahnhof, Buslinie 273 bis Havnepladsen gegenüber des Fährterminals | Anreise per Fähre ab Frederikshavn, €€ | Parken im Hafen von Frederikshavn

Schöne Tour zu jeder Jahreszeit
Ans Wetter angepasste Kleidung, Sonnenschutz, Proviant und Getränke
57.296812, 10.921871 (Fährhafen), 57.436894, 10.537841 (Parkplatz)

✓ DOWNLOAD GPX-Track

Auf zwei Rädern zum Kanal ★

Entlang der herrlichen Westküste des Himmerlandes führt die Ertebølle-Route von Hvalpsund auf der Halbinsel Louns bis nach Aggersborg im Norden. Unterwegs trifft man auf eine abwechslungsreiche Küstenlandschaft: Kleine Wege über sanfte Hügel und gewundene Wege wechseln sich ab mit Steilküsten und starken Anstiegen die grandiose Blicke auf den Limfjord bereithalten.

Kloster, Ruinen & Arzneikräuter

Eine wunderschöne Teilstrecke startet am Vistkøl Kloster. Errichtet von König Valdemar dem Großen aus Dankbarkeit über seinen Sieg auf der Grather Heide, beherbergen die alten Gemäuer heute ein Fünf-Sterne-Danhostel. Die mächtigen Ruinen der Klosterkirche wie auch den Arzneikräutergarten solltest du dir nicht entgehen lassen. Die Route folgt dem Küstenverlauf zum kleinen Hafen von Rønbjerg. Insider-Tipp Den kleinen Fiskehandel hier kannst du dir schon mal für die Rückfahrt merken. Falls sich der Hunger meldet, kannst du hier ganz rustikal hervorragenden Fisch essen.

Kaffeepause & salzige Reben

Weiter nordwärts führt die Strecke bis nach Næsby. Ein kleiner Umweg hinunter ins Næsbydale ist absolut zu empfehlen – auch, wenn du keine Lust hast, auf der Terrasse des dortigen, mit viel Hingabe geführten Badehotels einen Kaffee zu trinken und den Ausblick auf den Limfjord zu genießen. Das V-förmige Tal hinunter zum Fjord (ab dem Badehotel geht es nur noch zu Fuß weiter) ist auch so ein paar Extrakilometer wert. Auf deinem Weg von Næsby gen Norden kannst du auf dem Glenholm Vingård die in der salzigen Luft des Limfjords gedeihenden Weinreben bewundern.

Kanal & Fisch

Etwas weiter nördlich geht es in Lendrup durch ein Ferienhausgebiet direkt an den Frederik VII Kanal. 1856–1861 angelegt, verläuft er größtenteils parallel zur Küste. Einige der fast 3000 Schiffe, die gegen Ende des 19. Jhs. den Kanal passierten, mussten von Pferden gezogen werden, die auf den beidseits des Kanals angelegten Wegen liefen – heute hervorragende Radwege. Die Häuser in Lendrup dienten als Wohnungen der Kanalinspektoren. Hast du eigene Verpflegung mit und Lust auf eine Pause mit Blick auf den Limfjord? Dann solltest du hier Rast machen. Du kannst aber auch noch gemütlich weiter längs des Kanals bis nach Løgstør radeln. Auf deinem Weg zum Hafen passierst du das einstige Haus des Kanalvogts, in dem heute das Limfjordmuseum untergebracht ist. Zurück kannst du die geringfügig kürzere direkte Strecke über den Viborgvej nehmen, der allerdings nicht durchgängig über einen Radweg verfügt.

Die Tour im Überblick

Mittelschwere Radtour vom Vitskøl Kloster zum Hafen von Løgstør, ca. 15 km, ca. 2 Std. für eine Strecke

Kloster Vitskøl, Viborgvej 475, Ranum | Buslinie 11, Haltestelle Bjørnsholm | Parkplatz direkt am Vitskøl Kloster

Am besten im Frühling oder Sommer – im Herbst kann der Wind stark sein
Fahrrad, ans Wetter angepasste Kleidung, genügend Proviant
56.872675, 9.212332 (Vitskøl Kloster), 56.967718, 9.246486 (Løgstør Havn)

✔ DOWNLOAD GPX-Track

Das Limfjordmuseum im alten Haus des Kanalvogts widmet sich der Seefahrt auf dem Limfjord (li.). Der Frederik VII Kanal wurde zur Umschiffung von Untiefen angelegt (re.)

Skagens Odde – an der Spitze Dänemarks ★

Auch wenn es eigentlich nicht ganz richtig ist, wird Grenen, der Punkt, an dem sich Skagerrak und Kattegat treffen, häufig als nördlichster Punkt Dänemarks bezeichnet. Auf jeden Fall aber ist es der meistbesuchte Ort im Norden Jütlands: Alle wollen das Zusammentreffen zweier Meere hautnah erleben – obligatorisches Foto breitbeinig in beiden Meeren stehend inklusive. Doch auch dieser „Fakt" ist ganz genau genommen nicht immer richtig.

Vom Grauen Leuchtturm zur Spitze

Vom Leuchtturm Grå Fyr aus kannst du entlang des Strandes oder über den Fyrvej in Richtung Grenen wandern. Du gelangst zu einem Parkplatz, von wo aus sich ein Abstecher zum Bunkermuseum lohnt. Über die Dünen geht es dann weiter. Verpass nicht, dem Grab des großen Skagener Dichters und Malers Holger Drachmann einen Besuch abzustatten, das in den Dünen thront. Am Strand läufst du dann bis zum Ende der Landzunge. An einem Sommertag wirst du hier aber nicht allein unterwegs sein. Insider-Tipp solltest du eine einsamere Tour bevorzugen, sei am besten frühmorgens unterwegs oder zu einer anderen Jahreszeit. Wer dir aber trotzdem mit hoher Wahrscheinlichkeit begegnen wird, ist der eine oder andere Seehund. So süß sie auch aussehen mögen – bitte Abstand halten!

Mit den Füßen im Wasser

Bist du an der Spitze angelangt, lass dir ein wenig Zeit, den Anblick der aufeinandertreffenden Wellen zu bewundern. Warum es genau genommen keine zwei Meere sind, die hier gegeneinanderprallen? Das Skagens Rev erstreckt sich unter der Wasseroberfläche weit nach Nordosten und lässt die Wellen der Nordsee bei Westwind eine Wende von 180 Grad machen, sodass sie praktisch von beiden Seiten gegen Grenen rollen.

Grenen, das sandige Ende von Skagens Odde am Aufeinandertreffen von Skagerrak und Kattegat (li.). Landmarke an der Nordspitze Jütlands: der Leuchtturm Grå Fyr von 1858 (re.)

Der nördlichste Punkt

Hast du dich sattgesehen, geht es ein kurzes Stück weiter am Skagerrakstrand, bevor du dich wieder auf den Weg durch die Dünen Richtung Parkplatz schlägst. Die erste Möglichkeit biegst du aber rechts ab (Nordstrandsvej) und wanderst parallel zur Küste durch die Dünenlandschaft bis Skagen Nordstrand, dem eigentlichen nördlichsten Punkt Dänemarks. Hier ist meist viel weniger los als auf Grenen, vielleicht der richtige Platz für eine Pause? Zurück geht es auf dem Batterivej. Etwas entfernt passierst du den Leuchtturm Skagen Vest und eine Radarstation. Gegenüber der alten Rettungsstation Skagens nimmst du die Route, die dich ins Naturschutzgebiet bringt. Es geht auf Schotterwegen vorbei an Jennes Sø. Über kleine Moorgebiete führen Stege, die aus PET-Flaschen und Plastiktüten hergestellt wurden. Du folgst dem Weg, und bald wirst du dein Ziel schon wieder vor Augen haben: den Grå Fyr.

Die Tour im Überblick

Leichte Wanderung um Grenen ab/bis Grå Fyr, ca 9,5 km, gute 2 Std

Fyrvej 36, Skagen | Buslinie 1, Haltestelle Grå Fyr | Mit dem Auto Anfahrt über Skagen Richtung Grenen, Parkplatz am Grå Fyr | Im Sommer pendelt der Sandormen, ein Trecker, vom Parkplatz Grenen bis zur Spitze und zurück

Zu jeder Jahreszeit schön, im Sommer musst du mit etwas mehr Betrieb rechnen
Ans Wetter angepasste Kleidung, Getränke, im Sommer Sonnenschutz – Achtung, Baden ist dort verboten!
57.735575, 10.630325 (Grå Fyr)

✓ DOWNLOAD GPX-Track

Unterwegs auf der Rebild-Bakker-Route ★

Das grandiose Schutzgebiet Rebild Bakker musst du einfach für dich erobern. Diese einzigartige Natur wurde 1912 durch Spenden dänischstämmiger Amerikaner zum Naturpark, in dem jedes Jahr am 4. Juli das Rebildfest gefeiert wird. Es ist die größte Feier zum amerikanischen Unabhängigkeitstag außerhalb der USA.

Heide & Quellen

Die wunderschönen Rebild Bakker mit ihrer heidebewachsenen Hügellandschaft, den zahlreichen Quellen mit klarstem Wasser, Waldseen und einem großem Bestand urigen Waldes erwanderst du dir am besten auf der 11 km langen Rebild-Bakker-Route. Du brauchst für das hügelige Terrain zwar etwas Kondition, aber neben den fantastischen Ausblicken auf diese beeindruckende Gegend wird dich auf diesem Weg eine der schönsten und am häufigsten besuchten Quellen, die Ravnkilde, überraschen. Sie entspringt am Fuß krüppeliger Buchen und läuft über den Kiesweg zum Bach Lindenborg Å. Deine Wasserflasche kannst du hier bedenkenlos auffüllen.

Trollwald & Wilddieb

Auch das Haus des ehemaligen Wilddiebs Lars Kjær und seiner Frau, einer Wahrsagerin, kannst du auf dieser Route besuchen. Du passierst außerdem den Troldeskoven, den Wald der Trolle. Die krumm gewachsenen, knorrigen Buchen sind das Symbol für diese Gegend. Diese mitunter über 300 Jahre alten Bäume gelten als die namensgebenden Trolle des Waldes – zumindest im Dunkeln und in den Köpfen früherer Bewohner. Die Buchen im Troldeskov haben aber noch eine andere Eigenschaft, die sie einzigartig macht. Werden sie gefällt, bilden sich aus den Stümpfen und Wurzeln neue Triebe, sie haben also mitunter viele Stämme aus derselben Wurzel ausgebildet.

Insider-Tipp Hier befinden sich nebenan das Waldgebiet Rold Skov, das REGAN Vest Museum und die Thingbæk Kalkminer – es gibt viel zu entdecken.

Der Prinzessinnenbaum

Wachsen die Stämme der Buchen zusammen, entsteht ein sogenannter Augenbaum. Das Klettern in einem solchen Baum soll Rachitis verhindern. Selbst Königin Margrethe und ihre Schwestern wurden als Kinder im Augenbaum im Troldeskoven „behandelt". Der fortan als „Prinzessinnenbaum" betitelte Augenbaum fiel in den 1990er-Jahren einem Sturm zum Opfer. Halt aber ruhig die Augen offen nach weiteren Exemplaren. Die weiß markierte Rebild-Bakker-Route ist 11 km lang, kann aber an zwei Stellen abgekürzt werden, wenn du nur 4 oder 8 km gehen möchtest. Die Tour kann an jedem beliebigen Ort auf dem Weg gestartet werden.

Die Tour im Überblick

Leichte Wanderung ab/bis Rebild-Porten, 4, 8 oder 11 km, ca. 1–3 Std., Wanderkarte im Center erhältlich

Rebildvej 25a, Skørping | Buslinie 53 oder 104, Haltestelle Rebild Bakker | Mit dem Auto Anfahrt über die E 45, Abfahrt 31, Støvring S, dann weiter auf der 180, Parkplatz direkt am RebildPorten

Am schönsten im Spätsommer, wenn sich die gesamte Fläche lila färbt

Gutes Schuhwerk und ans Wetter angepasste Kleidung, Getränke, Proviant

56.831627, 9.843538

DOWNLOAD GPX-Track

Im bereits 1912 eingerichteten Naturschutzgebiet Rebild Bakker wechseln sich Heideflächen mit kleinen Laubwäldern ab (li.). Das Anwesen des Wilddiebs Lars Kjær (re.)

MEHR ERLEBEN

*WEITERE ABENTEUER & AUSFLÜGE

In den Monaten Mai und Juni entfaltet der Rhododendronpark im Herzen der Stadt Brønderslev seine ganze Pracht

Mit einem Bein im Kattegat, mit dem anderen im Skagerrak stehen oder eine kleine Wüste durchqueren. Im Norden Jütlands kannst du an den angesagtesten Spots die Bretter, die die Surfwelt bedeuten, besteigen oder auf Trolljagd gehen, Dänemarks größte Ringburg der Wikingerzeit erkunden oder auf Plätzen der European Tour golfen. Nordjütland hat viele Überraschungen zu bieten!

VEST

Spazieren durch ein Blütenmeer

1 🚶 Spaziergang im Rhododendronparken Brønderslev, 1½ Std.

Wer hätte gedacht, dass ein Rhododendronpark mitten in Nordjütland der größte seiner Art in ganz Nordeuropa ist? Du kannst dich selbst davon überzeugen. Der wunderschön angelegte Park wird mit seinen mehr als 10 000 Pflanzen und 130 verschiedenen Sorten zur Blütezeit im Mai und Juni zu einer wahren Symphonie aus Düften und Farben. Das Besondere in dieser Anlage ist, dass die unterschiedlichen Sorten getrennt voneinander in verschiedenen Beeten zu sehen sind, sodass eine Unterscheidung nicht nur für Fachleute möglich ist. Es führen mehrere Wege durch das Areal, für kleine Pausen stehen Picknicktische zur Verfügung.

Buslinie 202, Haltestelle Hedelund | Mit dem Auto bis Parkplatz Nørregade *Im Mai und Juni zur Rhododendronblüte* *Thermoskanne mit Kaffee/Tee für eine kleine Pause nicht vergessen* *57.274941, 9.945762*

Durch die Klitplantage

2 🚶 Leichter Waldspaziergang zu Den Grønne Rende, rund 2 km, 1 Std.

Etwas versteckt im Wald, südlich des Leuchtturms Rubjerg Knude, liegt ein Parkplatz, von dem aus du dich aufmachen kannst auf einen kleinen Waldspaziergang. Du durchquerst einen Teil der 1927 angelegten Rubjerg Klitplantage, heute ein relativ dichter, schöner Wald, und außerdem wirst du das größte Vorkommen von Sanddorn in ganz Dänemark bestaunen können. Der Weg Richtung Meer führt dich direkt zur Grønne Rende, der grünen Rinne, einem Einschnitt in der Steilküste, der

Auf dem Weg zur Steilküste Den Grønne Rende durchquerst du den Wald der Rubjerg Klitplantage

Mitten in der Sahara? Nein, aber auf der Wanderdüne Råbjerg Mile

zu den interessantesten Orten im Küstenbereich von Lønstrup Klint zählt. Dünenrosen, Weißdorn und Sanddorn haben sich fast über die gesamte Breite und Länge der Schlucht ausgebreitet – daher der Farbtupfer im Namen der Schlucht. Da sich die Küste in diesem Bereich ständig verändert, sollte sie allerdings nicht als Abstieg zum Strand genutzt werden. **Insider-Tipp** Treppen, die zum Strand hinunterführen, gibt es sowohl nördlich bei Lønstrup als auch südlich bei Nr. Lyngby.

Rubjergvej, Lønstrup, Hjørring | Mit dem Auto bis zum Parkplatz am Rubjergvej, Hjørring Ganzjährig schöne Tour 57.443157, 9.787780 (Parkplatz)

Jütlands Wüste

3 Mittelschwere Wanderung über Råbjerg Mile, es gibt keine Wege, ca. 2 Std. (je nach Lust und Laune)

Durchschnittlich 15 m pro Jahr bewegt sich Dänemarks größte Wanderdüne Råbjerg Mile von West nach Ost. Knapp die Hälfte ihres Weges hat sie schon geschafft und in 100 bis 200 Jahren wird sie die einzige Straße, die nach Skagen führt, erreicht haben und unter sich begraben. Auf ihrem Weg zur Ostsee hinterlässt Råbjerg Mile eine karge Landschaft, jedes Leben hat sie unter sich begraben. Die bis zu 40 m hohe Düne misst rund 1000 mal 1000 m und birgt in sich rund 3,5 Mio. Kubikmeter Sand. Hier kannst du dir – im äußersten Norden Jütlands – echtes Wüsten-Feeling holen. Trotzdem ist auch Vorsicht geboten, denn auf der Wanderdüne besteht die Gefahr, auf Treibsand zu stoßen.

Råbjerg Mile Vej 2, Skagen | Anfahrt über den Kandestedvej, Parkplatz direkt vor Ort Nicht empfehlenswert bei Wind (Flugsand!), schütz auch deine Kamera 57.654079, 10.408233 (Parkplatz)

Fossiliensuche und Steilküste

4 Mittelschwere, kurze Wanderung im Norden der Insel Fur, 5,5 km, ca. 2 Std. plus Zeit für die Fossiliensuche

Du liebst schroffe Küsten, herrliche Ausblicke und möchtest unbedingt mal selbst Fossilien finden? Dann mach dich auf nach Fur. Die knapp 23 km² große Insel ist vor allem für das hier vorkommende Kieselgur bekannt, das reich an Fossilien ist. Eine gut 5,5 km lange Rundwanderung führt dich im

Die Wanderdüne Rubjerg Knude bildet mit ihrer Höhe von gut 70 m den höchsten Punkt der Steilküste von Lønstrup

Norden der Insel an Furs westlichstem Punkt, dem Lille Knudshoved vorbei zu den beeindruckenden Knudsklinterne, der mächtigen Molersteilküste. Du kannst sowohl oben auf der Steilküste gehen und die fantastische Aussicht Richtung Mors und Livø erleben oder unten am Strand schon mal die Augen offen halten nach versteinerten Seeigeln, Fischen und Pflanzen. Die Route führt vorbei am kleinen Leuchtturm der Insel und geleitet dich über Gammelgårdsvej, Råkildevej, Hindkjæ- und Knudevej zurück zum Parkplatz.

Fähre ab Branden/Salling, Fahrtzeit 4 Min., Abfahrten alle 15 Min. | €€ (Kosten für Pkw)

Zu jeder Jahreszeit einen Ausflug wert

56.827057, 8.967690 (Parkplatz)

Entlang der Steilküste zur Ikone Jütlands

5 Mittelschwere Wanderung ab/bis Lønstrup, ca. 8 km, 2–3 Std.

Starte deine Wanderung entlang der Steilküste – immer mit gebührendem Abstand! – an den Überresten des alten Friedhofs außerhalb des Ortes Lønstrup. Hier stand einst die kleine Mårup Kirke, um deren Erhalt – obwohl schon 1926 endgültig aufgegeben – lange gekämpft wurde, bis sie schließlich abgetragen werden musste, bevor sie die Steilküste hinabstürzte. Nur einige Steine des Friedhofs blieben. Weiter geht es bis zum Rubjerg Knude Fyr, dem Leuchtturm, der an der höchsten Stelle der Gegend gut 200 m vom Meer errichtet und am zweiten Weihnachtstag 1900 in Betrieb genommen wurde. Waren damals keine nennenswert großen Dünen in der Nähe, hatte sich 1968 eine Düne durch Flugsand direkt vor dem Turm aufgetürmt, sodass er vom Meer aus nicht mehr zu sehen war und stillgelegt werden musste. Auch einen spektakulären Umzug hat der alte Turm bereits hinter sich gebracht. Eine beeindruckende Natur, den Sand wirst du noch Tage später zwischen den Zehen haben. **Insider-Tipp** Nimm auf dem Rückweg einen Trampelpfad etwas abseits der Steilküste durch die Plantage, die größte Sanddorn-Kultur Dänemarks, die sich hier erstreckt.

Buslinie 80 nach Lønstrup | Parkplätze im Ort Lønstrup oder, möchte man etwas abkürzen, kleine Parkfläche am Mårup Kirkegaard | Abstand von der Böschung halten! *Ganzjährig zugänglich*

Der Wanderweg Tranum–Fosdalen verläuft überwiegend auf schönen Naturpfaden durch den Wald.

Festes Schuhwerk 57.476281, 9.797811 (Parkplatz), 57.462933, 9.784404 (Mårup Kirkegaard), 57.450354, 9.775573 (Rubjerg Knude Fyr)

Wandern auf Hügel und durch Täler

6 Mittelschwere Wanderung von Tranum nach Fosdalen, 11 km, 3–4 Std.

Der vom Deutschen Wanderinstitut zertifizierte Premium-Wanderweg von Tranum nach Fosdalen führt durch eine fantastische Landschaft entlang des Lien und die Täler Fosdalen und Langdalen. Du streifst durch Heidelandschaft und Wälder, überquerst Hügel und Dünen. Der Weg startet am Waldspielplatz Tranum und geleitet dich an den höchsten Punkt der Jammerbucht, den Bavnehøj, der knapp 84 m über dem Meer liegt. Ist der Ausblick nicht großartig? Weiter geht's über die hügeligen Ingeborgs Bakker zum Fosdalen, einer kleinen Schlucht, die schon im Mittelalter wegen der heilenden Wirkung des hier plätschernden Wassers bekannt war. Mit Vogelgezwitscher im Ohr passierst du knorrige Eichen. Der Rückweg führt, immer mal wieder auch treppauf-treppab, entlang dem Lien, einem alten Küstenverlauf. Die

Mitten im Nationalpark Thy erhebt sich der 1883 eingeweihte Leuchtturm von Lodbjerg

Wanderung ist sehr gut ausgeschildert und kann an mehreren Punkten verkürzt werden.

Tranum Skovlegeplads, Strandvejen 37, Brovst | Parkplatz direkt am Waldspielplatz Ganzjährig zugänglich und erwandernswert An die Witterung angepasste Kleidung, gutes Schuhwerk, Trinkwasser 57.136568, 9.460317

Auf zwei Rädern entlang der Westküste

7 Leichte Radtour vom Lodbjerg Fyr nach Agger und zurück, 18,5 km, 1½ Std.

Wenn dir der Sinn nach abgeschiedenen Orten steht, dann wird dir der Lodbjerg Fyr sicher gefallen. Geradezu einsam, inmitten einer grandiosen Landschaftsmixtur aus Heide und Klitplantage erhebt sich dieser 35 m hohe Leuchtturm und gewährt dir – nach Überwindung der 133 Stufen – einen grandiosen Blick auf die umliegende Natur. Aber nicht nur von oben, sondern auch auf Augenhöhe solltest du diese fantastische Landschaft auf dich wirken lassen. Radel von hier aus los auf dem Lodbjergvej, vorbei an Ørum und Flade Sø und

Die Villa Vest in Lønstrup. In den Sommermonaten bevölkern zahlreiche Touristen den kleinen Ort

Zum Abschluss der Kanutour auf der Uggerby Å fährst du direkt an den Strand

dann nach Agger. Hier kannst du die steinerne Fischersfrau Mary und die Schwarzen Häuser ansehen, bevor es zwischen Flade Sø und Nordsee wieder zurück zum Leuchtturm von Lodbjerg geht. *Mit dem Auto bis Lodbjerg Fyr, Lodbjergvej 33, Vestervig* *Am schönsten in der warmen Jahreszeit* *Dem Wetter angepasste Kleidung, Badesachen und Picknickkorb nicht vergessen* *56.823491, 8.263099*

Radtour am einsamen Strand

8 Radtour von Lønstrup nach Kærsgaard Strand, Rundweg ca. 20 km, halber Tag mit Pausen

Ein Strand, an dem du nur wenigen Menschen begegnen wirst, ist der Kærsgaard Strand südlich von Hirtshals. Hier mündet der Liver Å in den Skagerrak, und in unmittelbarer Strandnähe kannst du im Naturgebiet Vandplasken im September und Oktober Schwärme von Staren am Abendhimmel beobachten – eine kleine Sort Sol. Von Lønstrup aus ist der Kærsgaard Strand gemütlich mit dem Rad zu erreichen. Die Tour führt durch das Ferienhausgebiet Harrerenden, Skallerup und vorbei am Seaside Resort bis kurz vor Nørlev Strand. Hier geht es dann über Slettingenvej, Nørlevvej und Kærsgaard Strandvej bis zum Ziel. Zurück radelst du dann am besten über Nørlevvej, Nørremøllevej, vorbei an der einsam gelegenen Skallerup Kirke und den Møllebakkevej direkt bis nach Lønstrup zurück. *Start/Ziel Lønstrup | Mit dem Auto von Süden über Løkken oder von Hjørring kommend über Vennebjerg | Parken in der Ortsmitte am M Kabelsvej (57.472898, 9.798053) oder am Strandparkplatz am Kysten (57.476288, 9.797812)* *Frühling, Sommer, Herbst* *Dem Wetter angepasste Kleidung sowie Verpflegung, im Sommer Badesachen* *57.531262, 9.884219 (Kærsgaard Strand)*

Eine Kanufahrt, die ist lustig

9 Uggerby Kanofart, Kanustrecke 5 km, 1½ Std.

Auf der Uggerby Å kannst du mit dem Kanu direkt zum Strand fahren – eine grandiose Tour entlang von Wiesen, Weiden, Feldern und der Uggerby

Abendstimmung in Løkken: Die Surfergemeinde hat den Ort längst für sich entdeckt

Klitplantage. 50 km der insgesamt 70 km langen Uggerby Å sind befahrbar, doch die letzten 5 km, die Strecke von Uggerby zur Küste, ist mit Abstand die beliebteste. Gemächlich mäandert die Uggerby Å auf ihrem Weg in die Tannisbucht durch die reizvolle Landschaft. Absolutes Highlight dieser Tour ist jedoch die Ankunft am Strand und der Übergang ins Meer – Achtung Glücksgefühle! Solltest du dieses Highlight noch toppen wollen – sofern das überhaupt geht –, dann erreiche den Strand pünktlich zum Sonnenuntergang. Mehr geht wirklich nicht. Du kannst gegen die Strömung zurückfahren, gemütlicher ist es allerdings, sich vom Strand abholen zu lassen. Dann ist vielleicht auch noch ein ausgiebiges Bad in den Wellen des Skagerrak drin – oder ein Sundowner-Picknick.

Skagen Landevej 849, Uggerby, Hjørring | Buslinie 82, Haltestelle Uggerby Kirke | Mit dem Auto bis Uggerby | uggerby-kanofart.dk | €€€
Am besten in der warmen Jahreszeit *Badesachen nicht vergessen und wasserdichtes Behältnis für Wertsachen* *57.568066, 10.110810 (Uggerby Kanofart)*

Surfen an Dänemarks bestem Surfspot

10 Surfen mit Northshore Surf Løkken

An der Westküste Nordjütlands liegt der beliebte Ferienort Løkken. Viele kleine Läden, eine lange Mole, Fischerboote am Strand, die unzähligen weißen Badehäuschen und die fantastische Natur ziehen Jahr für Jahr Urlauber hierher. Und vor allem sind es Wassersportler, die sich von Løkken magisch angezogen fühlen – einem der besten Surfspots Dänemarks. Hier kannst du dir Equipment ausleihen, sowohl Surfausrüstung als auch Bodyboards und Sup Board samt Paddel. Skimboards sind ebenfalls im Sortiment, wenn du lieber an der Wasserkante bleibst. Ein besonderes Erlebnis ist der zweistündige Einführungskurs – geradezu Løkken-legendär! Sicherheit auf dem Wasser und Theorie, erste kleine Anfängerwellen werden genommen – und vor allem wirst du viel Spaß haben. **Insider-Tipp** Nach deinem Surf-Erlebnis kannst du dich ganz gechillt in der dazugehörigen Café-Bar über den Tag freuen und ein bisschen ausruhen. Gibt es keinen Wind, findet der Kurs auf dem SUP statt.

In der Tat, in Hawaii ist's wärmer. Doch das Surferparadies Cold Hawaii lässt die Herzen von Surffans höherschlagen.

Sdr Strandvej 18, Løkken | Buslinie 71 bis Løkken Busterminal | Mit dem Auto bis zum Parkplatz am Norgesvej, Løkken | northshoresurf.dk Am schönsten im Sommer Badesachen, Handtuch und gute Laune, der Kurs beinhaltet eine komplette Surfausstattung und Bekleidung für die Dauer des Kurses 57.371315, 9.706798, 57.370678, 9.708442 (Parkplatz)

In Jütland ist Hawaii cold

11 Cold Hawaii Surf Camp in Klitmøller, Kurse 2 Std. plus 30 Min. Vorbereitung

Wellen, Wind und Meer. Gelassene Atmosphäre, Surfershops und -schulen, internationale Wettkämpfe und Welttournee der Profis. Glückliche Gesichter, Surfbretter an jeder Ecke, in oder auf fast jedem Auto. Wellenreiten, Windsurfen, Stand-up Paddling – Klitmøller ist einer der bekanntesten Surfspots Europas und macht dem Namen Cold Hawaii alle Ehre. Sich hier auf die Bretter, die die (Surf)welt bedeuten, zu wagen, ist wie ein kleiner Ritterschlag. Surfen ist für die Eigentümer des Cold Hawaii Surf Camps ein Lebensstil und ihre Passion. Und diese Liebe zu diesem Sport, zum Meer, zur Natur wird dir nicht entgehen. Vielleicht färbt etwas auf dich ab? **Insider-Tipp** Neben Anfänger- und Fortgeschrittenenkursen kannst du beim Cold Hawaii Surf Camp auch einen Kurs für Kinder buchen. In den Sommermonaten wird darüber hinaus eine Lektion zum Sonnenuntergang inklusive Cocktail angeboten. Ausleihen kannst du das gesamte Equipment – fürs Surfen, SUP, Body- und Skimboards – alles auch ohne Kurs.

Ørhagevej 151, Klitmøller, Thisted | Buslinie 322, Haltestelle Klitmøller Ørhage | Mit dem Auto bis Klitmøller Strandparkplatz am Ørhagevej | coldhawaiisurfcamp.dk | €€–€€€ Am schönsten im Sommer Die Ausrüstung wird gestellt 57.041953, 8.482728 (Shop), 57.043293, 8.482911 (Klitmøller Strandparkplatz)

Mittsommer in Jütland

12 Sankt Hans Aften am Skagen Sønderstrand, Dauer nach Belieben

In Dänemark ist Mittsommer – wie in allen skandinavischen Ländern – etwas ganz Besonderes. Und das fängt bereits beim Namen an. Denn Mittsommer ist in Dänemark Sankt Hans und wird am

An Sankt Hans Aften, dem dänischen Mittsommer, werden überall im Land große Feuer entzündet

Abend des 23. Juni, also am Abend vor dem Johannistag, gefeiert. Am Sankt Hans Aften werden überall im Land große Feuer entfacht, besonders an den Stränden. In früheren Zeiten wollte man damit böse Geister vertreiben, die in dieser magischen Nacht besonders zahlreich ihr Unwesen getrieben haben sollen. Heute erinnert an Sankt Hans Aften nichts mehr an böse Geister – abgesehen von der Strohhexe, die vielerorts in Flammen aufgeht. Es geht urdänisch hyggelig zu, es gibt *øl* und *pølser*, Reden werden gehalten, und dann wird gesungen. Und wenn alle Lieder gesungen sind und das Feuer heruntergebrannt ist, dann geht es nach Hause, um die Nacht, in der es nicht dunkel wird, zu feiern. Den Sommer. Und das Leben.

Mit dem Zug mit Skagens Station/Bahnhof | Mit dem Auto bis Parkplatz am Hvide Fyr, Fyrvej
Am Abend des 23. Juni *Auch im Juni kann es abends kalt werden, also Pulli einpacken*
57.725669, 10.607966

Sonnenuntergang mit eigenem Platz

13 Solnedgangspladsen Gammel Skagen, Dauer nach Belieben

Wo könntest du besser einen dieser geradezu magischen Sonnenuntergänge erleben als an einem Platz, der sogar nach diesem fantastischen Naturphänomen benannt ist? Direkt neben dem Solnedgangskiosk, dem Sonnenuntergangskiosk, der gefühlt schon seit jeher Treffpunkt für alle Sonnenuntergangsromantiker mit kleinem Restappetit war, wurde nun ein Platz – der Solnedgangsplads – errichtet, der als einer der schönsten Orte gilt, um dem allabendlichen Schauspiel beizuwohnen. Im Mittelpunkt eine Granitscheibe mit einem Durchmesser von 20 m, leicht zum Meer hin abfallend und mit geschliffenen Kreisen versehen, die bei entsprechenden Wetterverhältnissen die Sonne spiegeln. Drumherum im Halbkreis aufgeschüttete Dünen, die für windgeschützte Logenplätze sorgen.

Inzwischen eine Institution: der Sonnenuntergangsplatz Gammel Skagen mit seiner Granitscheibe

Solnedgangen 2, Skagen | Mit dem Auto bis zum Parkplatz direkt am Kiosk, Solnedgangen 2, Skagen *Abends zum Sonnenuntergang am schönsten* *Evtl. warme Decke oder Sitzkissen – falls es abends schon oder noch kalt wird*
57.729265, 10.521803

Steil ragt der massige Bulbjerg am Strand auf und ist das Zuhause zahlreicher Vogelarten

Jütlands Vogelfelsen

14 Vogelbeobachtung am Bulbjerg, Dauer je nach Lust und Ausdauer

Hobby-Ornithologen und Vogelkundler sollten unbedingt Jütlands einzigem Vogelfelsen einen Besuch abstatten. Vom 47 m in die Höhe ragenden Bulbjerg, auch „Schulter Jütlands" genannt, hast du einen hervorragenden Blick, und bei guter Sicht kannst du sowohl Hansthom als auch den Leuchtturm Rubjerg Knude ausmachen. Hauptattraktion aber sind hier die vielen Vögel, die sich den Kalksteinfelsen zur Heimat erkoren haben, obwohl viele von ihnen eher im Nordatlantik zu Hause sind. Hunderte Paare Dreizehenmöwen, Basstölpel, die durch ihre pfeilförmigen Sturzflüge auffallen, Raubmöwen, Papageientaucher und auch den Eissturmvogel, einen nordischen Verwandten des Albatros, kannst du hier beobachten.

Mit dem Auto bis zum Parkplatz, Bulbjergvej 84, Frøstrup (57.156263, 9.026818), für Beobachtungen vom Strand aus: Parkplatz Bulbjerg Strand (57.156227, 9.021691) Ganzjährig, Brutzeit der Dreizehenmöwen grob März–Juni Fernglas, Fotoausrüstung, an das Wetter angepasste Kleidung 57.158473, 9.025271 (Bulbjerg)

Natur pur auf Agger Tange

15 Vogelbeobachtung auf Agger Tange, Dauer je nach Lust und Ausdauer

Ruhe und Natur pur kannst du auf Agger Tange erleben. Hier, auf der Landzunge zwischen Nordsee und Limfjord ist es – sobald die Autos und Lkws die einzige Straße verlassen haben – unglaublich still. Heute durch Deiche und Buhnen vor der Nordsee geschützt, hat die Nehrung eine wilde Geschichte. Mehrfach wurden ganze Dörfer von Sturmfluten weggerissen, schiffbare Durchbrüche taten sich auf und versandeten wieder. Nach der Errichtung der Deiche entstanden Feuchtgebiete auf der Agger Tange, die Jahr für Jahr Tausenden Zugvögeln als Rastplatz dienen. Du musst kein Hobby-Ornithologe sein, um von diesem Naturschauspiel begeistert zu sein – die Vogelschau ist von der einzigen Straße auf der Agger Tange aus möglich. Große Klasse! **Insider-Tipp** Und wenn du es richtig hyggelig haben möchtest, pack einen Picknickkorb und steure ganz frühmorgens einen der kleinen Parkplätze an. Diese Aufführung der Natur zu beobachten und zu spüren, wie die Morgensonne nach und nach ihre wärmende Kraft entfacht, wird dir in Erinnerung bleiben!

Diese Landschaft mit einem Islandpferd von Saga Heste zu durchstreifen, ist ein ganz besonderes Erlebnis

Vestervig | Anreise von Süden über die Fähre ab Thyborøn, einige Parkbuchten finden sich entlang der Landzunge Frühjahr und Herbst Dem Wetter angepasste Kleidung, Fernglas, Kamera, eventuell Klappstuhl und unbedingt Verpflegung 56.750655, 8.251086

Auf Islandpferden durch Nordjütland

16 Saga Heste, unterschiedlich lange Touren

Das Glück der Erde liegt ja bekanntlich wo? Genau. Auf dem Rücken eines Islandpferdes, mit dem du durch die einzigartige Landschaft der Inlandsdünen im Norden Jütlands oder am Strand des Skagerraks entlangreitest. Für jeden, ob Kind, Anfänger oder erfahrenen Reiter ist hier das richtige Pferd dabei. Ihr ruhiges Wesen und vor allem die ihnen eigene Gangart Tölt machen kurze wie auch längere Ausritte zu einem fantastischen Naturerlebnis. Geführte Touren können von einer bis fünf Stunden gebucht werden, dann gibt es natürlich unterwegs Pausen für Pferd und Reiter. Für Kinder, die erstmals das Sitzen auf einem Pferd ausprobieren wollen, gibt es gesonderte Angebote.

Nørlev Strandvej 391, Nørlev, Hjørring | Mit dem Auto über den Nørlev Strandvej, Parkmöglichkeiten vor Ort | sagaheste.com Zu jeder Jahreszeit schön 57.498972, 9.862324

Der Troll Ivan Evigvår – von Kopf bis Fuß aus Recyclingmaterial gefertigt

HIMMERLAND

Auf der Suche nach Troll Ivan Evigvår

17 Spaziergang in Mariager, Gebiet um Munkholm Anlægget, 1–2 Std.

Einen etwa 2 m breiten und 3,5 m hohen Troll namens Ivan Evigår zu finden, kann doch nicht so schwer sein, meinst du? Dann mach dich in Mariager auf die Suche nach der Skulptur des Künstlers Thomas Dambo, der für seine aus nachhaltigen Recyclingmaterialien hergestellten großen Kunstobjekte mittlerweile auf der ganzen Welt berühmt ist. Die vielen Skulpturen sind Teil eines Projekts, dessen Ziel es ist, Kunst und Natur zusammenzubringen. Der Troll Ivan ist erst 2022 nach Mariager gezogen und hat sich in der Nähe von Munkholm Anlægget niedergelassen. Findest du ihn?

Start am Rosengarten | Buslinie 234 Haltestelle Teglgade | Mit dem Auto bis Parkplatz Ecke Teglgade/Kirkegryden Zu jeder Jahreszeit 56.646129, 9.977375 (Rosengarten)

Mariager am Südufer des gleichnamigen Fjords hat seinen ursprünglichen Charme größtenteils bewahrt

Verdenskortet – eine begehbare Weltkarte im Miniaturformat am Ufer des Klejtrup-Sees

Nur der Ringwall ist erhalten, aber die Dimension der Wikingerfestung Aggersborg erschließt sich gut

Die größte Wikingerfestung Dänemarks

18 Besuch der Aggersborg, ca. 1 Std.

Direkt an der schmalsten Stelle des Limfjords ließ Harald Blauzahn vermutlich im Jahr 980 die Aggersborg errichten. Heute nur noch durch Erdwälle markiert, werden die Ausmaße der einstigen Ringburg trotzdem gut fassbar. Da der Limfjord noch bis etwa 1100 sowohl zur Nord- als auch zur Ostsee geöffnet war, sicherte Blauzahn sich durch die Burg die Kontrolle über die wichtigste Verkehrsader in Ost-West-Richtung, die seinerzeit existierte. **Insider-Tipp** Es lohnt sich auch ein Blick auf die Runeninschriften in der nahe gelegenen Kirche! Eine kleine Ausstellung illustriert das Leben in der Aggersborg, auch ist die kostenlose App des Vesthimmerland Museums empfehlenswert. Seit 2023 gehört Aggersborg zum Unesco-Welterbe.

Thorupvej 13, Aggersund, Løgstør | Anreise über den Aggersborgvej, Parkplatz direkt vor Ort
Ganzjährig empfehlenswert Je nach Wetterverhältnis festes Schuhwerk 56.996191, 9.254908

Eine kleine Weltreise

19 Die Weltkarte Verdenskortet bei Hobro entdecken, 1–2 Std.

Du möchtest eine Weltreise unternehmen oder einfach mal von Dänemark nach Finnland hüpfen? Von Nord- nach Südamerika flanieren oder durch Afrika wandern? Am Ufer des idyllischen Klejtrup-Sees östlich von Hobro liegt dir die Welt zu Füßen, und du kannst dir all diese Reiseträume erfüllen. Hier schuf Søren Poulsen von 1944 bis 1969 eine überdimensionierte begehbare Weltkarte. Ein Breitengrad, in der Realität 111 km, entspricht hier 27 cm – insgesamt 45 mal 90 m ist die Weltkarte groß, die es zu entdecken gilt. **Insider-Tipp** Kinder können auf einem Teil der Reise ihre Füße schonen, sie dürfen hier auf dem Pazifik rudern.

Søren Poulsens Vej 5, Hobro | Buslinie 265, Haltestelle Verdenskortet | Mit dem Auto bis zum Parkplatz direkt vor Ort | verdenskortet.dk | €€
Geöffnet von April bis Oktober Ans Wetter angepasste Kleidung 56.590525, 9.640735

Durch und um die Rosenstadt

20 Leichte Wanderung durch Mariager und Alstrup Krat, markierte Route 5 km, 1½ Std.

Kopfsteinpflaster, Fachwerkhäuser und Rosen: Starte deine Wanderung am Løvebrønden in Mariager

Der Fähranleger von Livø im Limfjord. Die kleine Insel ist autofrei und wartet mit einer wundervollen Natur auf

und folge der ausgeschilderten Route – in der Stadt ein roter Pfeil auf weißem Hintergrund, außerhalb ein roter Pfeil auf grünem Hintergrund. Du erreichst Hohøj, den größten Bronzezeithügel Dänemarks und solltest den Aufstieg nicht scheuen, denn der Blick von dort auf den Mariager Fjord ist grandios. Weiter geht's ins Naturschutzgebiet Alstrup Krat. Entlang des Weges informieren Schilder über Funde aus vergangenen Zeiten, aber vielleicht genießt du ja einfach nur die völlige Stille des Nadelbaumwaldes. Das Moos am Waldboden scheint jegliche Laute zu schlucken. Insider-Tipp An der Fjordgade angekommen lockt der gegenüberliegende Strand. Anschließend führt dich der Weg durch die hübsche Østergade mit ihren schönen Haustüren und Stockrosen zurück zum Ausgangspunkt. Bei der Wanderung handelt es sich um einen Rundweg, sie kann also auch an jedem anderen Punkt der Strecke begonnen bzw. beendet werden.

Buslinie 234, Haltestelle Teglgade | Mit dem Auto bis Parkplatz Ecke Teglgade/Kirkegryden

Zu jeder Jahreszeit empfehlenswert, besonders zur Rosenblüte *56.650220, 9.980460 (Parkplatz)*

Natur pur im Limfjord

21 Leichte Wanderung auf der Insel Livø, ca. 6 km, Tagesausflug

Wie wäre es mit einem Tagesausflug auf die Insel Livø? Die einzigartige, kleine Insel mit viel Natur und jeder Menge Ruhe erreichst du mit der Fähre ab Rønbjerg Havn. Auf Livø gibt es keine Autos, Motor- oder Fahrräder, und leider dürfen keine Hunde mitgebracht werden. Aber dafür kann man auf der Insel nahezu alle Landschaftsformen Dänemarks entdecken – im Miniformat, denn die Insel ist nur 320 ha groß. Die markierte Wanderroute startet am Hof im Dorf, denk an gute Schuhe und ggf. eigene Verpflegung, falls der kleine Laden/Café der Insel geschlossen hat. Du wanderst auf verschlungenen Wegen durch Urwälder, entlang saftig grüner Wiesen und schroffer Küsten. Eine wilde Üppigkeit! Und dann gibt es da noch die vie-

Eine Fußgängerbrücke führt über den Vilsted Sø und ist ein guter Spot zur Vogelbeobachtung

Die MTB-Strecke in der Uhrehøje Plantage ist in verschiedene Schwierigkeitsgrade unterteilt

len Geschichten, die die Insel zu erzählen hat: von Mönchen, Freiheitskämpfern und den Kellerschen Anstalten, deren Gebäude heute noch existieren.
Mit dem Auto bis zum Parkplatz am Fähranleger in Rønbjerg Havn | fjordtours.dk/livo/fartplan-livoo verfarten | €€ (Fähre) April–Oktober mehrere Abfahrten täglich 56.891346, 9.165884 (Røbjerg Havn), 56.886987, 9.098859 (Livø Havn)

Radeln rund um den See

22 Leichte Radtour um den Vilsted Sø, 12 bzw. 24 km, 1–2 Std.

Der renaturierte Vilsted Sø ist mit seinen 450 ha Fläche der größte Süßwassersee Nordjütlands. Bist du Naturliebhaber oder Hobbyornithologe, ist dies der perfekte Ort für dich. Insider-Tipp Durch die Brücke, die über den See führt, kannst du die 24 km lange Umrundung des Sees halbieren und die nördliche oder südliche Runde drehen. Die Strecke führt über Feld- und Schotterwege sowie asphaltierte Straßen. Vom Parkplatz in der Nähe des Vilsted Sø lässt sich dieser gleich überqueren und der Blick vom Aussichtsturm über den See und vielleicht auch auf ein paar gefiederte Freunde genießen.
Løgstør | Mit dem Auto bis Parkplatz am Vester Søvej, Løgstør Zum Baden im Sommer, zur Vogelbeobachtung am besten im Herbst Ans Wetter angepasste Kleidung 56.888124, 9.245510 (P2 Vilsted Sø)

MTB in der Uhrehøje Plantage

23 Auf der Mountainbike-Strecke Uhrehøje Plantage, 10–15 km, je nach Strecke 1–2 Std.

Du suchst neue Herausforderungen und den Geschwindigkeitsrausch? Dann ist die abwechslungsreiche Mountainbike-Strecke in der Uhrehøje Plantage für dich genau das richtige. Uhrehøje ist reich an schöner Natur und alten Monumenten, darunter 20 denkmalgeschützte Grabhügel und eine mittelalterliche Kirche. Die blaue MTB-Route, die für Fahrer mit Grundkenntnissen gedacht ist, ist ca. 10 km lang und führt über 120 Höhenmeter. Folgst du den blauen Markierungen, lässt du die schwierigeren rot (erfahrene Biker) und schwarz (Experten) markierten Schleifen aus. Die gesamte Strecke einschließlich aller roten und schwarzen Abstecher ist rund 15 km lang, inklusive 230 Höhenmetern. Schräg gegenüber dem Parkplatz befindet sich ein Kinder- und Technikparcours.

Eine Bootstour mit dem Raddampfer „Svanen" ist eine wunderbare Art den Mariager Fjord zu erkunden

Farsøvej 95, Farsø | Start und Ziel des Trails befinden sich am gleichen Ort in der Nähe des Clubhauses | Am MTB-Clubhaus stehen Parkplätze zur Verfügung ⏱ Zu jeder Jahreszeit 📍 56.798818, 9.260846 (Farsøvej 95)

Auf dem schönsten Fjord Dänemarks

24 Bootstour auf dem Mariager Fjord, gesamte Strecke, ca. 70 Min.

Den Mariager Fjord von seiner schönsten Seite erlebst du auf einer Bootstour mit dem Schiff „Svanen". Auf dem „Schwan" schipperst du in den Sommermonaten entspannt auf Dänemarks längstem echten Fjord von Hobro im Fjordinneren bis ans Ufer der Bramslev Bakker oder in den Hafen von Mariager. Der Blick auf die schöne Küste des Fjords – der saftig grüne Wald, die hügelige Landschaft am Nordufer und die vielen kleinen verschwiegenen Badebuchten, hyggeligen Häfen und Bootsanleger hinterlassen einen bleibenden Eindruck und animieren garantiert dazu, dir das eine oder andere Fleckchen am Mariager Fjord anschließend noch mal genauer anzusehen.

Gerade für SUP-Anfänger bietet die Küste vor Øster Hurup ideale Bedingungen

Abfahrt/Ziel: Hobro, Bramslev Bakker oder Mariager | Buslinie 1, 2 bis Hobro Busterminal | Mit dem Auto bis Hobro Havn, Søndre Kajgade, Hobro | €€ ⏱ Abfahrten Juli, August täglich, Mai, Juni, Sept. Sa, So, Di, Mi ⚙ Ans Wetter angepasste Kleidung 📍 56.638129, 9.800298

SUP auf dem Kattegat

25 Stand-up Paddling in Øster Hurup, Dauer je nach Lust und Laune

Möchtest du deinen Gleichgewichtssinn testen – am besten gleich auf dem Wasser? Dann nichts wie rauf aufs SUP-Board! Am Strand von Øster Hurup ist die Küste flach und bietet ideale Bedingungen, vor allem auch für Anfänger. Im Sommer kannst du bei der Touristinformation direkt in Øster Hurup ein SUP-Board inklusive Schwimmweste leihen. Hier stehen auch Seekajaks für alle bereit, die sich ein bisschen weiter auf das Kattegat hinauswagen wollen. Der Verleih findet nur bei guten Wetterbedingungen statt – es darf etwa kein ablandiger Wind vorherrschen.

Das HimmerLand GolfResort ist auch Austragungsort der PGA European Tour

Mit dem Auto bis zur Turist-Info Øster Hurup, Ved Havnen 2, Hadsund, Parkplatz gegenüber der Touristinformation | €€ Am schönsten im Sommer Badesachen, Sonnenschutz und Wechselkleidung 56.804528, 10.274555

Auf Plätzen der European Tour

26 Golfen im HimmerLand GolfResort

In Dänemark gibt es viele gute Golfplätze, und jene im Himmerland werden besonders hoch bewertet. Hier ist man auch nicht ohne Grund Gastgeber der European Tour: Die Plätze sind fantastisch in die Natur eingebettet, von vielen hast du einen hervorragenden Blick auf den Limfjord. Wo sollte man sich also mal im Golfen versuchen oder auch eine gekonnte Runde auf einem echtem Wettkampfplatz hinlegen, wenn nicht hier? Insider-Tipp Hier kann man auch Golfkurse belegen. Im HimmerLand Golfresort gibt es zwei 18-Loch-Golfplätze sowie einen wunderschön direkt am Sjørup Sø gelegenen Pay & Play-Golfplatz, auf dem sowohl Anfänger als auch erfahrene Spieler herausgefordert werden.

Mit dem Auto bis HimmerLand GolfResort, Lars Larsens Vej 1, Farsø | himmerlandresort.dk | €€€ Im Sommer Ausrüstung kann auch geliehen werden 56.873361, 9.395884

ØST

Spaziergang durch Østerby

27 Bummel durch Skagen, ca. 3,5 km, rund 1 Std.

Skagen ist und war schon immer ein Sehnsuchtsort, und zum Glück konnte sich die Stadt trotz Kreuzfahrt-Boom ihren eigenen Charme bewahren. Möchtest du an den alten Skagenhäusern, Rosenbüschen und Holzzäunen vorbeibummeln und ein bisschen eintauchen in die Zeit der Skagener Künstlerkolonie, dann unternimm am besten einen Spaziergang durch Skagens Ortsteil Østerby – vorbei an Hvide Fyr und Vippefyret, dem berühmten Brøndums Hotel, wichtigster Treffpunkt der Künstler im ausgehenden 19. Jh., und dem wunderbaren Skagens Museum. Weiter kannst du dir das Ancherhus ansehen, in dem das Künstlerehepaar Anna und Michael Ancher lebten, und die gelb getünchten Skagenhäuser bestaunen. Welches Jahr haben wir gerade? Das könntest du in dieser bezaubernden Atmosphäre glatt vergessen.

Mitten in den Dünen westlich von Skagen ragt Den Tilsandede Kirke, die versandete Kirche, auf

Startpunkt Det Hvide Fyr | Anreise über Oddevej Richtung Grenen (Straße Nr. 40), Parkplatz direkt am Turm Ganzjährig empfehlenswert, besonders schön, wenn die Rosen blühen, aber auch in der dunklen Jahreszeit, wenn die Fenster der Häuser hell erleuchtet sind 57.729245, 10.607089 (Parkplatz Hvide Fyr)

Die versandete Kirche

28 Leichte Wanderung von Den Tilsandede Kirke zum Fiskehuskajen im Hafen von Skagen, knapp 3 km, ca. 40 Min.

Südwestlich von Skagen liegt inmitten einer Klitplantage Den Tilsandede Kirke – die versandete Kirche – bzw. deren Turm, denn nur der blieb, weiß getüncht, als Seezeichen erhalten. Vom Parkplatz aus sind es ungefähr zehn Minuten Fußweg bis zum Turm, der in der Hochsaison auch von innen bewundert werden kann. Die Tilsandede Kirke ist umgeben von Wanderwegen, unbedingt ausprobieren solltest du Den Gamle Kirkesti, den alten Kirchweg, den die Einwohner Skagens bis Ende des 18. Jhs. zur St. Laurentius Kirche – so hieß die versandete Kirche einst – nahmen. Entlang der Kattegatküste und vorbei an der alten königlichen Sommerresidenz ist diese Strecke gerade zur Nebensaison ein echtes Highlight. In Skagen angekommen, kannst du über den Damstedvej und Sct. Laurentiivej Kurs auf den Hafen nehmen und es dir auf einer der Terrassen der Restaurants in den berühmten roten Packhäusern gut gehen lassen. Nimm anschließend den Vestre Strandvej, vorbei am Kystmuseum Skagen, und wandere über den Gamle Kirkesti zur Tilsandede Kirke zurück.

Den Tilsandede Kirke, Gamle Landevej 63, Skagen | Anreise aus Süden über den Frederikshavnsvej (Nr. 40) und abbiegen auf den Flagbakkevej (Tilsandede Kirke ist ausgeschildert), der Parkplatz befindet sich etwa 10 Min. Fußweg vom Kirchturm entfernt (57.714412, 10.543260) Das ganze Jahr über ein schönes Ziel, im Sommer kann es mitunter gut besucht sein. Zur absoluten Nebensaison ist das Angebot am Fiskehuskaj in Skagen stark eingeschränkt Ans Wetter angepasste Kleidung 57.714596, 10.550666 (Den Tilsandede Kirke), 57.719321, 10.588762 (Fiskehuskajen)

Dicke Bohlen führen durch die Moorlandschaft von Lille Vildmose, einem Paradies für Naturliebhaber

Kurze Pause auf dem Pikkerbakken MTB-Trail, gut 70 m über dem Meeresspiegel

Radeln durchs Hochmoor

29 Einfache Fahrradtour durch das Lille Vildmose, verschieden lange Touren, halber Tag

Das Lille Vildmose ist ein Hochmoorgebiet im Himmerland nahe der Kattegatküste. Mit seinen mehr als 76 km² Fläche ist es das größte Naturschutzgebiet Dänemarks und dient nicht nur als Brut- und Rastgebiet zahlreicher Vogelarten. Seit dem Jahr 1998 brüten hier zwei Steinadlerpärchen, doch hier leben auch Rothirsche, Fischotter, Wildschweine und seit 2016 Elche. Das Areal ist größtenteils zugänglich und kann sowohl auf eigene Faust, sei es zu Fuß oder mit dem Fahrrad, als auch im Rahmen einer Führung mit ausgebildeten Naturguides per Bus, Fahrrad oder Wanderung erkundet werden. In der Saison ist zusätzlich eine Fahrt mit dem alten Torfzug durch das Areal möglich. Außerdem gibt es Wanderkarten sowie eine Übersicht über alle Aussichtspunkte, Sehenswürdigkeiten und Beobachtungstürme im Lille Vildmose. **Insider-Tipp** Und falls man sein eigenes nicht dabeihat – hier kann man auch Fahrräder leihen.

Lille Vildmosecentret, Vildmosevej 100, Dokkedal, Storvorde | Parkplatz direkt am Center, hier können Fahrräder geliehen werden | Durch das Lille Vildmose führen Touren und Radwege unterschiedlicher Länge, eine Karte ist im Center oder online erhältlich | €€ April–Okt. 56.888436, 10.220990 (Lille Vildmosecentret)

Biken zum höchsten Punkt Frederikshavns

30 Mittelschwere MTB-Route, Start hinter dem Restaurant Møllebakken, 3,5 km, ca. 30 Min.

Im Wald von Bangsbo im südlichen Teil der Stadt Frederikshavn liegt der Pikkerbakken, Teil eines 3 km langen Küstenhangs, der sich während der Eiszeit herausbildete. Die kurze, aber hügelige Mountainbikestrecke führt durch malerisches Gelände und macht sich die geografischen Gegebenheiten dieser Gegend zunutze. Die Strecke überwindet auf dem nur 3,5 km langen Trail 72 Höhenmeter. Es gibt lange Anstiege, gute Flow-Passagen und spannende Abfahrten. Geübte Fahrer werden sicher Spaß daran haben, die Strecke auch mehrmals hintereinander zu meistern. Bei einem Blick von der nahe gelegenen Aus-

Mit Karibikflair im Schatten von Palmen entspannen? Das geht am Palmestranden Frederikshavn

sichtsplattform auf Hafen, Stadt und Kattegat kann man seinen Beinen eine kleine Pause gönnen.

Parkplatz direkt am Restaurant Møllebakken, Skovalleen 45, Frederikshavn | Die Strecke startet hinter dem Restaurant (über die Brücke) und wird gegen den Uhrzeigersinn gefahren Zu jeder Jahreszeit; am besten, wenn es trocken ist 57.419837, 10.511679 (Møllehuset)

Spaß im Wasserpark

31 Besuch im Vandparken Glyngøre, Dauer nach Lust und Laune

Rutsche, Hüpfburg, Trampolin, Kletterwand, Balanciergerät … im größten aufblasbaren Wasserspielplatz Skandinaviens gibt es 19 miteinander verbundene Geräte auf dem Wasser, die zur Herausforderung für Klein und Groß werden. Wenn du Lust hast, dich auf dem Wasser so richtig auszutoben, dann kannst du das hier am besten. Kinder unter zwölf Jahren dürfen nur in Begleitung eines Erwachsenen in den Park und müssen in der Lage sein, 400 m weit zu schwimmen. Außerdem ist für Kinder eine Schwimmweste Pflicht – es gibt sie gegen Kaution zu leihen im Brugsen Glyngøre.

Færgevej 7, Glyngøre, Roslev | Mit dem Auto bis zum Parkplatz im Hafen von Glyngøre Im Hochsommer 56.764601, 8.867643

Unter Palmen in Jütland

32 Relaxen am Palmestranden Frederikshavn, Dauer nach Lust und Laune

Wie wäre es mit einem Tag unter Palmen? Geht nicht in Jütland, meinst du? Weit gefehlt! In Frederikshavn kannst du es dir am Strand unter Palmen gemütlich machen. Herrlicher weißer Sand, seichtes, türkisfarbenes Wasser und eine Strandbar lassen Karibik-Feeling aufkommen. Und möchtest du zur Abwechslung ein bisschen Action, kannst du dich auf dem Beachvolleyball- oder Beachhandball-Feldern direkt am Strand beweisen und danach im herrlichen Kattegat abkühlen. Und dann einfach im Schatten einer der 100 Palmen relaxen und die südländische Atmosphäre genießen!

Nordre Strandvej 22, Frederikshavn | Buslinie 4, Haltestelle Klitlund | Parkplatz am Nordre Strandvej Am schönsten im Sommer Badesachen und Sonnenschutz, ein gutes Buch und Verpflegung einpacken 57.461603, 10.540055

DER SCHÖNSTE SONNENUNTERGANG

Eine Welt in Orange

33 Sonnenuntergang am Grønhøj Strand

Nach einem Strandtag in Nordjütland ist es auch für die Sonne bald an der Zeit, hinter dem Horizont zu verschwinden. Und das bleibt von niemandem unbemerkt, denn der Himmel wartet mit einem wahren Farbspektakel auf. Nach und nach zieht das Naturschauspiel wieder Menschen in die Dünen und an den Strand, die dabei in der ersten Reihe sitzen möchten. Auch die Möwen harren am Strand aus und hocken an der Wasserkante, die das Orangerot des Himmels widerspiegelt.

Mit dem Auto über den Grønhøj Strandvej *Zu jeder Jahreszeit fantastisch* *57.325993, 9.661159*

LOKALE SPEZIALITÄTEN

*UND WO DU SIE PROBIEREN KANNST

Beim Stjerneskud wird ein klassisches Smørrebrød mit zwei Schollenfilets belegt, die auf unterschiedliche Weise zubereitet wurden

Kaisergranat, Muscheln, Fisch – die Region im Norden ist wie ganz Jütland auch kulinarisch vom Meer geprägt. Aber auch süße Leckermäuler haben in Nordjütland gute Karten und frisches Obst und Gemüse landet hier direkt auf den Tellern. Was du dir im Norden sonst nicht entgehen lassen solltest, erfährst du hier.

Kaisergranat auf Læsø

1 Jomfruhummer

Dem Kaisergranat ist auf der Insel Læsø das Jomfrufestival gewidmet. Der Kochwettbewerb um die „Goldene Hummerschere" zieht mittlerweile auch etliche Profiköche an. Auf Læsø kannst du aber auch ohne Fest den frischesten Kaisergranat probieren, den du vermutlich je gegessen hast.

ⓘ *Frischer geht es nicht – beispielsweise in* **Hummerens Hus Restaurant** | *Vesterø Havnegade 5, Læsø* | *hummerenshusrestaurant.dk* | *€€*

Muscheln aus dem Limfjord

2 Limfjord Muslinger

Wenn die erste Muschelernte des Jahres angelandet wird, ist in der „Muschelstadt" Løgstør richtig was los. Dann steigt ein Volksfest mit zahlreichen Buden und Ständen. Die Muscheln werden von den „Ältesten" begutachtet und dann mit dem Pferdewagen durch die Stadt weitertransportiert. Hier warten schon die Köche der Stadt, die die Muscheln zubereiten. Kostproben gratis!

ⓘ *Im Restaurant schmecken die Muscheln am besten in* **Kanalfogedens Køkken** | *Fischersgade 89, Løgstør* | *kanalfogeden.dk* | *€€*

Das klassischte Smørrebrød

3 Stjerneskud

Die „Sternschnuppe" ist ein echter Klassiker. Diese Köstlichkeit besteht aus einem gebratenen und einem gedämpften Schollenfilet auf einer gebutterten und mit Salat belegten Scheibe Weißbrot. Dazu Mayonnaise, Krabben, Zitrone und Spargel – meist noch mit etwas Kaviar on top.

ⓘ *Am besten und mit Blick auf den Hafen an den roten* **Fiskepakhuse** *in Skagen | €–€€*

Traumhafter Kuchen

4 Drømmekage

Der Teig mit einem Belag aus einer Mischung aus Kokosraspeln und braunem Zucker auf einem lockeren Rührteig eroberte die Herzen im Sturm und wurde landesweit als Drømmekage (Traumkuchen) aus dem Städtchen Brovst bekannt. Und traumhaft ist er wirklich! Mittlerweile ist er auch als Backmischung im Supermarkt erhältlich.

ⓘ *Besonders gut, weil zusätzlich in einer traumhaften Atmosphäre im* **Keramikcafé Møllehuset** | *Skallerupvej 810, Lønstrup, Hjøring | mollehuset.com | €*

Hier findest du alles

6 Den Grønne Vogn

In Dänemark sind Verkaufsstände an den Straßen noch häufig zu sehen. Hier werden oft selbst gezogenes Gemüse, Blumen, Honig und Marmeladen verkauft – alles regional, saisonal und nachhaltig. Was du dabeihaben musst ist allerdings Bargeld.

ⓘ **Den Grønne Vogn** | *Nydalvej 2, Lønstrup, Hjørring | €*

Gebratene Scholle

5 Stegt Røspætte

Gebratene Scholle ist ein echter Speisekarten-Klassiker. Fisch – und vor allem Scholle – ist einfach ein Muss. Ob frittiert mit Pommes im Hafenimbiss oder in Butter gebraten mit Gemüse und selbst gemachtem Cranberry-Syltetøj mit Blick aufs Meer und dazu ein Glas gekühlten Weißwein.

ⓘ *Grandios und mit viel Liebe zubereitet im* **Café Havblik** | *Strandvejen 139, Hjørring | €€*

Stolz erhebt sich der begehbare Leuchtturm Lyngvig Fyr über die Dünen der Nehrung Holmsland Klit

Westjütland

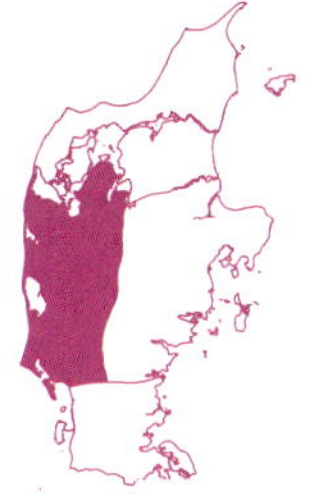

STRAND, DÜNEN UND WIND

Westjütland ist die beliebteste Urlaubsregion in Jütland. Und das nicht ohne Grund, denn die endlosen Strände der Westküste mit ihren Bilderbuch-Dünen, die es oft erst mal zu überwinden gilt, bevor man den Strand erreicht, sind wirklich einzigartig. Auch der Wind tut seinen Teil dazu – mal peitscht er die Nordsee geradezu auf, und die Wellen rollen fast bis zu den Dünen heran, mal ist er kaum wahrnehmbar, und einem Strandtag steht nichts im Wege. Wassersportler aller Disziplinen lieben die Westküste – Windsurfer und Kiter kommen hier sowohl auf der Nordsee als auch auf dem nur durch den knapp 40 km langen Holmsland Klit vom Meer getrennten Ringkøbing Fjord voll auf ihre Kosten. An Sommerabenden verlagert sich das Leben in die Kneipen und Restaurants in den kleinen Häfen. Die Tage sind lang, die Nächte kurz – und morgen geht's wieder ans Meer.

AUF EINEN BLICK

*WESTJÜTLAND

Zum roten Turm an der Steilküste ★

Mit dem SUP auf dem Nissum Fjord paddeln ★

Wald und Dünen mit Nordseebrise ★

NORDSEE

Auf der Jagd nach dem Gold des Nordens ★

MARCO POLO

OUTDOOR-HIGHLIGHTS ★

★ Auf der Jagd nach dem Gold des Nordens

Entspannter Strandspaziergang mit Bernsteinsuche bei Vejers → S. 166

★ Bummel durch das schönste Dorf Dänemarks

Durch Sønderho schlendern und Lord Palmerstone bewundern → S. 168

★ Zum roten Turm an der Steilküste

Entlang des Nordseeufers zum roten Leuchtturm radeln → S. 170

★ Wald und Dünen mit Nordseebrise

Tour durch die Husby Klitplantage – Badesee und wilde Nordsee inklusive → S. 172

★ Eine Insel mit Herz – Radtour über Venø

Mit dem Fahrrad über eine Insel mit Herz – und das im wahrsten Wortsinn → S. 174

★ Mit dem SUP auf dem Nissum Fjord paddeln

Mehr Entspannung als hier auf dem Wasser geht nicht → S. 176

★ Vogelbeobachtung im Naturgebiet Skjern Enge

Natur pur, Seilfähren, Aussichtstürme und unzählige Vögel → S. 178

VESTERHAVET
Limfjorden
Eine Insel mit Herz – Radtour über Venø
Lemvig
Skive
Struer
Viborg
Holstebro
54 km, 50 Min.
Silkeborg
Herning
Ikast
Ringkøbing
Vogelbeobachtung im Naturgebiet Skjern Enge
vide Sande
Skjern
Ringkøbing Fjord
Brande
55 km, 1 Std.
55 km, 50 Min.
Billund
Vejle
Vejers Strand
Varde
Esbjerg
Kolding
Vejen
Bummel durch das schönste Dorf Dänemarks
Fanø
Rødding
Ribe

Auf der Jagd nach dem Gold des Nordens ★

Als „Gold des Nordens" bezeichneten es schon Phönizier, Griechen und Römer und nach kurzzeitiger Flaute hat die Beliebtheit des versteinerten fossilen Harzes seit einigen Jahren wieder Fahrt aufgenommen. Kaum ein Küstenort ohne Bernsteinschleiferei, kaum ein Spaziergang am Meer ohne zumindest einen Blick nach unten auf der Suche nach dem begehrten Objekt.

Wo und wann?

Du willst einen selbst gefundenen Bernstein als Andenken mit nach Hause nehmen? Dann nichts wie los an den Strand – Blåvand und Vejers sind da gute Adressen. Die größten Chancen bestehen ein bis zwei Tage nach einem Sturm, wenn der Wind ablandig weht und der leichte Bernstein mit der Unterströmung an den Strand gespült wird. Insider-Tipp Achtet auf den Spülsaum nahe der Wasserkante, in dem auch Seetang und Holzstückchen liegen. Die kleinen, schwarzen, wasserdurchtränkten Holzstücke werden auch „Bernsteinstäbchen" genannt und sind ob der gleichen Dichte wie Bernstein ein recht verheißungsvoller Indikator bei der Suche.

Ist der auch echt?

Bernstein ist leichter als Stein, fühlt sich eher warm an und kann in der Farbe und Oberfläche variieren – von bernsteingold über beinahe weiß oder fast schwarz und von matt über rau bis glänzend. Klopf mit deinem Fund vorsichtig an einen deiner Zähne – fühlt es sich eher weich an, stehen die Chancen sehr gut. Außerdem schwimmt Bernstein in Salzwasser, das lässt sich also ganz einfach testen – 160 g Salz in einem Liter Leitungswasser auflösen und das Fundstück hineinlegen. Schwimmt es auf dem Wasser, ist die Möglichkeit, dass es sich um einen Bernstein handelt, recht hoch. Seit einiger Zeit haben echte Suchprofis sogenannte

Bernsteinlampen dabei, die immer beliebter werden – das sind UV-Lampen, mit denen man in der Dämmerung und Dunkelheit Bernsteine, die im Gegensatz zu anderen Materialien unter UV-Licht sehr hell aufleuchten, besonders gut finden kann. Um ganz sicher zu sein, solltest du in eine der vielen Bernsteinschleifereien gehen und freundlich fragen, ob dort dein Fundstück mal genauer unter die Lupe genommen werden könnte.

Vorsicht!

Aber Achtung! Phosphor ist für Laien dem Bernstein zum Verwechseln ähnlich. Nicht den Fund in die Tasche stecken oder mit in die Unterkunft nehmen – es besteht die Gefahr, dass sich Phosphor durch das Trocknen selbst entzündet. Am besten erst mal im Freien auf einer feuerfesten Unterlage gründlich trocknen lassen.

Die Tour im Überblick

Leichter Strandspaziergang ab/bis Vejers Strand, Strecke und Dauer nach Lust und Laune

Mit dem Auto, Parkplätze am Vejers Havvej oder direkt am Strand

Beste Zeit für die Suche ist der Winter, weil kaltes Wasser schwerer ist und einen besseren Auftrieb bewirkt

Ans Wetter angepasste Kleidung, ggf. Sonnenschutz. Denk auch an ein Behältnis am besten aus Metall – damit du deinen Fund nicht in die Tasche stecken musst.

55.627752, 8.117220

DOWNLOAD GPX-Track

Vor allem im Winter werden in Vejers wahre Schätze an den Strand gespült. Besonders nach starken Stürmen stehen die Chancen gut, tatsächlich Bernstein zu finden (re. und li.)

Bummel durch das schönste Dorf Dänemarks ★

Einst war hier auf Fanø die zweitgrößte Handelsflotte des Landes beheimatet. Auch der Schiffsbau boomte: Über 1000 Segler verließen damals die Werften auf der Insel. Eine regelrechte Promi-Insel wurde Fanø zu Zeiten von König Christian IX., der Fanø zu seiner Lieblingsinsel erklärte und somit viel blaues Blut hierher lockte. Heute zeigt sich Fanø weitab von Schaulaufen, Massentourismus und Blechlawinen.

Lord Palmerstone und Softeis

Sønderho im Süden der Insel gilt als das schönste Dorf des Landes, und dort angekommen, glaubt man sofort, dass das wahr sein könnte. Die Zeit scheint hier ein wenig stehen geblieben zu sein, trotzdem ist nichts herausgeputzt oder wird wie im Museumsdorf zur Schau gestellt. Ein gemütlicher Bummel durch Sønderho ist Pflicht, wenn man auf Fanø ist. Am besten stellt man das Auto auf dem Parkplatz an der Kirche ab und schlendert auf dem Landevejen vorbei an Reetdachhäusern und weißen Zäunen Richtung Dorfmitte. Um die Galionsfigur über dem Torbogen zur Nummer 27 ranken sich zahlreiche Geschichten und Gerüchte fast mythologischen Ausmaßes. Angeblich soll es sich um die Galionsfigur der kanadischen Bark „Lord Palmerstone" handeln, die im Jahr 1842 in Quebec erbaut und 1847 auf der Reise von Alexandria nach England vor Kreta verloren ging.

Weiter geht es auf dem Landevejen bis zur Kreuzung mit der Straße Nord Land nach links. Auf dem Weg stößt man auf bemerkenswerte Graffiti und das Fanø Kunstmuseum. Dann folgt Sønder Land, der Weg Richtung Kulinarik, nach rechts. Cafés, Softeis, Fischrestaurants, diese Straße muss niemand hungrig verlassen. Wer sich am Kropladsen gleich links hält, kommt zum alteingesessenen, kulinarisch in der ersten Liga spielenden Sønderho Kro.

Den Galionsgården in Sønderho ziert eine alte Galionsfigur. Angeblich soll sie von der Bark „Lord Palmerstone" stammen (li). Abendliche Stimmung am Stand von Sønderho (re.)

Sturmflutsäule und Rettungsstation

Weiter am Wasser entlang nach links bis zur Sturmflutsäule und ein Stückchen weiter bis zu Hannes Hus, wo du dir ein Bild davon machen kannst, wie Seeleute und ihre Familien im 19. Jh. auf Fanø lebten. Von hier aus geht's über Øster Land zurück auf den Landevejen und zum Parkplatz. **Insider-Tipp** Wer noch Lust hat, der sollte einen Abstecher zur Æ Kåver Båke, einem 14 m hohen Nachbau der seit Anfang des 17. Jhs. aufgestellten Baken, einen Besuch abstatten – Weitblick garantiert! Und bevor man im Auto wieder den Heimweg antritt, ist ein Besuch der alten Rettungsstation am Sønderho Strandvej zu empfehlen. Auf dem Sønderho Strandvej gelangt man danach direkt zu einer der drei Strandzufahrten auf Fanø – Schuhe aus und ab ins Meer!

Die Tour im Überblick

Spaziergang durch Sønderho auf Fanø, 2,5 km, 45 Min.

Auf Fanø Buslinie 430 | Anreise mit der Fähre ab Esbjerg nach Nordby auf Fanø | € (Fähre Fußgänger/Radler) bis €€€ (Pkw) | Parken an der Kirche, Kåvervej 1, Sønderho

Möglich zu jeder Jahreszeit, am schönsten im Sommer. Wer es jedoch etwas ruhiger mag, sollte außerhalb der Hochsaison nach Fanø kommen

Ans Wetter angepasste Kleidung und im Sommer natürlich auch Badesachen

55.348976, 8.466397 (Parkplatz)

DOWNLOAD GPX-Track

Zum roten Turm an der Steilküste ★

Mit seinen nur 26 m Höhe eigentlich einer der Zwerge unter den mächtigen Leuchttürmen Jütlands, zieht der Bovbjerg Fyr dennoch sofort die Aufmerksamkeit auf sich. Nicht nur die spektakuläre Lage an der Steilküste muss man gesehen haben, vor allem seine rote Farbe macht ihn zu etwas ganz Besonderem.

Wasser auf beiden Seiten

Drahtesel satteln und schon geht es los! Vom Parkplatz am Vejlby Klit aus hältst du dich entlang einer schmalen Landzunge zwischen der offenen Nordsee und dem Brackwassersee Ferring Sø. Natur pur auf dem Dünenlandstreifen – tief einatmen bitte! Hat man den See hinter sich gelassen, führt der Weg entlang einer kleinen Ferienhaussiedlung in den Ort Ferring. Kunstliebhaber aufgepasst: Westjütische Dorfkirchen bergen so manche Überraschung! Der Weg führt vorbei an „Mand" und „Pige" vor dem Jens Søndergaard Museum, einer kleinen Ausstellung zur Geologie der Steilküste im Bovbjerg Minimuseum und letztlich auf dem Fyrvej direkt zum Bovbjerg Fyr.

Von einer Stiftung gerettet

Am Bovbjerg Fyr angekommen, ist es an der Zeit, sich die Füße ein wenig zu vertreten. Das Rot sollte den Leuchtturm vor allem von den beiden nahe gelegenen weißen Kirchtürmen von Trans und Ferring unterscheiden, die bis zur Errichtung des Leuchtturms 1877 als Seezeichen gedient hatten. 2003 verließ der letzte Leuchtturmwärter den Bovbjerg Fyr, und eine von den Bewohnern der Gegend gegründete Stiftung übernahm den Turm, schrieben sich dessen Erhalt auf die Fahne und stellten ein vielfältiges Kulturprogramm auf die Beine. Heute organisieren hier rund 160 Ehrenamtliche und drei Festangestellte Naturführungen, Lesungen, Sportveranstaltungen, Konzerte, Vorträge und Theateraufführungen. Außerdem gibt es mehrere Kunstausstellungen im Jahr, und im gemütlichen Café und vor allem im Garten des Leuchtturms kann man es sich bei kleinen Snacks gut gehen lassen. **Insider-Tipp** Unbedingt sollte man den in der Nähe gelagerten Käse Vesterhavsost probieren.

Einfach die Aussicht genießen

93 Stufen plus eine kleine Wendeltreppe führen hinauf zum Turm zu einer schier atemberaubenden Aussicht, über einige Stufen mehr geht es die Steilküste hinunter an den Strand. Direkt vor dem Leuchtturm steht der Kongesten, der an den Besuch König Frederiks VI. erinnert. Auch der berühmte Märchendichter H.C. Andersen besuchte diesen Ort. In seinem Tagebuch vermerkt er, sich auf dem Gedenkstein verewigt zu haben – danach darf man gerne suchen. Nur bitte nicht nachmachen!

Die Tour im Überblick

Leichte Radtour von Vejlby Klit zum Bovbjerg Fyr, 8 km, ca. 45 Min.

Mit Lemvigbanen (Lemvig-Thyborøn, Fahrradmitnahme möglich) zur Victoria Street Station in Vejlby | Mit dem Auto bis Parkplatz Vejlby Klit 401, Harboøre | € (Preis für den Aufstieg)

Das ganze Jahr über – nur eine Frage der Kleidung und der Fitness (Wind!)
Fahrrad und an die Witterung angepasste Kleidung
56.566907, 8.130861 (Parkeringsplads Vejlby Klit), 56.513472, 8.119687 (Bovbjerg Fyr)

DOWNLOAD GPX-Track

Der Leuchtturm Bovbjerg Fyr mit seiner markanten roten Farbe (li.). Blick auf den Ferring Sø, einen durch eine Nehrung von der Nordsee abgetrennten Brackwassersee (o.)

Wald und Dünen mit Nordseebrise ★

Die Husby Klitplantage wurde Mitte des 19. Jhs. zum Schutz gegen Flugsand angelegt – eine grandiose Landschaft! Ein Wald, wie man ihn an der Westküste nur selten zu Gesicht bekommt, und je weiter man sich Richtung Westen bewegt, desto lichter wird der Wald. Hügelige Heide, dann hohe Dünen – und im Hintergrund nun immer deutlicher die rauschende Brandung der Nordsee.

Dünen, Strandhafer und Nordsee

Am nördlichen Zipfel der Husby Klitplantage führt der Spidsbjergvej bis an die äußere Dünenreihe. Der kleine Parkplatz ist ein guter Ausgangspunkt für eine wunderschöne Wanderung. Über schmale Trampelpfade geht es die Dünen auf und ab. Eine herrliche Tour – Dünen, Strandhafer und die Nordseebrise, grandiose Ausblicke über diese besondere Landschaft inklusive. Mitunter ist das Ganze aber auch ganz schön schweißtreibend. Da kommt jedes Lüftchen vom Meer recht. Mit etwas Glück begleitet einen beim Durchqueren der Dünen – natürlich auf den Wegen – der Gesang der Feldlerche. Fast möchte man sagen: der Gesang der Westküste.

Der Bauch der Klitplantage

Folgt man den Wegen mal mehr, mal weniger nah am Wasser, aber immer parallel zur Nordsee gen Süden, trifft man auf Marens Maw, was so viel wie Marens Bauch bedeutet. Ihren Namen hat die Düne von einem Waldarbeiter erhalten, der sich bei ihrem Anblick an den Bauch seiner schwangeren Frau Maren erinnert fühlte – wirklich charmant! Vom Raketvejen aus kann man Marens Maw über eine kleine Holztreppe erklimmen, dann bietet sich ein einzigartiger Blick über Dünen, Heide, Wald, die tosende Nordsee und den Nissum Fjord im Süden. Was für eine atemberaubende Landschaft – also tief durchatmen nicht vergessen!

Picknick, Badesee und Strand

Weiter geht's zuerst am Wald entlang, dann aber voll in der grünen Kühle der Anpflanzung Richtung Bundgaardvej. Auf ihm hältst du dich ca. 1 km nach Süden und dann rechts ab zum idyllischen, fast ein wenig verwunschen wirkenden Skavemose Badesø. Insider-Tipp Kleine Picknicktische am See laden zu einer Verschnaufpause ein. Glücklich, wer jetzt einen Picknickkorb dabeihat! Nur ein kurzes Stück entfernt gibt es am Ende des Græmvejs wieder eine Möglichkeit, an den Strand zu kommen. Von hier aus kann man entspannt den Rückweg antreten – immer am Strand entlang mit Sand unter den Füßen, der glitzernden Nordsee zur Linken und vielleicht sogar mit einer Muschel als Andenken. Am Anfang des Græmvej liegt die Kirche von Husby. Im 19. Jh. fürchtete man, sie würde versanden. Die Bewohner von Husby wollten ihre Kirche retten und forderten, das Sandtreiben einzudämmen.

Die Tour im Überblick

Leichte Wanderung von Spidsbjerg über den Skavemose Badesø und den Græm Strand zurück, ca. 5 km, 1½ Std.

Mit dem Auto von der 181 Richtung Thorsminde kurz vor Bjerghuse links auf den Spidsbjergvej, Parken ganz am Ende

Das ganze Jahr. Tosende Nordsee im Herbst, lila Heideflächen, Abkühlung im Badesee und Meer im Sommer

Gute Wanderschuhe, genügend zu trinken, evtl. Badesachen

56.315600, 8.123399 (Spidsbjerg Parkplatz)

DOWNLOAD GPX-Track

Der Wald der Husby Klitplantage wurde Mitte des 19. Jhs. angelegt. Rothirsche, Hasen, Füchse und Rehe haben heute hier ihr Zuhause (li.). Die Dünen im Abendlicht (o.)

Eine Insel mit Herz – Radtour über Venø ★

Wären Astrid Lindgrens Ferien nicht auf Saltkråkan, sondern in Dänemark, dann hätte sie wohl Venø gewählt. Eine kleine Postkartenidylle, in wenigen Minuten per Fähre erreichbar, mit rauer Westküste und windgeschützter Ostseite – ein Jütland im Miniformat, wie es hier heißt. Natur und Wildlife auf nur 7 km² – mitten im Limfjord.

Von Kleppen hinüber nach Venø

Auf die Insel geht es in nur zwei Minuten mit der Fähre ab Kleppen, nur ein paar Kilometer von Struer entfernt. Auf Venø angekommen, warten Strandwiesen, Heideland, Brombeerhecken und duftende Heckenrosen am Wegesrand. Und freundliche Menschen! Es gibt mehrere Naturschutzgebiete, einen Mini-Hafen, Badestrände, die kleinste Kirche Dänemarks, jede Menge Fasane auf den Wegen, die „Vorfahrt" für sich beanspruchen. Mit etwas Glück erspäht man einen der Seehunde, die sich hier oft ausgiebig sonnen. Und dann ein herzförmiger Strandsee. Beste Voraussetzungen also für eine entspannte Tour mit dem Rad.

Idylle auf 17 Kilometren

Auf einer Strecke von rund 17 km kann dieses herrliche Idyll erkundet werden. Vom Fähranleger geht es immer die Küste entlang bis Venø By. Hier dürfen Kirche und Hafen nicht ausgelassen werden. Das Mitte des 16. Jhs. errichtete Gotteshaus hat nur 55 Sitzplätze, und bis zum Jahr 2004 oblag dem Pastor auf der Insel auch die Position des Lehrers der Inselschule. **Insider-Tipp** Im Sommer die Sonnenuntergangskonzerte nicht verpassen! In Venø By gibt es außerdem einen Gasthof, einen Hafenkiosk und seit 2020 einen Kräutergarten mit kleinem Shop, und an den Wochenenden kann man hier auch frische Brötchen und Kuchen erstehen. Badestrände finden sich natürlich auch. Es lohnt sich also, für eine Runde im kühlen Limfjord seine sieben Sachen dabeizuhaben.

Verliebt in eine Insel

Weiter geht's Richtung Nordspitze der Insel und zum Nørskov Vig, dem herzförmigen Strandsee, der allerdings – weil die beiden Landzungen als Vogelschutzgebiet ausgewiesen sind – in der Zeit von April bis Mitte Juli nicht betreten werden darf. Austernfischer, Sturm- und Silbermöwen, Eidergänse und Kiebitze sind nur einige der Vögel, die du hier antreffen kannst. Vielleicht ist auch Zeit für ein kleines Picknick mit Blick auf das große, nasse Herz. Wer würde sich beim Anblick des Herzsees nicht in diese Insel verlieben? Zurück geht es teils auf der gleichen Strecke, fast immer auf Asphalt.

Die Tour im Überblick

Leichte Radtour über Venø, ca. 17 km, 1½ Std.

Mit dem Zug bis Struer (dsb.dk), dann 6 km bis Kleppen | Mit dem Auto über die 11, dann Richtung Kleppen | Fähre ab Kleppen, ca. 2 Min. Überfahrtszeit (€–€€)

Wer den See Nørskov Vig genauer erkunden möchte, muss die Schutzzeiten beachten. Venø ist herrlich im Sommer
Ans Wetter angepasste Kleidung, im Sommer Badesachen nicht vergessen
556.515840, 8.617892 (Fähranleger Venø)

DOWNLOAD GPX-Track

Venø, für manche ein Jütland im Miniformat, lädt zu spannenden Naturerlebnissen ein (li.). Bisweilen teilt man sich die Wege auf der kleinen Insel mit Fasanen (o.)

Mit dem SUP auf dem Nissum Fjord paddeln ★

Ein Paradies für alle, die Ruhe und Natur suchen und die kleinen Dinge zu schätzen wissen. Der gesamte Fjord sowie einige umliegende Areale wurden als Habitat-, Vogelschutz-, Wildtierschutz- sowie Ramsar-Gebiete ausgewiesen und sind darüber hinaus als Natura2000-Gebiet ausgezeichnet. Dieses herrliche Stück Natur ist also nicht nur auf dem Wasser ein Erlebnis, auch die Schilfwälder sowie die weitläufigen Salz- und Strandwiesen bieten mit ihrer Artenvielfalt – was die Flora wie die Fauna betrifft – einen echten Hochgenuss für Kenner.

Ein echter Geheimtipp

Knappe 30 km westlich von Holstebro und nördlich von Ringkøbing ist der Nissum Fjord ein kleiner Geheimtipp, der von vielen übersehen wird. Sanft abfallendes Wasser, klitzekleine Badebuchten, lang in den Fjord hineingezogene Badestege, die geradezu zum Beine-baumeln-Lassen auffordern und eine durchschnittliche Wassertiefe von 1 m – die jedoch nicht darüber hinwegtäuschen sollte, dass die tiefsten Stellen dieses gut 7000 ha großen Gewässers durchaus 2 bis 3 m betragen. Gen Westen wird der Fjord durch die rund 13 km lange Nehrung namens Bøvling Klit von der Nordsee getrennt. Seit den 1870er-Jahren werden Salzgehalt und Wasserstand des Fjords durch die Schleuse in Thorsminde reguliert. Wasseraustausch ist das Zauberwort. **Insider-Tipp** Schau dir unbedingt auch die kleinen, teilweise sehr heimeligen Häfen rund um den Nissum Fjord an. Einige bieten einfache Grillplätze und auch Übernachtungsmöglichkeiten in offenen Sheltern. Wer hier Lust bekommt, sich mal im Wassersport auszuprobieren, hat vielfältige Möglichkeiten, und gerade Anfänger sind auf dem Nissum Fjord gut aufgehoben.

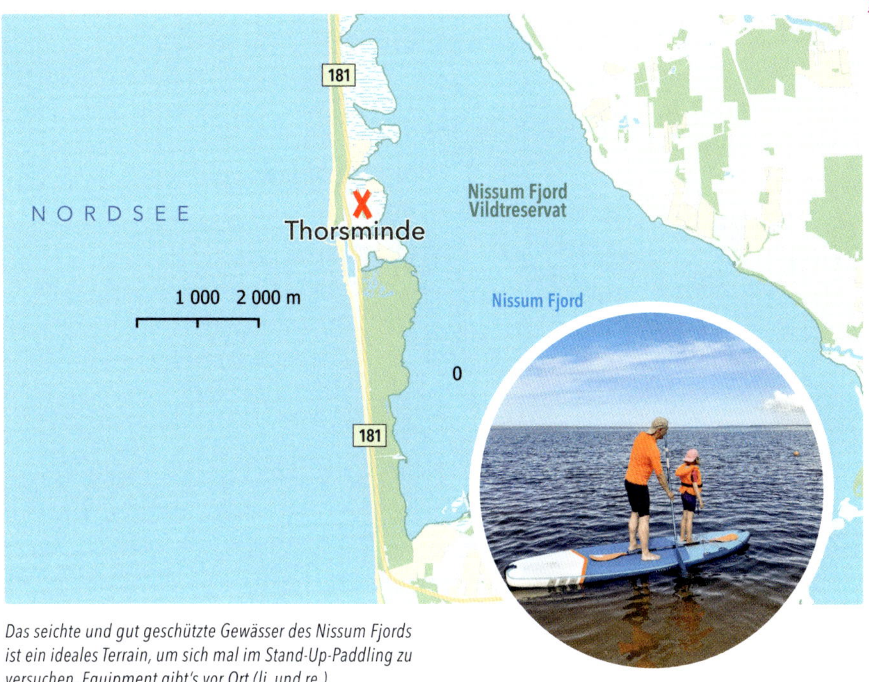

Das seichte und gut geschützte Gewässer des Nissum Fjords ist ein ideales Terrain, um sich mal im Stand-Up-Paddling zu versuchen. Equipment gibt's vor Ort (li. und re.)

Coolness-Faktor SUP

Einmal so cool mit Board unterm Arm Richtung Wasser laufen, als habe man nie etwas anderes getan – SUP ist ein guter Anfang, den eigenen Coolnessfaktor zu erhöhen. Stand-Up-Paddling ist eine ideale Kombination aus Naturerlebnis und richtigem Surf-Feeling. SUP ist tatsächlich ein Sport, der den ganzen Körper herausfordert, die Balance fördert und ähnlich viele Kalorien verbrennt wie das Mountainbiken. Spätestens am Tag nach dem ersten Mal auf dem Board weiß man, was man getan hat! Wer kein eigenes SUP-Board dabei hat und sich sein höchstpersönliches lauschiges Plätzchen am Fjord für den Einstieg sichern kann, kann sich die Ausrüstung am Thorsminde Camping leihen. Und schon geht es aufs Wasser. Die stille Idylle auf dem Fjord, glitzerndes Wasser, weiter Himmel und nur du und das Brett. Und die Coolness.

Die Tour im Überblick

SUP auf dem Nissum Fjord, Strecke je nach Belieben und Können

Thorsminde Camping, Klitrosevej 4, Ulfborg | Buslinie 270 nach Thorsminde midttrafik.dk | Mit dem Auto über die 181 nach Thorsminde, Parkplätze direkt vor Ort | thorsmindecamping.dk | €€

Es sollte auf jeden Fall warm sein
Equipment kann vor Ort geliehen werden, auch Neoprenanzug und Schuhe
56.37640, 8.122501 (Campingplatz Thorsminde)

DOWNLOAD GPX-Track

Vogelbeobachtung im Naturgebiet Skjern Enge ★

Natur pur abseits vom Nordseestrand findet man im Naturschutzgebiet Skjern Enge, einem Teil des einzigen Flussdeltas Dänemarks. Zahlreiche Wege führen durch die einzigartige Natur aus Wiesen, Feuchtgebieten, Seen und Wasserläufen, die der Vogelwelt optimale Rast- und Rückzugsmöglichkeiten bietet. Mit etwas Glück kann man Seeadlern, Löfflern und Graugänsen auf die Federn schauen.

Wiesen, Feuchtgebiete und Seen

Man muss kein ausgewiesener Vogelliebhaber sein, um sich für dieses Gebiet zu begeistern. Ab Mitte des 20. Jhs. für die Landwirtschaft optimiert, wurde es zu Beginn des neuen Jahrtausends renaturiert und wieder in seinen Ursprungszustand versetzt. Zwei Naturcenter informieren in Skjern Enge über die Vogelwelt bzw. das Leben am Fluss. Außerdem gibt es zwei Seilzugfähren, die über die Skjern Å führen und mit Muskelkraft betrieben werden müssen – ein bisschen Proviant auf diese Wanderung mitzunehmen und sich unterwegs zu stärken, schadet gewiss nicht!

Hier ist Muskelkraft gefragt

Von der Pumpstation Nord geht's Richtung Süden zur ersten Seilzugfähre – hier sollte man nicht in den Seilen hängen, sondern hier sind starke Arme gefragt! Früher sorgte die Station für die Entwässerung des Gebiets, heute gibt es eine Mini-Ausstellung zum Flussdelta und auf dem Flachdach der Station eine Aussichtsplattform. Hat man die Flussquerung geschafft, beäugen neugierige Rinder die Wanderer auf ihrem Weg zur nächsten Fähre über die Insel Kalvholmen. Nach erneutem Bizeps-Training am nächsten Ufer angekommen, geht es weiter gen Süden – wer möchte, stattet hier dem

Naturcenter Skjern Enge am Gl. Botoftevej 4 einen Besuch ab – ansonsten geht es vorbei am Gutshof Lønborggård und weiter auf dem Lønborggårdvej. Wenig später führt ein kleiner Pfad links zum Vogelbeobachtungsturm Lønborggård – Abstecher dringend empfohlen – nicht nur für Hobbyornithologen. Weiter führt die Route auf dem Lønborggårdvej bis zur Straße Skjernåvej, der wir auf ihrem parallel verlaufenden kurvenlosen Radweg Richtung Norden folgen. **Insider-Tipp** Wem vorher noch etwas nach Kultur ist, der überquert den Skjernåvej und begibt sich zur Kirche von Lønborg. Ein fantastischer Blick auf das Naturgebiet und Kunstgenuss in Form von westjütischen Kalkmalereien sind der Lohn. Vögel beobachten ist so richtig dein Ding? Dann solltest du den Beobachtungsturm am Skjernåvej auf keinen Fall auslassen. Nach der zweiten Brücke geht es links ab auf einem Wanderweg zurück zur Pumpstation Nord.

Die Tour im Überblick

Mittelschwere Wanderung sowie Vogelbeobachtung im Naturgebiet Skjern Enge, ca. 11 km, ca. 3 Std.

Mit dem Auto von Skjern kommend über den Stauningvej bis Langkær und auf den Langkærvej zur Pumpstation Nord, Langkærvej 11, Skjern

Zu Zeiten, in denen Zugvögel unterwegs sind. Ohne Gummistiefel ungünstig bei bzw. nach starkem Regen, da die Wege teilweise sehr nass sein können

Feste Schuhe, Fernglas

55.919517, 8.407873 (Pumpstation Nord)

DOWNLOAD GPX-Track

Vom Vogelbeobachtungsturm bietet sich ein wunderbarer Blick auf die Wiesen, Feuchtgebiete und Wasserläufe von Skjern Enge (li.). Kleiner Fährverkehr mit einer Seilzugfähre auf der Skjern Å (re.)

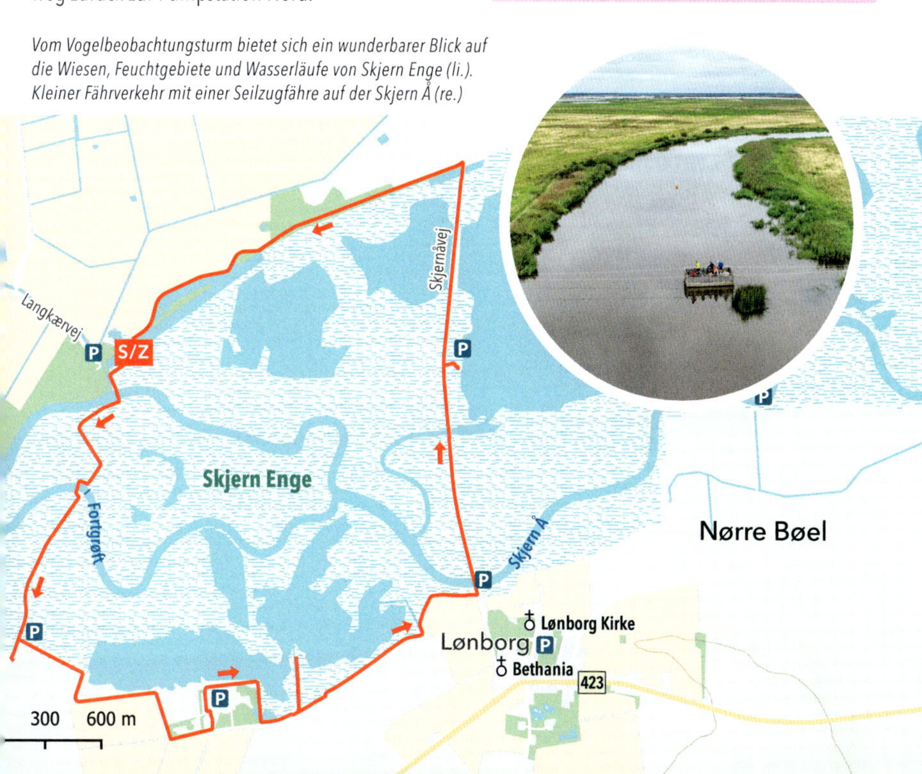

MEHR ERLEBEN

*WEITERE ABENTEUER & AUSFLÜGE

Der Damm Bagges Dæmning verläuft durch den nördlichen Teil des Ringkøbing Fjords und ist ein schönes Naturerlebnis

Strandspaziergänge am schier endlosen Nordseestrand, Kiten, Surfen oder SUP, sich so richtig auspowern oder auf dem Rad die Gegend erkunden. In Westjütland kannst du in der Meeresluft getrockneten Fisch probieren, dich von einem Leuchtturm abseilen lassen, Zugvögel, Rotwild und Biber in freier Natur beobachten oder die weitläufigen Dünenwälder erkunden.

RUND UM DEN RINGKØBING FJORD

Übers Wasser wandeln

1 Spaziergang vom Surfspot zu Bagges Dæmning, ca. 2 km, 30 Min.

Auf schmalen Pfaden übers Wasser geht es im nördlichen Bereich des Ringkøbing Fjords. Der wurde nämlich überbrückt und nun gibt's von Bagges Dæmining aus einen hervorragenden Blick auf den Fjord. Der Name erinnert an Søren Hansen Bagge, der schon früh die Idee für einen Damm über den Fjord hatte, die schließlich von seinem Sohn in den 1860er-Jahren umgesetzt wurde. Der 1,6 km lange Damm wurde jedoch nur ein Jahr nach seiner Fertigstellung bei einer Sturmflut durchbrochen und das Projekt ad acta gelegt. Schon der Weg zur Brücke lohnt sich – ganz besonders ist die Atmosphäre am Abend. Und wer mag, schaut noch ein wenig den Surfern zu, die auf dem Ringkøbing Fjord ihre Abendrunde drehen.

Buslinie 580 ab Ringkøbing Bahnhof nach Søndervig | Parken am Kloster, Surfspot am Ende des Baggersvej Ganzjährig zugänglich, im Sommer am schönsten bei Sonnenuntergang 56.104219, 8.154612 (Bagges Dæmning), 56.106448, 8.170177 (Surfspot)

Bummel durch die Altstadt

2 Spaziergang durch Ringkøbing, ca. 1,5 km, 1–2 Std.

Am Hauptplatz der malerischen und manchmal recht trubeligen Kleinstadt finden in der warmen Jahreszeit oft Livekonzerte und Markttage statt. Es gibt zahlreiche Sitzgelegenheiten, um sich den Trubel ein wenig anzuschauen. Von hier aus führt die kopfsteingepflasterte Vester Strandgade, gesäumt von vielen Häusern aus dem 18. und 19. Jh., di-

Die historische Hafenstadt Ringkøbing wartet mit alten Gassen und schönen Bürgerhäusern auf

Eine Strandreinigung mit Omhu verleiht Kunststoffabfällen ein neues Leben

rekt zum Hafen. Wirf unbedingt einen Blick in die kleinen Shops und Läden der Kunsthandwerker! **Insider-Tipp** Im Juli und August drehen Nachtwächter des Ringkøbing Kjøbstads Vægterlaug ihre abendliche Runde, Start ebenfalls am Marktplatz Torvet und gratis! Der Hafen wird heute hauptsächlich von Seglern und Fjordfischern genutzt. Hier gibt es jedoch eine richtige Berühmtheit: „Den fede dame", die fette Dame, wie sie hier genannt wird. Diese 3,5 m hohe Bronzeskulptur zeigt das Ungleichgewicht zwischen Dritter Welt und dem Wohlstand im Westen. Ihr richtiger Titel ist „The Survival of the Fattest", geschaffen wurde sie von Jens Galschiøt und Lars Calmar.

Zugverbindungen nach Ringkøbing | Mit dem Auto bis zum Parkplatz am Enghavevej, Ringkøbing *Ganzjährig schön – im Sommer wie in der Adventszeit* *56.090265, 8.244085 (Torvet), 56.088368, 8.241005 (Survival of the Fattest)*

Im Urlaub Gutes tun

3 Strandreinigung in Hvide Sande mit Omhu, 2–3 km, 1½–2 Std.

Omhu ist ein kleines Unternehmen in Hvide Sande, dessen Besitzer Daniel und Katrine sich aktiv am Schutz der dänischen Nordseeküste beteiligen. Deshalb organisieren sie geführte Touren entlang der Küste, auf denen du nicht nur viel über die Region sowie über die Fauna und Flora des Meeres lernen kannst – hier kannst du auch ganz aktiv Umweltschutz betreiben. Gemeinsam wird Müll gesammelt und der Strand vornehmlich von Plastikmüll befreit. Was für ein ungemein gutes Gefühl, die Natur – in der man so gern und so viel Zeit verbringt, genießt, entspannt und sich bisweilen auch herausfordert – von angetriebenen Kunststoffteilen, alten Fischernetzen oder Plastikmüll zu befreien. Omhu bedeutet Sorgfältigkeit und Fürsorge. Nach jeder Tour wird der eingesammelte Müll gewogen. Insgesamt sind das hier seit dem Jahr 2020 knapp 24 500 kg. Aus dem Kunststoff-Strandgut stellt Omhu nachhaltige Produkte her und gibt ihnen so einen neuen Sinn.

Metheasvej 11, Hvide Sande | Buslinie 580, Haltestelle Hvide Sande Kirke | Parkplatz an den Fischhallen am Auktionsvej | om-hu.dk *April–Nov., Touren einmal wöchentlich* *Ans Wetter angepasste Kleidung* *55.999559, 8.125181 (OMHU)*

Im Inneren der Gammel Sogn Kirke aus dem 12. Jh. sind schöne Fresken zu bestaunen

Im Bork Vikingehavn kannst du dich auf die Spuren der Wikinger begeben

Auf ein Pläuschchen mit Wikingern

4 Besuch im Bork Vikingehavn, mindestens einen halben Tag einplanen

Du wolltest schon immer mal eine Wikingerfamilie in ihrem Langhaus besuchen? Dich in einigen Handwerkskünsten der Zeit ausprobieren, Bogenschießen oder Kräfte messen? Im Bork Vikinghavn hast du dazu im Juli und August die Gelegenheit, denn dann verkaufen hier Händler ihre Waren direkt vom Schiff, auf den Feuern brodelt die nächste Mahlzeit, es wird diskutiert, gearbeitet, gelebt. **Insider-Tipp** Am zweiten Wochenende im August findet immer der Wikingermarkt statt – dann tobt hier das Leben, und auch das letzte Fleckchen Erde ist dann von zeitreisenden Wikingern besetzt. Das Wichtigste aber: Komm mit den Wikingern ins Gespräch, das ist hier ausdrücklich gewollt – und lass dir erzählen, wie das Leben früher mal war.

Vikingevej 7, Hemmet | Mit dem Auto über den Værnvej bis zum Parkplatz direkt am Bork Vikingehavn | www.borkvikingehavn.dk | €€
Juli und August, da Bork Vikingehavn dann belebt ist 55.837218, 8.266290

Die Beine vertreten am Fjord

5 Einfache Radtour von Ringkøbing nach Søndervig, ca. 10 km eine Richtung, 2–3 Std.

Mit dem Rad von Ringkøbing nach Søndervig? Wer das möchte, kann entweder den asphaltierten Fahrradweg entlang der Landstraße nutzen, oder aber du radelst entlang des Fjords auf einem Weg, der 1920 angelegt wurde, als es noch keine Straße zwischen den beiden Städten gab. Vom Søndervig Landevej biegst du ab in den Jagtvej. Ab da geht's überwiegend auf Kies vorbei an Wiesen und Feldern. Außerdem passierst du die romanische Gammel Sogn Kirke mit bemerkenswerten Kalkmalereien aus der Zeit um das Jahr 1170 und den beliebten Surfspot Kloster. Hast du diesen hinter dir gelassen, kannst du entweder über Bagges Dæmning fahren und kommst von Süden nach Søndervig oder du nimmst den Nordzipfel des Fjords noch mit und kommst auf der Höhe des neuen Ferienzentrums Lalandia an dein Ziel.

Zugverbindungen nach Ringkøbing | Parkplätze in Ringkøbing wie in Søndervig vorhanden
Ganzjährig zugänglich Ans Wetter angepasste Kleidung 56.099179, 8.208477 (Gammel Sogn Kirke), 56.106629, 8.170013 (Surfspot Kloster)

Am weißen Sidselbjerg Sandstrand nördlich von Søndervig ist Einsamkeit meist garantiert

Ein Eldorado für Wind- und Kitesurfer: der Ringkøbing Fjord bietet beste Bedingungen

Einfach die Seele baumeln lassen

6 Entspannter Strandtag am Sidselbjerg Strand, Dauer nach Lust und Laune

Wer es etwas einsamer mag und den fast immer gut besuchten Stränden rund um Søndervig entfliehen möchte, der ist hier genau richtig. Bilderbuch-Dünen und ein weitläufiger, weißer Sandstrand, den man meist für sich hat – hier kann man so richtig die Seele baumeln lassen, durchatmen, genießen. Und mal wieder richtig Kind sein! Bei einem ausgedehnten Strandspaziergang kannst du dich auf die Suche nach großen und kleinen Schätzen machen, die von der Nordsee angeschwemmt werden, um die Wette rennen und an der Meereskante sitzen und dich von den Wellen umwerfen lassen. Wer Lust hat, kraxelt die Dünen zur Husby Klit Båke hinauf – natürlich auf den Trampelpfaden. Diesen Ausblick muss man gesehen haben!

Mit dem Auto auf einem Schotterweg bis zum Parkplatz, Husby Klitvej, Ulfborg | Zu jeder Jahreszeit herrlich | Im Sommer Badesachen und Sonnenschutz nicht vergessen | 56.176696, 8.121347 (Strand), 56.176098, 8.123666 (Parkplatz), 56.177145, 8.124761 (Båke)

Hier wird Wassersport gelebt

7 Surfen auf dem Ringkøbing Fjord, auch für Anfänger geeignet

Der Ringkøbing Fjord gehört zu den beliebtesten Gebieten für Wassersport in Nordeuropa und ist ein idealer Spot zum Kite- und Windsurfen. Jedes Jahr treffen sich hier zahlreiche Surffans, und besonders bekannt ist der Fjord für seine hervorragenden Bedingungen für Anfänger dieser Disziplin. Sandboden, Flachwasser und ein großes Stehrevier machen den Fjord – und vor allem den Surfspot Westwind Nord – zu einem Paradies für Kite- und Windsurfer aller Niveaus. Die ansässige Surfschule hat sich darauf eingestellt und organisiert Kurse und Surfcamps für alle Altersklassen. Von kompletten Wassersport-Neulingen bis zu echten Könnern sind alle willkommen. Es gibt Sanitäranlagen, Rigboxen sowie große Sand- und Wiesenbereiche zum Aufriggen vor Ort – teilweise gegen Bezahlung nutzbar.

Westwind Nord, Gytevej 15, Hvide Sande | Buslinie 580, Haltestelle Hvide Sande Butikscenter | Mit dem Auto über Parallelvej, Parkplatz direkt vor Ort | westwind.dk | €€€ (Schnupperkurs) | Geöffnet 10–17 Uhr | Equipment kann vor Ort ausgeliehen werden | 56.020489, 8.128929

Wasserski im Kabelpark Hvide Sande: In der drahtseilbetriebenen Anlage kann die Geschwindigkeit angepasst werden

Action auf dem Wasser

8 Wingfoilen auf dem Ringkøbing Fjord, Kurs ab 2½ Std.

Dänemark auf dem Wasser erleben! Das Flachwasserrevier an der Nordspitze des Ringkøbing Fjords bietet beste Voraussetzungen, um das Wingfoilen zu erlernen oder bereits Gelerntes aufzupolieren. Anders als an den meisten guten Wassersportspots ist es hier neben dem mehr als 6 km langen und nur hüfthohen Wasser vor allem die Ruhe, die die ersten Erfahrungen mit dem Wingsurfen zum echten Erlebnis werden lassen – Salz auf der Haut, Geschwindigkeits- und Höhenrausch – sich lebendig fühlen! Auf der Surffarm kannst du Kurse besuchen, wie auch – mit entsprechender Erfahrung bzw. abgeschlossenem Kurs – Equipment ausleihen.

Surffarm, Landevej 3, Ringkøbing | Buslinie 580 | Parkplatz direkt vor Ort | surffarm.dk | €€€ (Anfängerkurs) Täglich April–Okt. bei mindestens 10 Grad Außentemperatur Ausrüstung kann vor Ort geliehen werden 56.104146, 8.212383

Auspowern auf dem Fjord

9 Wakeboard und Wasserski im Kabelpark Hvide Sande, auch für Anfänger

Wer schon immer mal Wasserski oder Wakeboarden ausprobieren wollte, kann dies im Kabelpark am Ringkøbing Fjord tun. Das flache Wasser des Fjords macht es Anfängern etwas leichter, aber auch Profis sind hier richtig. Auf der drahtseilbetriebenen Bahn können sich alle Wassersportliebhaber richtig auspowern. **Insider-Tipp** Anfängern wird empfohlen, den Kabelpark vormittags zu besuchen, da im Lauf des Tages die Geschwindigkeit gesteigert wird. Einführungskurse auch in Deutsch, für Kinder gilt ein Mindestalter von acht Jahren.

Gytjevej 15b, Hvide Sande | Buslinie 580, Haltestelle Hvide Sande Butikscenter | Mit dem Auto über Parallelvej bis Kabelpark, Gytjevej 15b, Hvide Sande, Parkplatz vor Ort | westwind.dk | €€€ (Einführungskurs), auch Zeitkarten April–Sept. (je nach Witterung) Equipment kann vor Ort ausgeliehen werden 56.018753, 8.130809

Rund 2000 Menschen stürzen sich zum Festival der Winterbader in Søndervig in die eisigen Fluten

Hier wird der Fisch gefeiert

10 Heringsfestival in Hvide Sande

Wie viele Heringe kann man in einer Stunde angeln? Welches ist das leckerste Heringsrezept des Jahres, und wer wird dieses Jahr als „Mister Hering" gekürt? Die Antworten auf diese Fragen finden Foodies und Angler auf dem immer am letzten Wochenende im April stattfindenden Heringsfestival in Hvide Sande – oder auch den inoffiziellen Weltmeisterschaften im Heringsangeln, wie es hier gerne heißt. Wenn die Heringe zum Laichen aus der Nordsee in den Ringkøbing Fjord kommen, herrscht hier direkt am Hafen an der Schleuse Hochbetrieb – ein wahres Eldorado für Angler! Es gibt mehrere Wettbewerbe für Erwachsene, Jugendliche und Kinder, der Stundenrekord liegt bei 313 Heringen. Aber auch Schaulustige ohne Angelambitionen werden hier gut unterhalten – nicht zuletzt wegen der vielen Heringsongs, die hier gespielt werden.

Buslinie 580, Haltestelle Hvide Sande Skole Parallelvej | Mit dem Auto bis zum Parkplatz am Fiskeriets Hus | sildefestival.dk Letztes Aprilwochenende, für die Teilnahme am Wettbewerb ist eine Anmeldung erforderlich 56.005230, 8.129849 (Parkplatz)

Nordsee-erfrischt ins neue Jahr

11 Winterbadefestival in Søndervig

Du hast Lust, den letzten Tag des Jahres am Strand zu verabschieden? Mit Sekt und traditionellem Kransekage? Diese Leckereien gibt es natürlich aber nur für die wagemutigen Winterbader, die hier in Søndervig am Silvestermorgen den Sprung ins kalte Nass wagen. Rund 2000 Menschen sind es, die sich diesen Kick fürs neue Jahr nicht entgehen lassen wollen – und noch mal doppelt so viele Zuschauer, denen schon beim Anblick der pudelbemützten Nordseebadenden kalte Schauer über den Rücken laufen. Es ist ein Erlebnis – und jeder, der es einmal ausprobiert hat, wird der Vermutung zustimmen, dass Baden im kalten Meer nicht nur gesund, sondern vor allem glücklich macht. Mit einem Godt nytår! ist nach einer halben Stunde alles vorbei.

Badevej, Søndervig, Ringkøbing | Buslinie 580 ab Ringkøbing | Parkplatz am Badevej in Søndervig | vinterbadefestival.dk | Teilnahme gratis, aber es ist eine Online-Anmeldung erforderlich Silvestermorgen Denkt ggf. an Mütze und Badeschuhe und vor allem an warme Klamotten für hinterher 56.119390, 8.108977 (Søndervig Strand)

Viel Spaß für die ganze Familie verspricht die Fußballgolfanlage bei Ringkøbing

Das Runde muss ins Eckige?

12 Fußballgolf im Adventure Park bei Ringkøbing

Möchtet ihr euch mit euren Freunden messen? Im Adventure Park können sich sowohl Fußballprofis als auch -neulinge den Ball schnappen und ihn mit möglichst wenigen Versuchen ins Ziel bugsieren. Ganz wie beim richtigen Golf – klingt einfach, ist aber eine Herausforderung. Die Bahnen im Adventure Park sind so beschaffen, dass es für jeden Spieler möglich ist, zum Ziel zu kommen – jedenfalls irgendwann. Der große Spaß, bei dem es vor allem um Präzision und vielleicht auch ein wenig Glück geht, kann das ganze Jahr hindurch starten – hier ist Selbstbedienung angesagt.

Park Ringkøbing, Søtangevej 1, Ringkøbing, ab €€ | Buslinie 580, Haltestelle Søndervig Landevej | Parkmöglichkeit direkt am Adventure Park | adventure-park.dk Ganzjährig möglich Ausrüstung vor Ort 56.106384, 8.211148

Hinunter aus großer Höhe

13 Abseilen vom Lyngvig Fyr

Der Lyngvig Fyr zählt zu den höchsten Leuchttürmen Dänemarks. Hast du die 228 Stufen erst einmal geschafft, stehst du 53 m über dem Mee-

Adrenalin gefällig? An Seilen gesichert geht es vom Lyngvig Fyr langsam abwärts

resspiegel und genießt eine fantastische Aussicht. Aber wie wär's mit ein wenig Adrenalin inklusive und zitternden Beinen beim Runterkommen? Team Nord sorgt dafür, dass du mit der richtigen Kletterausrüstung gut gesichert über die Brüstung steigen und dich rückwärts hinauslehnen kannst – abseilen kann jeder, sagen sie. Das Herz rast und schon geht es dank genauer Anweisungen langsam nach unten. Genießt man noch die grandiose Aussicht, bevor man völlig euphorisch wieder mit beiden Beinen auf der Erde landet? Probier es aus!

Holmsland Klitvej 109, Hvide Sande | Buslinie 580, Haltestelle Fyrvej/Nr. Lyngvig plus knapp 1 km Fußweg zum Leuchtturm | Parkmöglichkeiten direkt am Lyngvig Fyr | €€€ Ostern–Nov. immer mittwochs Ausrüstung wird gestellt 56.049783, 8.103720

Das große Flattern

14 Vogelbeobachtung am Vest Stadil Fjord

Hier wird es richtig voll! Der Vest Stadil Fjord ist einer der wichtigsten Brut- und Rastplätze für Zehn-

Der Vest Stadil Fjord ist das Habitat unzähliger Vögel. Ornithologen werden begeistert sein …

tausende Gänse, Stare und viele andere Vögel. Auf dem ca. 10 km langen Rad- und Wanderweg östlich des Fjords kannst du dir davon ein Bild machen. Mehrere Stege führen zu kleineren geschützten Bereichen oder zum Beobachtungsturm am Nordende von Søndre Dyb, um noch näher ans Geschehen heranzukommen. Auch auf der Westseite des Fjords gibt es zahlreiche Möglichkeiten, das große Geflatter zu beobachten. **Insider-Tipp** Hier solltest du aber, hast du denn einen Parkplatz ergattert, möglichst im Auto sitzen bleiben, um die Vögel nicht aufzuscheuchen. Im gesamten Gebiet verteilte Infotafeln zeigen, welche Vögel hier entdeckt werden können. Manche geben sogar auf Knopfdruck die verschiedenen Vogelstimmen wieder.

Mit dem Auto bis zum Parkplatz an der Jagdhütte am Skelmosevej, Tim *Am schönsten im Frühling und Herbst* *Ans Wetter angepasste Kleidung, Fernglas* *56.201224, 8.153971*

Gefiederte Freunde

15 Vogelbeobachtung auf Tipperne

Du bekommst von unseren gefiederten Freunden nicht genug? Dann auf in eins der größten Vogelreservate Nordeuropas! Die gut 3000 ha große Halbinsel am Südufer des Ringkøbing Fjords wird gebildet aus Tipperne und Værnengene und ist für Naturfreunde und Hobby-Ornithologen ein kleines Paradies. Auf Tipperne, dem Nordteil der Halbinsel, sind binnen eines Jahres schon bis zu 180 Vogelarten erspäht worden. Das nördliche Gebiet mit dem großen Beobachtungsturm ist nur eingeschränkt zugänglich. Zur richtigen Zeit hier zu sein, wird mit einem großartigen Blick auf die flachen Marschwiesen, kleinen Seen, Inseln und Sandbänken belohnt. Im südlichen Abschnitt der Halbinsel kannst du die kleine Ausstellung „Naturladen" samt Vogelbeobachtungsturm jederzeit besuchen. Und nun Fernglas raus und Säbelschnäbler, Weißwangengänse, Kiebitze, Uferschnepfen und jede Menge Enten bestaunen!

*Tipperhuset am Ende des Tippervej | *Mit dem Auto oder Fahrrad bis Nordladen, Tippervej 4, Nørre Nebel* *Ganzjährig zugänglich, März–Juli nur mit dem Auto, Aussteigen unterwegs nicht erlaubt, Aug.–Okt. auch mit dem Fahrrad möglich, Nov.–Feb. geschl.* *Fernglas, warme Kleidung, evtl. warme Getränke nicht vergessen* *55.862164, 8.222366 (Nordladen), 55.896161, 8.214167 (Tipperhuset)*

Bei einem Spaziergang entlang der Seenkette Nyminde-strømmen durchstreifst du ausgedehnte Schilfgebiete

WESTJÜTLANDS SÜDEN

Fernglas einpacken und los

16 Leichte Wanderung zum Vogelbeobachtungsturm Langodde, eine Strecke ca. 3 km, 45 Min.

Südlich von Henne Strand liegt der Filsø, einst Dänemarks zweitgrößter See, dann trockengelegt, kultiviert und seit 2012 renaturiert. Mit seinen vielen verschiedenen Pflanzen und der großen Anzahl an Tieren – über 200 Vogelarten wurden hier gesichtet – ist der Filsø einer der artenreichsten Seen Dänemarks. Also Fernglas einpacken und los geht's! Neben unterschiedlichen Wanderwegen und etlichen Aussichtspunkten zieht eine rund 350 m lange, ellipsenförmige Holzbrücke einige Besucher an. Nahe der Filsø Ellipse geht es über einen ca. 2 km langen Damm quer durch den See zum Beobachtungsturm Langodde Fugltårn.

Mit dem Auto bis zum Parkplatz Filsø Ellipsen, Kærgårdvej 20, Henne *Zu jeder Jahreszeit einen Besuch wert, immer zugänglich* *Ans Wetter angepasste Kleidung, gute Schuhe, Fernglas* *55.702603, 8.208380 (Parkplatz)*

Wandern am Nymindestrøm

17 Leichte Rundwanderung durch ein Dünengebiet, ca. 7,5 km, 2 Std.

Südlich des Ringkøbing Fjords erstreckt sich eine Kette von Seen namens Nymindestrømmen. Ein Spaziergang entlang der Seen und ausgedehnter Schilfgebiete, über Heideflächen und natürlich die stolzen Dünen bringt einen back to earth, hier ist Durchatmen angesagt! Vom Parkplatz aus geht es meist auf Schotterwegen entlang des Nymindestrøms bis zur Brücke hinüber zum Folle Huset. **Insider-Tipp** Von hier aus empfiehlt sich für einen grandiosen Rundumblick ein Abstecher auf den Hattebjerg. Weiter geht's Richtung Redningsvejen in Nymindegab und wieder auf die andere Seite der Seen. Wer möchte, macht hier noch einen Abstecher zu den ikonischen Esehusene, Lagerhäusern im Nymindegab Havn. Nun führt die Wanderung zurück zum Parkplatz, unterwegs passiert man einige stumme Zeugen des Zweiten Weltkriegs.

Nymindegabstrømmen, Nymindegab, Hvide Sande | Buslinie 448, Haltestelle Nymindegab | Mit dem Auto bis Parkplatz Vesterhavsvej Nymindegab

Die Draisinenfahrt beginnt in Nørre Nebel und führt durch die Blåbjerg Plantage

Strand ⏲ Immer zugänglich ⚙ Kamera und ans Wetter angepasste Kleidung nicht vergessen ⊙ 55.816924, 8.176819

Rad mal anders

18 Entspannte Draisinentour ab Nørre Nebel, eine Strecke ca. 1½ Std.

Auf einer stillgelegten Bahnstrecke zwischen Nørre Nebel und Nymindegab kannst du dich in den Sommermonaten auf sogenannten Skinnecykler – Fahrraddraisinen – so richtig abstrampeln. Früher wurden auf solchen und ähnlichen Gefährten die Schienen kontrolliert, heute kann man, ohne auf weiteren Verkehr achten zu müssen, die Landschaft genießen. Aktive Entspannung steht auf dem Programm. Auf halber Strecke gibt es eine kleine Grillhütte, Verpflegung einpacken also nicht vergessen! Die Verleihstation befindet sich in Nørre Nebel.

ℹ Skinnecykler, Bredgade 25, Nørre Nebel | Mit dem Zug bis Nørre Nebel Bahnhof | Mit dem Auto bis Parkplatz Torvet | skinnecykler.dk | €€ ⏲ Am besten im Sommer ⚙ Ans Wetter angepasste Kleidung, Getränke ⊙ 55.779610, 8.287935

Bei Fanøs Big 5 handelt es sich um fünf Dünenkuppen, die nacheinander erklommen werden

Bergsteigen in Nordseeluft – Fanøs Big 5

19 Kombinierte einfache Fahrrad-Wander-Tour, ca. 27 km plus „Bergaufstiege", ganztägig

Diese Berge sind eigentlich Dünen – aber immerhin schon ziemlich alte. Gestartet wird am Kikkebjerg westlich der Stadt Nordby. Die fantastische Aussicht dieses knapp 18 m hohen „Berges" nutzte man schon zu Zeiten der Segelschiffe, als von hier aus Lotsen ein Auge auf den Schiffsverkehr hatten. Weiter geht's zum zum Klingebjerg am nördlichen Rand der Fanø Klitplantage mit großartigem Blick über das Marschgebiet – der Rastplatz von Millionen Zugvögeln. Inmitten der Klitplantage nahe der Albue Fuglekoje findet sich Nummer drei der Big 5: der Annedalsbjerg. In diesem Gebiet vermutet man die erste Kirche der Insel, von der es aber bisher noch keine Funde gibt. Der Pælebjerg, den es nun zu erklimmen gilt, ist mit 21 m die höchste Erhebung auf Fanø – belohnt wirst du mit einem fantastischen Blick über Strand und Meer. **Insider-Tipp** Aber auch der nahe gelegene kleine Waldsee ist einen Abstecher wert – besonders im Spätsommer, wenn die Seerosen blühen. Den Abschluss der kleinen Dünen-Bergsteigerrunde

Mehrere MTB-Strecken unterschiedlicher Schwierigkeitsgrade ziehen sich durch den Fichtenwald der Blåbjerg Plantage

bildet der Mosedalsbjerg im Süden der Insel nahe des Sønderho Strandvejs mit grandiosem Panorama über den Großteil der südlichen Insel.

Startpunkt Kikkebjerg, Nørrebjergvej, Fanø | Mit dem Rad und zu Fuß | Fähre ab Esbjerg nach Fanø | € Am besten bei wenig Wind und klarer Sicht Gute Schuhe und ggf. Badesachen sowie Fernglas 55.451261, 8.394139

El Dorado für Mountainbiker

20 MTB Blåbjerg Plantage, unterschiedliche Streckenführungen von 4–13 km

Der blaue Berg, Blåbjerg, der der 4600 ha großen Plantage seinen Namen gibt, ist mit 64 m die höchste Düne Dänemarks und liegt nur wenige Kilometer von der Nordsee entfernt zwischen Henne Strand und Houstrup. Neben zahlreichen Wander-, Rad- und Reitwegen gibt es hier auch drei verschiedene Mountainbike-Routen. Der größte Teil der Plantage besteht aus Fichtenwäldern, die in einem sandigen Dünengebiet liegen, sodass der Boden recht weich ist. Das hügelige Gebiet bietet einige Downhill-Passagen und viele technische Abschnitte. Es gibt diverse Routen, schwierige Aufstiege und anspruchsvolle Abfahrten zu bewältigen. Auf der grünen (4 km, leicht), weißen (13 km, leicht bis mittelschwer) und schwarzen Strecke (7 km, mittelschwer bis schwer, eine der technisch anspruchsvollsten Strecken in Westjütland) geht es gut sichtbar mit Pfeilen markiert durch das schöne Wald- und Dünengebiet. Auch eine ehemalige Wettkampfstrecke, die 2010 bei den dänischen MTB-Meisterschaften genutzt wurde, ist hier zu finden. Sie ist 7 km lang und richtet sich an erfahrene Mountainbiker.

Himmelvejen, 680 Nørre Nebel | Mit dem Auto bis Parkplatz direkt am Blåbjerg, Himmelvejen, 680 Nørre Nebel Immer zugänglich 55.746890, 8.243899 Start/Endpunkt Parkplatz

Ein Himmel voller Drachen

21 International Kite Fliers Meeting Fanø

Mitte Juni kommt Farbe an den Himmel über Fanø. Tausende bunte Drachen an langen Schnüren in

Tausende bunte Drachen tanzen beim Kite Fliers Meeting am Himmel über Fanø

allen erdenklichen Farben und Formen fliegen dann über die Insel, und tatsächlich kann es sogar hier an den schier endlos scheinenden Stränden etwas eng werden. Seit Jahren ist das Drachenfestival, das eines der größten der Welt ist, ein echter Besuchermagnet – genauso wie die traditionelle Versteigerung von Drachen und Zubehör für einen guten Zweck an einem der Abende des viertägigen Festivals. **Insider-Tipp** Kommst du nur für einen Tag, lass dein Auto ruhig auf dem Festland stehen. Mit Fahrrad oder zu Fuß und per Inselbus musst du nur den bunten Gebilden am Himmel folgen und schon bist du mittendrin.

Strand von Fanø, Versteigerung in Fanøhallen, Stadionvej 13, Fanø | Mit dem Auto, Fahrrad oder zu Fuß | Tagsüber pendelt die Fähre ab Esbjerg alle 20–30 Min., die Überfahrt dauert 12 Min. | kitefliersmeetingfanoe.de Jeweils vier Tage im Juni Fotoapparat, um die grandiosen Motive einzufangen 55.446068, 8.397450

Wer zur Brunftzeit ins Øksbøl Kronvildtreservat kommt, erlebt ein ganz besonderes Naturschauspiel

Majestätisch röhren

22 Brunftzeit in Dänemarks größtem Rotwildreservat, Dauer nach Belieben

Ein Naturschauspiel der besonderen Art kannst du alle Jahre wieder in Dänemarks größtem Rotwildreservat, dem Øksbøl Kronvildtreservat, erleben. Von September bis Oktober geben sich hier auf etwa 16 000 ha die mächtigen Rothirsche die Ehre. Ihre Brunftrituale sind wahrlich beeindruckend. Die rund 1600 Hirsche und Hirschkühe, die hier nördlich von Blåvand bis hinauf zum Ringkøbing Fjord ihr Zuhause haben, lassen sich besonders gut früh morgens oder abends beobachten. Der beste Aussichtspunkt befindet sich auf der Erhöhung der Verbindungsstraße Kærgårdvej zwischen Vejers Strand und Børsmose Richtung Kærgård Plantage. Weitere gute Plätze in der ersten Reihe gibt es vom Aussichtsturm am Grærup Havvej, im Gebiet am Redningsvej in der Blåbjerg Plantage oder in der Kallesmærsk Hede zwischen Blåvand und Vejers Strand.

Kronhjortenes Parringsplads, Kærgårdvej, Oksbøl | Parkplatz am Grærup Havvej, Oksböl Sept.–Okt., am besten früh morgens oder abends Warme Kleidung, Fernglas und ggf. Kamera nicht vergessen 55.655125, 8.175492 (Kronhjortenes Parringsplads)

Der Mindeparken for Jyllandsslaget erinnert an die Skagerrakschlacht 1916

Im Husby Hundeskov können sich die Vierbeiner mal so richtig austoben

WESTJÜTLANDS NORDEN

Mahnmal gegen den Krieg

23 Besuch des Mindeparken for Jyllandsslaget

Direkt vor der Küste Jütlands fand am 31. Mai 1916 eine der verheerendsten und größten Seeschlachten der neueren Zeit statt. Der dänische Bildhauer Paul M. Cederdorff schuf an dieser Stelle direkt in den Dünen ein Mahnmal und eine Gedenkstätte für die Opfer der Skagerrakschlacht: Mindeparken for Jyllandsslaget – hohe Granitsteine, die so angeordnet wurden, wie die Schiffe sanken, jeweils umgeben von einer Figurengruppe, die die große Zahl der Opfer symbolisiert. Im benachbarten SeaWar Museum wird die grausige Geschichte der Schlacht erzählt und es sind einzigartige Funde zu sehen, die vom Meeresboden gehoben wurden.

Kystcentervej 3, Thyborøn | Mit der Lemvigbanen | Anfahrt mit dem Auto bis Parkplatz am Sea War Museum | €€ (Eintritt Museum) Immer zugänglich 56.706966, 8.212727

Den Hund lüften

24 Einfache Tour durch den Husby Hundeskov, ca. 30 Min

Manchmal tut es einfach gut, nicht nur sich selbst den Wind um die Nase wehen zu lassen, sondern auch seinen Hund zu lüften. So heißt es nämlich, wörtlich, im Dänischen: *„lufte hunden"*. Und das kann man in Dänemark ganz besonders gut in Hundewäldern, die über das ganze Land verteilt sind. Eine Übersicht findest du hier: *hundeskovene.dk.* Die meist sehr gut gepflegten, mit kleinen Picknickareas ausgestatteten Waldgebiete sind in den meisten Fällen eingezäunt und variieren in ihrer Größe. Hundewälder bieten die Gelegenheit, seinen Vierbeiner ohne Leine laufen zu lassen, was in Dänemark ansonsten nur von Oktober bis März am Strand erlaubt ist. **Insider-Tipp** Wohlgemerkt – in Wäldern besteht mit Ausnahme der Hundeskove ganzjährig Leinenpflicht! Ein kleiner, aber feiner dieser Hundewälder befindet sich unweit der Husby Klitplantage.

Klitvej, Ulfborg | Mit dem Auto bis zum Parkplatz direkt am Hundewald Ganzjährig geöffnet An Wetter angepasste Kleidung, Thermoskanne Tee oder Kaffee zur kalten Jahreszeit 56.285332, 8.182132

Das Wohnhaus von Kaj Munk birgt eine Ausstellung zum Leben und Wirken des Dichters

Die Flyholm Redningsstation organisierte mehr als 100 Jahre lang Hilfe für Seeleute in Gefahr

Auf historischen Wegen

25 Spaziergang durch den Garten von Kaj Munk, 1 Std.

Direkt am Nørresø liegt der schöne, fast etwas verwunschene Garten von Kaj Munks Præstegaard. Hier lebte und arbeitete der einflussreiche Pastor, Dichter und Dramatiker, der in den 1940er-Jahren zur Ikone der dänischen Widerstandsbewegung wurde. Alles über Leben, Wirken und Tod von Kaj Munk erfährst du in der gut gemachten Ausstellung im alten Wohnhaus der Familie. Durch den Garten führt u. a. die sogenannte Dichterroute, auf der man an ausgewählten Orten des Gartens per Smartphone den Gedichten Munks lauschen kann.

Kaj Munks Præstegaard, Vesterhavsvej 7, Ulfborg | Mit dem Auto bis zum Parkplatz direkt vor Ort | € (Eintritt Museum, Garten frei) *Der Park hat zu jeder Jahreszeit seinen besonderen Reiz* *Ans Wetter angepasste Kleidung* *56.248797, 8.184182*

Der Nordsee trotzen

26 Sturmspaziergang zur Flyholm Redningsstation, knapp 2 km, 1 Std.

Noch eine kleine Runde an der aufgepeitschten Nordsee gefällig? Vom Parkplatz nahe der Langerhuse Fiskermole aus kannst du dich auf den Dünen entlang oder etwas windgeschützter auf dem Flyholmvej in südlicher Richtung bis zur Flyholm Rettungsstation durchschlagen. Die 1847 errichtete Station war nicht nur die erste des Landes, sie beherbergte auch das erste in Dänemark gebaute Rettungsboot, die „Carl til Løven". **Insider-Tipp** In der kleinen Ausstellung, die heute hier untergebracht ist, erfährst du von der Strandung der russischen Fregatte „Alexander Nevskij" im September 1868. Hinein gelangst du, indem du die auf dem Hinweisschild an der Tür angegebene Telefonnummer anrufst und mit dem Zugangscode, der per Bandansage – auch auf Deutsch – durchgegeben wird, die Tür öffnest. Zurück zum Ausgangspunkt geht es entlang am Strand – toll, wenn es richtig stürmt und du dich ein bisschen durch den Wind kämpfen musst … Aber auch bei jedem anderen Wetter macht diese kleine Tour Spaß.

Mit dem Auto bis zum Parkplatz am Ende des Flyholmvej, Langerhuse, Harboøre *Zu jeder Jahreszeit, Spaziergänge im Herbst oder Frühjahr bei stürmischer See haben einen ganz besonderen Reiz* *Kleidung angepasst an die Witterung* *56.631517, 8.156517 (Parkplatz), 56.623227, 8.154528 (Flyholm Redningsstation)*

Die Klosterhede Plantage ist die Heimat von rund 200 Bibern, die deutlich ihre Spuren hinterlassen

Die Planetentour von der Sonne bis zum Pluto führt stets am Limfjord entlang

Auf Bibers Spuren in der Klosterhede Plantage

27 Einfache Wanderung durch ein Natur-Wunderland, 3,5 km, 2 Std.

Leg dich auf die Lauer und erspähe einen der knapp 200 Biber, die hier leben und deutlich ihre Spuren hinterlassen. Gefällte und angenagte Bäume, Berge von Ästen und Gehölz, mehrere Dämme, die kleine Bachläufe zu beachtlichen Seen gestaut haben. Aber auch Eisvogel, Fischadler und Ziegenmelker wie auch eine der größten Rotwildpopulationen des Landes, Dachs, Fuchs und Otter gehören zu den ständigen Bewohnern dieses Naturraums. Die Routen durch das wunderschöne Gebiet führen meist entlang von angelegten Wegen, es gibt jedoch auch Trampelpfade durch den Wald und über Heide und Wiesen. Eine kleine, aber sehr spannende Tour durch die Plantage beginnt am Parkplatz an der Risbæk Gamle Skole. Die gut ausgeschilderte Route führt dich durch Wald, über Heideflächen und zu wunderschönen Waldseen – hier wirst du mit Sicherheit die ein oder andere Pause einlegen.

Mit dem Auto bis zum Parkplatz Risbæk Gamle Skole, Vilhemsborgvej 180, Lemvig | Ganzjährig, am schönsten im Herbst oder Frühling | Festes Schuhwerk, da der Weg über Trampelpfade laufen kann, Fernglas | 56.469212, 8.315818 (Parkplatz)

Planetentour zu Fuß

28 Spaziergang entlang des Limfjords, Etappen (einzelne Strecken) von 1,5 bis 12 km möglich, ab ca. 1 Std.

Mein Vater erklärt mir jeden Sonntag unsere neun Planeten – kennst du den Spruch noch? Im Städtchen Lemvig kannst du einmal von der Sonne bis zum Pluto und zurück gehen – und das immer am Limfjord entlang. Wanderschuhe an und auf geht's auf dem markierten Wanderweg, auf dem ein Schritt von einem Meter einer Strecke von einer Million Kilometer im Weltall entspricht. **Insider-Tipp** Bei so einer Tour empfiehlt sich ein Picknickkorb – muss auch keine Weltraumnahrung sein.

Planetstien in Lemvig, Start an der Sonne am Vesterbjerg über dem Lemvig Museum (Vestergade 44, Lemvig) | Mit der Lemvigbanen | Mit dem Auto bis zum Parkplatz am Hafen | Zu jeder Jahreszeit | 56.549669, 8.300398 (Planetstien), 56.550657, 8.307336 (Parkplatz am Hafen), 56.469187, 8.315814 (Parkplatz)

Das Freilichtmuseum Hjerl Hede widmet sich dem Alltag der Landbevölkerung in vergangenen Jahrhunderten

Zeitreise ins ländliche Dänemark

29 Besuch des Freilichtmuseums Hjerl Hede, halber Tag

Wie wäre es mit einem Besuch im Freilichtmuseum Hjerl Hede, das etwa 25 km nordöstlich von Holstebro eingebettet in schönster Landschaft liegt? Hier kannst du Gebäude aus verschiedenen Landesteilen entdecken, darunter Dänemarks ältesten Bauernhof aus dem 16. Jh., eine Schule, einen Kaufmannsladen, zwei Mühlen und einen Kro. Alle erzählen vom entbehrungsreichen Leben auf dem Land zwischen 1550 und 1900. Auch eine Rekonstruktion der Kirche von Tjørring aus dem 12. Jh. ist hier zu besichtigen. Auf dem Gelände gibt es auch etliche Tiere – Schafe, Ziegen, Pferde und Hühner. In den Sommermonaten ist das Museum belebt, Pferdekutschen sind unterwegs, in den Werkstätten und Häusern wird gearbeitet, und beim Bäcker duftet es nach frisch gebackenem Brot.

Hjerlhedevej 14, Vinderup | Parkplatz direkt am Museum | €€ Im Sommer, wenn das Museum belebt ist Ans Wetter angepasste Kleidung, Verpflegung 56.484415, 8.869035

Mit dem Rad zur Kirche

30 Leichte Radtour ab Ramme Dige, rund 13 km, 1 Std.

Ramme Dige ist eine der ältesten Verteidigungsanlagen Dänemarks. Sie führte entlang mehrerer Grabhügel und sollte vermutlich bei Bedarf den Zugang zu einem viel frequentierten Handelsweg blockieren. Hier startest du Richtung Süden, biegst dann auf den Torsmindevej ab und radelst Richtung Nordsee, bis es nach Fjaltring abgeht. Kunstliebhabern wird die Kirche von Fjaltring gefallen, Sonnenhungrige und Meerverliebte sind am Strand an der Høfde Q bestens aufgehoben. Weiter geht es auf dem Transvej zur Trans Kirke – heute unweit der Steilküste lag sie einst inmitten einer Gemeinde. **Insider-Tipp** Die Kirche ist eine der wenigen romanischen Kirchen in Dänemark, unter denen man die Reste von mindestens zwei älteren Holzkirchen gefunden hat. Zurück führt dich die Tour – mit Nordsee-Rückenwind – wieder zum Ramme Dige.

Pugholmvej, Lemvig | Parkplatz direkt vor Ort An einem relativ windstillen Tag Im Sommer Badesachen 56.496062, 8.178108

Auf dem Rücken von Islandpferden durch das Waldgebiet der Klosterheden Plantage …

Im Thyborøn Kanal tummeln sich Schwärme von Heringen – und oft auch Delfine

Auge in Auge mit dem Großen Tümmler

31 Delfinsafari auf dem Thyborøn Kanal, etwa 1½ Std.

Nimm mich mit, Kapitän … Bei einer Bootstour auf dem Thyborøn Kanal, wo Limfjord und Nordsee aufeinandertreffen, ist die Wahrscheinlichkeit groß, Delfine zu sichten. Sie folgen vor allem den Heringsschwärmen, die sich hier tummeln – der Tisch ist reich gedeckt. Mit ausgebildeten Guides machst du eine Tour vornehmlich gegen Abend oder früh am Morgen, denn dann sind die Chancen, die Großen Tümmler wirklich zu Gesicht zu bekommen, am größten. Aber! Es gibt keine Garantie auf eine Sichtung, immerhin handelt es sich um Wildtiere. Und Sicherheit – sowohl die der Tiere als auch die der Menschen an Bord – geht immer vor. Was jedoch garantiert wird, ist eine herrliche Bootstour, auf der du jede Menge Geschichten über die Tiere und die Umgebung hören wirst.

Treffpunkt Havnegade 5C, Thyborøn | Anreise auch mit der Lemvigbanen möglich | Mit dem Auto bis Parkplatz am Jyllands Akvariet, Vesterhavsgade 16, Thyborøn | €€€ Tourzeiten auf der Webseite jyllandsakvariet.dk Ans Wetter angepasste, aber auf jeden Fall wind- und wasserfeste Kleidung – denk daran, dass es auf dem Wasser kühler ist als an Land. Rettungswesten für Kinder ab 1 Jahr 56.706231, 8.220987

Das Glück der Erde …

32 Ausritte in der Klosterhede Plantage, 2 Std.

Durch Täler, über Heide, durch Laub- und Nadelwälder und entlang schönster Seen kannst du auf Islandpferden durch Dänemarks drittgrößtes Waldgebiet reiten. Die Touren, organisiert vom Mølgaard Ridecenter, sind sowohl für Anfänger wie für erfahrene Reiter als auch für Kinder geeignet und garantieren ein unvergleichliches Erlebnis inmitten einzigartiger Natur. Mit Glück erspähst du auf deinem Ausritt auch einige Bewohner des Waldes – hier lebt eine der größten dänischen Populationen von Rotwild. Die besten Chancen, eines der Tiere zu Gesicht zu bekommen, bestehen zum Sonnenauf- und -untergang.

Mølgård Ridecenter, Fabjergkirkevej 90, Lemvig | Mit dem Auto über Fabjergkirkevej, Parkplatz direkt vor Ort | €€€ Zu jeder Jahreszeit Ausrüstung kann vor Ort geliehen werden 56.503567, 8.386284

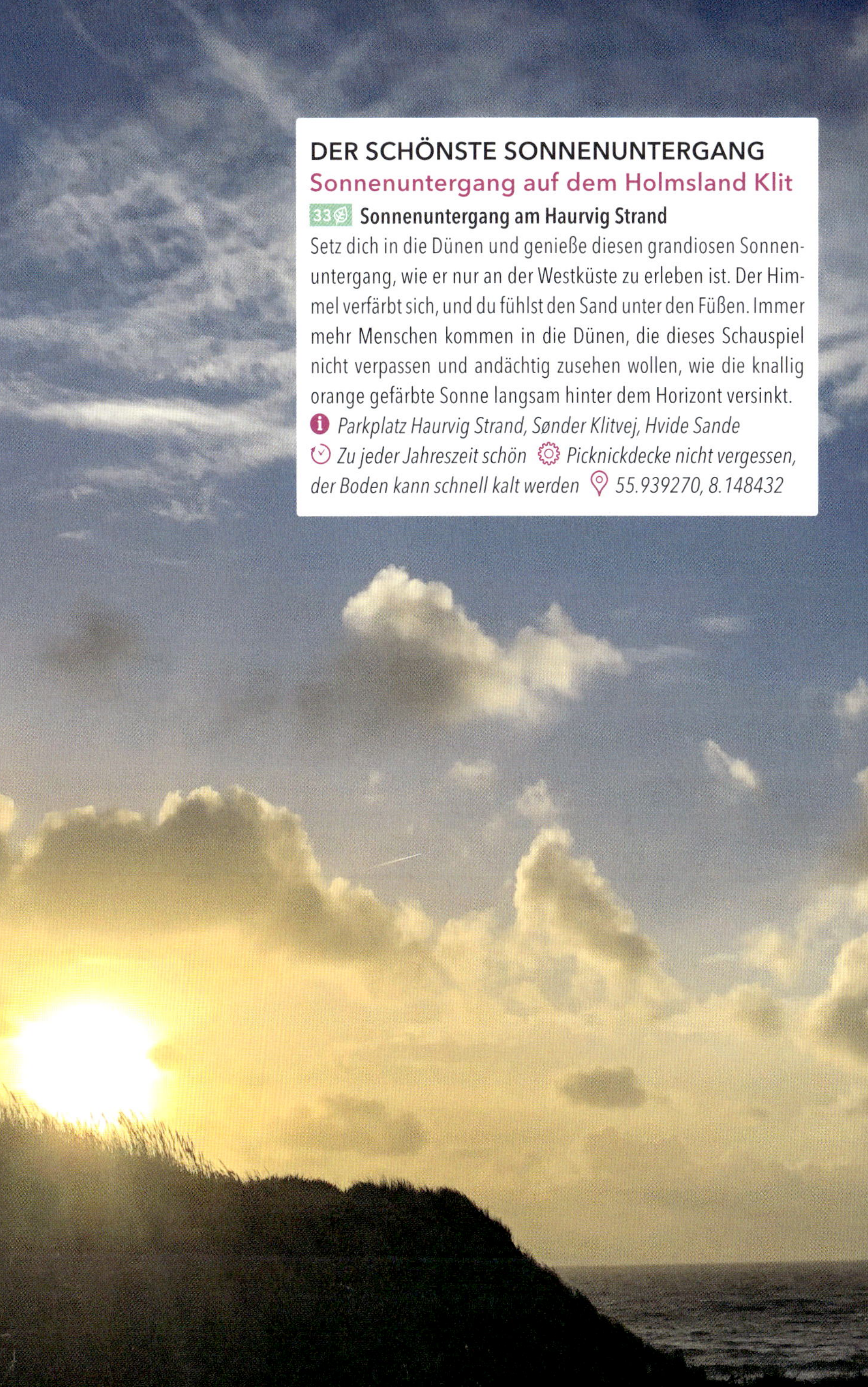

DER SCHÖNSTE SONNENUNTERGANG

Sonnenuntergang auf dem Holmsland Klit

33 Sonnenuntergang am Haurvig Strand

Setz dich in die Dünen und genieße diesen grandiosen Sonnenuntergang, wie er nur an der Westküste zu erleben ist. Der Himmel verfärbt sich, und du fühlst den Sand unter den Füßen. Immer mehr Menschen kommen in die Dünen, die dieses Schauspiel nicht verpassen und andächtig zusehen wollen, wie die knallig orange gefärbte Sonne langsam hinter dem Horizont versinkt.

Parkplatz Haurvig Strand, Sønder Klitvej, Hvide Sande

Zu jeder Jahreszeit schön *Picknickdecke nicht vergessen, der Boden kann schnell kalt werden* *55.939270, 8.148432*

LOKALE SPEZIALITÄTEN

*UND WO DU SIE PROBIEREN KANNST

Bakskuld ist eine Spezialität der Insel Fanø. Dabei wird eine Scholle erst gesalzen, dann geräuchert und als Letztes gebraten

Leckerer Fisch, Hochprozentiges von Weltklasse, Klebrig-Süßes und Käse, der in der salzhaltigen Luft der Nordsee reift. Dazu geräucherter Camembert, und dem puren Westküsten-Genuss steht nichts mehr im Wege.

Hochprozentiges made in Jütland

1 🍴 Stauning Whisky

Stauning Whisky ist die Geschichte von neun Freunden, die sich aufmachten, einen dänischen Single Malt herzustellen. Was sie learning by doing geschaffen haben, wird mittlerweile in den besten Restaurants der Welt ausgeschenkt.

ℹ *Stauningvej 38, Skjern | stauningwhisky.com | €€€*

Getrocknete Klieschen

2 🍴 Tørrede Dabs

Der Frühjahrsklassiker auf dem Holmslandklit! Die Klieschen werden gesalzen und getrocknet, und zwar am liebsten in der salzigen Nordseeluft. Ist man im Frühjahr in Hvide Sande unterwegs, wird man des Öfteren Fische auf Wäscheleinen in den Gärten entdecken können.

ℹ *Am Himmelfahrtstag kann man tørrede dabs in Hvide Sande probieren – auf dem* **Marktplatz** *werden zwischen 11 und 14 Uhr gratis Kostproben verteilt (solange der Vorrat reicht)*

Typisches Fischgericht

3 🍴 Bakskuld

Bakskuld ist ein typisches Gericht der Westküste, vor allem auf der Insel Fanø ist es sehr beliebt. Es handelt sich um einen gesalzenen, getrockneten und dann noch geräucherten Plattfisch. Dieser wird nach dieser Dreifach-Konservierung filetiert und anschließend in Butter gebraten.

Bei **Café Nannas Stue** *gibt es auf einer schönen Terrasse den besten Bakskuld | Sønder Land 1, Sønderho | Fanø cafenanasstue.dk | €€*

Süßes Blätterteigstück

4 Wienerbrød

Das „Wiener Brot" aus Blätterteig, oft mit der köstlichen *borgmestermasse*, einer Creme aus Marzipan, Margarine und Zucker, gefüllt. Darauf sind häufig noch gehackte Haselnüsse über der Glasur verteilt. Es gibt sie aber auch mit Vanillecreme und Zimt.

Viel Auswahl gibt's in der **Hvide Sande Bageri** | *Fyrvej 10, Hvide Sande | hvidesandebageri.dk | €*

Kalte Versuchung

5 Dansk Softis

Das Softis zergeht förmlich auf der Zunge und ist ein echtes Muss. So richtig dänisch ist es erst mit mindestens einem Topping – und da ist die Auswahl riesig! Vom klassischen Kakao-Drys bis Schokodrops, bunten Streuseln oder Krokant, salzigem Karamell, Lakritzpulver bis hin zu Gummibärchen und Schaumküssen, die gerne eine Luksus-Vaffel toppen.

Grandios im **Iscaféen** | *Stormgade 4, Hvide Sande*

Hier findest du alles

7 Vestkystens Gårdbutik

Großartiger Hofladen, in dem du selbst gebackenen Kuchen, Eis, Brot, Käse, Biofleisch und eine große Auswahl regionaler Produkte kaufen kannst. Unbedingt probieren musst du die köstlichen Flødeboller, die mit zu den besten des ganzen Landes gehören.

Vestkystens Gårdbutik | Houvig Klitvej 77, Ringkøbing

Käse von der Nordsee

6 Vesterhavsost & geräucherter Camembert

Dieser fantastische Käse der Thise Mejeri reift ganze 26 Wochen in der salzigen Meeresluft. Hier gibt es nur die Nordsee und den ikonischen Bovbjerg Fyr als unmittelbare Nachbarn. Auch der großartige geräucherte Camembert ist ein absolutes Muss!

Im **Lemvig Ostehuset** *gibt es alles, was das Käseherz begehrt | Vestergade 15, Lemvig | €€*

Gut zu wissen

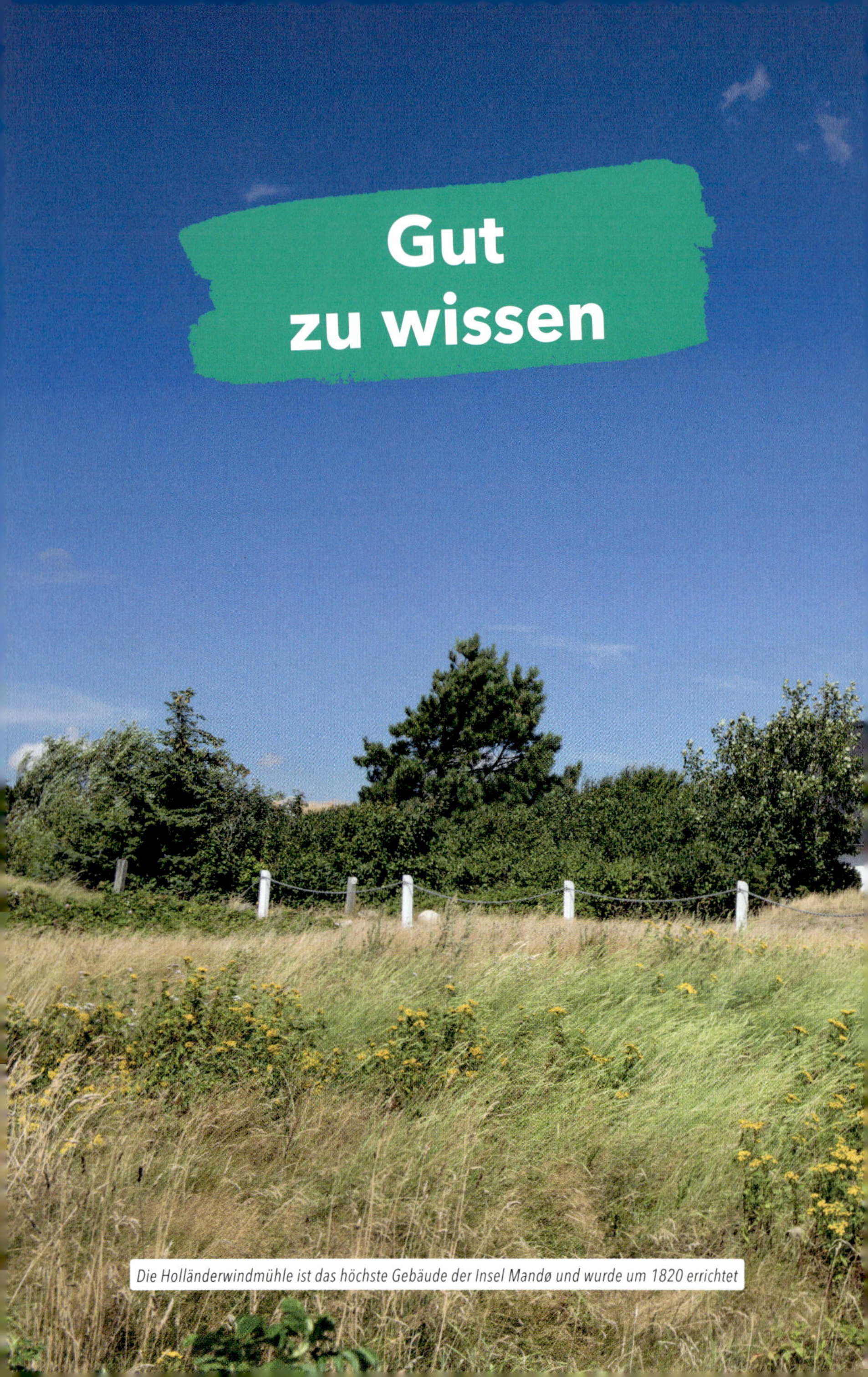

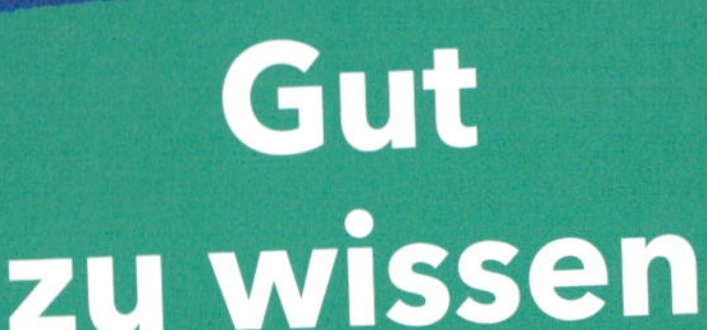

Die Holländerwindmühle ist das höchste Gebäude der Insel Mandø und wurde um 1820 errichtet

OHNE FLIEGER NACH JÜTLAND

Nach Jütland kommst du auch ohne Auto oder Flieger. Während andere im Stau stehen oder auf den Check-in warten, bist du schon auf Reisen.

DEINE ROUTE

1 **Den Bahnhof Hamburg erreichst du von vielen Städten mit Direktverbindungen. Von Hamburg aus geht's zweimal täglich mit der Bahn nach Aarhus. Auch von Flensburg aus kommst du regelmäßig mit der Bahn nach Aarhus – und nach Fredericia.**

2 **Für andere Ziele in Jütland sind meist Umstiege in Aarhus, Fredericia und Kolding nötig.**

3 **Außerdem erreichst du Jütland mit dem Fernbus. Beliebteste Ziele mit dem Fernbus sind in Jütland Aarhus und Aalborg.**

Tipp: Für Zugreise-Informationen nutze die Portale der DB (bahn.de), ÖBB (oebb.at) und SBB (sbb.ch). Anbieterübergreifend arbeiten Trainline (thetrainline.com) und Rail Europe (raileurope.com) sowie, ohne Buchungsfunktion, Railcc (rail.cc)

HINKOMMEN

*VON D, A, CH

Mit Auto und Wohnmobil

Für Reisen nach Jütland ist das Auto das dominierende Verkehrsmittel. Ein ausgezeichnet ausgebautes Autobahn- und Fernstraßennetz, dessen Nutzung kostenlos ist, und ein deutlich entspannteres Cruisen auf Dänemarks Straßen machen das Fahren im Land zu einer angenehmen Angelegenheit. Über die A 7 gelangst du westlich von Flensburg bei Ellund über die Grenze und dann geht es in Jütland auf der E 45 Richtung Norden. Die E 45 verläuft im östlichen Teil Jütlands nah an Kolding, Vejle und Aarhus vorbei bis nach Aalborg. Von dort führen die E 45 weiter nach Frederikshavn und die E 39 nach Hirtshals. An die Westküste gelangst du am besten von Kolding über die E 20 bis nach Esbjerg und dann weiter auf Landstraßen Richtung Norden. Alternative Grenzübergänge mit dem Auto sind Kruså Kupfermühle, Harrislee, Pebersmark, Sæd, Aventoft und Rudbøl ganz im Westen. Zähfließenden Verkehr und Staus gibt es absehbar an Samstagen in der Hauptsaison (Bettenwechsel) und zur Rushhour morgens und abends im Dreieck Kolding, Fredericia und Vejle, da hier die E 45 und die E 20 Richtung Fünen aufeinanderstoßen.

Mit Bus und Bahn

Mit der Bahn gelangst du zweimal täglich ohne Umsteigen von Hamburg nach Aarhus an der Ostküste Jütlands. Des Weiteren gibt es gute Verbindungen mit der Bahn von Flensburg nach Fredericia bzw. ebenfalls nach Aarhus. Für andere Ziele in Jütland musst du meist mehrere Umstiege in Kauf nehmen, insbesondere in Kolding, Fredericia oder Aarhus.

In der Hauptsaison sind alle Direktzüge platzkartenpflichtig. Möchtest du mit Bahn und Rad nach Jütland reisen, hast du die besten Chancen in den Nah- und Regionalzügen via Flensburg–Padborg oder Niebüll–Tønder. Eine Fahrradmitnahme ist in EC- wie auch IC-Zügen aufgrund beschränkter Platzkapazitäten nur bedingt möglich.

Es gibt ein gut ausgebautes Netz an Fernbuslinien nach Dänemark. Von ganz Deutschland aus sind das gut 70 Busverbindungen. Zwei der beliebtesten Strecken sind die zwischen Hamburg und Kopenhagen sowie die täglichen Fahrten von Berlin nach Kopenhagen. Aber auch Aalborg und vor allem Dänemarks zweitgrößte Stadt Aarhus sind mit dem Fernbus gut erreichbar – ab Hamburg beispielsweise mit dem Flixbus (weitere Informationen unter *flixbus.de*). Detaillierte Auskünfte über Fernbusse, lokale Busverbindungen und Fahrpläne gibt es darüber hinaus auf *rejseplanen.dk*.

Mit dem Flugzeug

Flüge nach Jütland spielen eine untergeordnete Rolle. Der Airport Billund wird nur von wenigen Airlines aus Mitteleuropa angeflogen, eine Wiederaufnahme der Direktflüge aus deutschsprachigen Ländern nach Aalborg und Aarhus steht noch aus. Sie waren während der Corona-Krise eingestellt worden.

Grün & fair reisen

Du willst beim Reisen deine CO_2-Bilanz im Hinterkopf behalten? Dann kannst du deine Emissionen kompensieren *(atmosfair.de; myclimate.org)*, deine Route umweltgerecht planen *(routerank.com)* oder auf Natur und Kultur *(gatetourismus.de)* achten. Mehr über ökologischen Tourismus erfährst du hier: *oete.de* (europaweit); *germanwatch.org* (weltweit)

VOR ORT UNTERWEGS

*ENTDECKE DIE MÖGLICHKEITEN

Die Züge der privaten Lemvigbanen verkehren im Nordwesten Jütlands und sind in der Regel recht zuverlässig

Mit dem Auto

Die dänischen Verkehrsregeln sind weitestgehend mit den deutschen identisch. Bei der Geschwindigkeit gilt innerorts Tempo 50, auf Landstraßen 80 und auf Autobahnen 130 (oftmals jedoch reduziert). Für Gespanne und Wohnmobile über 3,5 t gelten 50, 70 und 100 km/h. Tankstellen gibt es viele, vollautomatische Stationen sind üblich. Die Zahlung erfolgt fast nur noch mit Bank- oder Kreditkarte. Auch Elektromobilität ist mittlerweile weit verbreitet.

In Dänemark besteht ganztägig eine Abblendlichtpflicht. Weiße Dreiecke – Haifischzähne – auf der Fahrbahn an Kreuzungen bedeuten: Vorfahrt gewähren! Und nicht verwirren lassen an Ampelkreuzungen: In Dänemark gibt es stets eine Ampelanlage vor und eine zweite hinter dem Kreuzungsbereich. Strafen bei Alkohol am Steuer (max. 0,5 Promille) richten sich nach dem Netto-Monatseinkommen. Ausländer müssen sofort bar oder per Kreditkarte zahlen. Es empfiehlt sich, eine dänische Parkscheibe anzuschaffen, die es kostenlos in Tankstellen oder Touristbüros gibt. In Dänemark müssen sie auf die nächste Viertelstunde eingestellt werden und sind beispielsweise auch Pflicht, wenn du kostenlos, aber mit einer zeitlichen Begrenzung parkst. Am besten: immer die dänische Parkscheibe nutzen, auch auf öffentlichen Parkplätzen (weißes P auf blauem Grund). Auf privaten Parkplätzen (weißes P auf schwarzem Grund), z. B. am Supermarkt, zusätzlich die jeweiligen Regeln beachten. Bezahlt wird bargeldlos am Parkautomaten oder per Park-App.

Direkt am Strand zu parken scheint auf den ersten Blick nicht besonders umweltfreundlich, groß angelegte Parkplätze mitten in den Dünen wären aber das größere Übel. Suche dir am besten eine Unterkunft, von der du zu Fuß den Strand erreichen kannst oder parke deinen Wagen etwas abseits – ein kleiner Spaziergang schadet ja nie. Bei einer Panne sind Falck (+45 70 10 20 30) oder Dansk Autohjælp (+45 70 10 80 90) geeignete Ansprechpartner.

Mietwagen

Es ist immer günstiger, Mietwagen bereits vor der Reise über einen großen Anbieter oder das Internet zu buchen. In Dänemark sind alle internationalen Verleihfirmen vertreten.

OHNE AUTO UNTERWEGS

MIT DEM BUS

Damit kommst du in fast jedes Dorf

Der ÖPNV ist bis in den ländlichen Raum ausgebaut, und mit etwas Planung und Zeit kann man ihn bei Ausflügen preisgünstig nutzen. Darüber hinaus gibt es ein gutes Netz von Fernbuslinien. Diese Art des Reisens ist oftmals günstig und bequem. Innerhalb Dänemarks werden viele Strecken von Flixbus *(flixbus.de)* und Kombardo Express *(kombardoexpressen.dk)* bedient. Detaillierte Infos zu Verbindungen und Fahrpläne gibt es bei *rejseplanen.dk.*

MIT DEM FAHRRAD

Nicht nur für Sportliche

Landesweit gibt es über 10 000 km markierte Radwege, das Wegenetz ist geradezu vorbildlich. In vielen Städten, aber auch in ländlicheren Gebieten gibt es einen Fahrradverleih. Frag im Zweifel im Touristbüro oder bei der Ferienhausvermittlung nach, dort weiß man auf jeden Fall, wo sich der nächstgelegene befindet. Große Fahrradverleiher haben auch Tourenräder, Rennräder, Mountainbikes und E-Bikes im Sortiment.

MIT DER BAHN

Klappt es zwischen großen Städten

Die nationale Zuggesellschaft in Dänemark ist DSB. Zugverbindungen und Fahrzeiten können online bei DSB eingesehen und Tickets gebucht werden *(dsb.dk).* Eine Zugreise innerhalb Dänemarks ist in der Regel unkompliziert und vor allem schnell. Von Kopenhagen ist man mit dem Zug in etwa drei Stunden in Aarhus, nach Aalborg dauert es von Kopenhagen aus etwa vier Stunden. Eine Übersicht über Verbindungen und Fahrpläne gibt es unter *rejseplanen.dk.*

PRAKTISCHE INFOS

*VON A–Z

Ob der vielen Inseln und Fjorde wird man immer wieder auf Fähren zurückgreifen, etwa mit der kleinen Næssund-Fähre

Allein unterwegs

Kriminalität gibt es auch in Dänemark, aber grundsätzlich ist es ein sehr sicheres Reiseland. Besondere Vorsichtsmaßnahmen sind – auch für Alleinreisende – nicht angezeigt. Das für Mitteleuropa gewohnte Maß an Aufmerksamkeit ist auch hier völlig ausreichend. Wertgegenstände sichtbar im Auto liegen zu lassen, ist auch in Dänemark keine gute Idee.

Apotheken

In den meisten kleinen und größeren Städten gibt es mindestens eine Apotheke. In abgelegeneren Ferienhausgebieten kannst du fast immer im örtlichen Lebensmittelladen, der oft mit einer nahe gelegenen Apotheke zusammenarbeitet, rezeptfreie Medikamente erwerben bzw. rezeptpflichtige abholen.

Arzt und Ärztlicher Notdienst

Eine ärztliche Grundversorgung bietet das Ärztehaus *(lægehus)*, das es in den meisten Orten gibt. Hier praktizieren Allgemeinmediziner, bei Zahnschmerzen muss man zum *tandlæge*. Außerhalb normaler Sprechzeiten (üblicherweise von montags bis freitags 8–16 Uhr) stehen ärztliche Notdienste *(lægevagten)* zur Verfügung. Telefonnummern hängen normalerweise in Unterkünften aus, alternativ findet man sie im Internet. In lebensbedrohlichen Situationen immer sofort den Notruf 112 rufen.

Baden

An Dänemarks Stränden weht oftmals die Blaue Flagge, eine Auszeichnung für gute Wasserqualität und bestimmten Einrichtungen am Strand, oder Badepunkt-Flaggen, die sich bezüglich der Wasserqualität gleichen, nur, was die zur Verfügung gestellten Einrichtungen angeht, unterscheiden. Ist am Strand die rote Flagge gehisst, herrscht absolutes Badeverbot, eine gelbe Flagge signalisiert Gefahr, und Grün bedeutet, dass alles ok ist. Schwimmen im Meer solltest du niemals alleine.

Wer am offenen Meer baden geht, sollte stets einige Regeln im Auge behalten

Hirtshals Camping – ein ruhiger Familienplatz an der rauen Küste des Skagerrak

Bargeldlos zahlen

In Dänemark ist es mittlerweile völlig normal, mit Karte oder per App zu zahlen. Mancherorts sogar so normal, dass nichts anderes mehr geht, Geschäfte sind zur Bargeldannahme nicht verpflichtet. Kreditkarten werden überall akzeptiert, vor allem Visa und Mastercard. Achte darauf, dass bei Bezahlvorgängen immer in der Landeswährung abgerechnet wird, ansonsten kann es etwas teurer werden.

Campen

In ganz Dänemark gibt es rund 500 Campingplätze, von denen jedoch die wenigsten ganzjährig geöffnet sind. Für die meisten gilt ein Klassifizierungssystem von einem Stern (einfach) bis sechs Sterne (Luxus). Übernachtungskosten setzen sich zusammen aus dem Preis pro Person, der Stellplatzmiete und Zuschlägen, beispielsweise für Strom. Freies Campen auf Rast- und Parkplätzen (außer auf dafür ausgewiesenen Plätzen), in Dünen und auf Stränden ist verboten. An Strandparkplätzen gelten darüber hinaus oft Übernachtungs-Parkverbote.

Einkaufen

Dänische Supermärkte sind in der Regel sehr gut sortiert und bieten eine gute Auswahl. Vor allem die größeren in Städten etwas abseits der Küste. Hier gibt es alles für den täglichen Bedarf und meist auch eine ordentliche Auswahl an Bio-Produkten. Kleinere Märkte in den Ferienregionen haben ein eingeschränktes Sortiment und sind oft etwas hochpreisiger. Brötchen und Brot sind normalerweise auch in den Märkten erhältlich, wo oft die Filiale einer

Für Notfälle

Allgemeiner Notruf Tel. 112

Musst du einen Notruf absetzen, bleibe dabei ruhig und berichte:

- Wo ist es passiert?
- Was ist passiert?
- Wie viele Verletzte gibt es?
- Welche Verletzungen liegen vor?

Warte dann auf Rückfragen der Leitstelle, beende das Gespräch nicht unaufgefordert.

Pannenhilfe

vom Festnetz Tel. 0180 222 22 222

vom deutschen Handy Tel. 22 22 22

Der ideale Snack für zwischendurch: ein reich belegtes Smørrebrød

Bäckerei vertreten ist, oder direkt beim Bäcker, den es in jeder größeren Stadt gibt. Vor allem die Auswahl an Milchprodukten ist bemerkenswert: *sødmælk* (3,5 %, Vollmilch), *letmælk* (1,5 %, fettarme Milch), *minimælk* (0,4 %), *skummet mælk* (0,1 %) und *kærnemælk* (Buttermilch). Zum Kaffee gibt es *kaffefløde* (Kaffeesahne). Neben Joghurt in allen erdenklichen Varianten sind *ymer* (3,4 %, Sauermilchprodukt), *tykmælk* (Dickmilch), *skyr* (isländisches Milchprodukt), *ylette* (fettreduzierte Version des *ymer*) und *A 38* (mildere Version des Ymer) sehr beliebt.

Essen und Trinken

Morgenmad ist das Frühstück in Dänemark, mittags gibt es *frokost* und abends *middagsmad*. Während das Frühstück eigentlich keine Besonderheiten aufzubieten hat, wird um *frokost* ein wahrer Kult betrieben. Ursprünglich war *frokost* das zweite Frühstück im Lauf des Vormittags. Klassischerweise isst man ein Smørrebrød. Im Lauf der Zeit wurde *frokost* aber zur Mittagsmahlzeit und auch zur beliebtesten Mahlzeit für Geschäftsessen. *Frokost* besteht in Restaurants fast immer aus mehreren Bestandteilen, es gibt kalte und lauwarme Gerichte mit Fisch und Fleisch. Oft wird auch eine *frokost anretning* angeboten, da bekommst du dann von allem ein bisschen, oder man reicht eine gute Auswahl an Smørrebrød. Das *middag* wurde auf den Abend verdrängt und wird nun als warme Hauptmahlzeit zwischen 18 und 20 Uhr zu sich genommen. Als *aftensmad* bezeichnet man hingegen ein einfacheres Abendessen im Alltag.

Geld

Die Dänen haben bis heute ihre dänischen Kronen behalten. Banknoten gibt es zu 50, 100, 200, 500 und 1000 Kronen, die kleinste Münze ist 50 Øre wert. Kleinere Beträge werden bei Barzahlung meist gerundet. In vielen touristischen Gebieten wird auch eine Barzahlung mit Euro akzeptiert, Wechselgeld bekommt man dann allerdings in Kronen, und der Kurs ist meist nicht besonders gut. Den günstigsten Wechselkurs erhältst du, wenn du vor Ort bei einem Bankautomaten einer lokalen Bank Geld abhebst. Die meisten Automaten verfügen über ein deutschsprachiges Menü. Die Möglichkeiten, bar zu zahlen, werden jedoch immer weniger, Dänemark setzt mittelfristig auf bargeldlosen Zahlungsverkehr.

Hunde

Statistisch bringen deutsche Urlauber mehr Hunde als Kinder mit nach Dänemark. Auch, wenn hier andere Regeln für die Vierbeiner gelten als zu Hause, ist Dänemark ideal für eine Reise mit Hund. Für die Begleiter gilt in der Saison von April bis September an Stränden eine Leinenpflicht. An Stränden mit der blauen Flagge dürfen die Tiere auch an der Leine nicht ins Wasser, da badende Hunde der Erteilung des Siegels für sauberes Badewasser entgegenste-

DRAUSSEN UNTERWEGS MIT KINDERN

Lieblingstouren

Touren entlang von Bächen oder kleinen Seen sind wunderbar. Wenn's heiß ist, können alle ihre Füße kühlen, Rindenschiffchen bauen oder flache Steinchen hüpfen lassen.

Mit allen Sinnen

Eine süße Blume und ein herbes Kraut riechen, Moos und Steinchen barfuß spüren, mit geschlossenen Augen das Knacken und Rascheln hören, mit Lupe oder Fernglas Tiere beobachten: Ein Naturspaziergang ist für Kinder wie ein toller Sinnespfad.

Wie weit mit Kids?

Wie lang darf eine Wanderstrecke mit Kindern sein? Als grobe Orientierung nennt der Deutsche Wanderverband: das Lebensalter mal 1,5 nehmen. Eine Siebenjährige könnte danach 10,5 km schaffen, einen Kilometer je 100 Höhenmeter abziehen. Als Zeitbedarf plane die doppelte Zeit ein, die für erwachsene Wanderer angegeben wird.

Notausstieg

Wähle Wanderrouten aus, die du leicht abkürzen kannst – je nach Kondition und Stimmung. Beziehe bei der Vorbereitung einer Tour die Kinder unbedingt mit ein: gemeinsam die richtige Wanderkarte auswählen und unterwegs zusammen gucken, wie der Weg weitergeht.

Lesefutter

Toll illustrierte Kinderbücher über Pflanzen, Tiere, Gewässer und Gebirge machen Lust auf den Naturausflug. Der passende Band wandert mit – damit es noch mehr zum Entdecken gibt.

Abenteuer am Wegesrand

Wohnt ein Räuberhauptmann in der Burgruine? Und sind hier wirklich Steinzeitjäger an den Felsklippen entlanggeschlichen? Wähle Wanderrouten aus, die an besonderen Orten vorbeiführen. Kleine Geschichten machen sie für den Nachwuchs zu spannenden Abenteuerplätzen.

Der Hitze entkommen

Vor allem mit kleineren Kindern kann sehr heißes Sommerwetter richtig anstrengend sein. Wenn mal alle nach einer Abkühlung lechzen: Macht doch einfach einen Tagesausflug in die Berge. Ein Picknick im Wald, ein kühler Bergbach – und der Tag ist gerettet. Richtwert: Pro 100 Höhenmeter ist es ca. ein Grad kühler.

Matschverhüterli

Große, stabile Mülltüten sollte man als Eltern immer im Auto haben. Warum? Kinder sind mobil und immer gerne dort unterwegs, wo es spannend und oft auch schmutzig ist, beispielsweise im Matsch. Aber sooo ins Auto? Kein Problem: Steck dein Kind vor der Weiterfahrt einfach bis zur Taille in die Tüte und der (Miet-)Wagen bleibt sauber.

RUCKSACK-APOTHEKE

Wer draußen unterwegs ist, sollte immer ein Erste-Hilfe-Set dabei haben. Und natürlich solltest du wissen, wie du Binden und Kompressen anwendest – ein Erste-Hilfe-Kurs schadet nie.

Sei auf Notfälle vorbereitet

- Pflaster (zum Abschneiden) für kleine und größere Schürf- und Schnittwunden
- Blasenpflaster
- Mullbinden und Kompressen zum Abdecken von Wunden
- Dreieckstücher zum Ruhigstellen von Gelenken bei Brüchen
- Desinfektionsmittel
- Allergiemittel
- Schmerztabletten
- Wundheilsalbe
- Insektenschutz
- Verbandschere
- Pinzette
- Einmalhandschuhe
- Rettungsdecke als Schutz vor Unterkühlung
- Kältekompresse
- Signalpfeife
- Zeckenzange

Schon gewusst?

Im Notfall kannst du drei Minuten ohne Sauerstoff, drei Tage ohne Wasser, drei Wochen ohne Nahrung – aber nur drei Stunden ohne Schutz vor Wind, Nässe und Kälte aushalten. Hab also auch immer Kleidung für alle Eventualitäten im Rucksack.

hen. In dänischen Wäldern müssen die Vierbeiner ganzjährig an die Leine, und außer in Biergärten und Straßencafés sind Hunde mit einem Restaurantverbot belegt. Über das ganze Land verteilt gibt es allerdings zahlreiche Hundewälder, in denen die Tiere dann ohne Leine laufen und toben dürfen.

Internet

Dänemark gilt als eines der führenden Länder, was schnelles Internet angeht. Viele Ferienhäuser, Hotels, Hostels, Cafés und auch einige Campingplätze bieten kostenloses WLAN (dän. WiFi) an.

Lebenshaltungskosten

In Dänemark sind vor allem süße Lebensmittel teuer, da hier eine Zuckersteuer erhoben wird. Ähnliches gilt für Zigaretten und Alkohol. Der normale Einkauf im Supermarkt oder Discounter ist in der Regel etwas teurer als in Deutschland, doch der Vergleich hinkt oft. Vergleicht man die dänischen Preise mit denen in einer touristischen Region in Deutschland wie z. B. Sylt oder Timmendorf, relativiert sich der Unterschied merklich. Achten sollte man außerdem auf Sonderangebote und Mengenrabatte, die es zuhauf in dänischen Supermärkten gibt.

Notruf

In akuten Fällen erreichst du Polizei, Feuerwehr und Krankenwagen über die 112. Die Polizei ist auch unter der 114 zu erreichen. An den Stränden zeigen grün-weiße Schilder einen Buchstaben-Ziffern-Code, der Rettungskräften im Notfall bei der Lokalisierung des Notrufs hilft. Keine schlechte Idee also, sich diesen auf dem Weg zum Strand zu merken.

Öffnungszeiten

Vielerorts haben Läden an sieben Tagen die Woche geöffnet, oft auch bis spätabends – das betrifft vor allem Supermärkte und Shops in Ferienzentren. Kernöffnungszeiten sind jedoch Montag–Freitag von

Dänemarks leuchtend rote Briefkästen für alle, die gerne Urlaubsgrüße verschicken

Auch in Dänemark gilt: Die 112 ist für lebensbedrohliche Notfälle reserviert

10–17.30 und samstags bis 14 Uhr. Ein abendlicher Bummel durch die Fußgängerzone beschränkt sich in der Regel auf Schaufenster angucken.

Post

Das Porto für Postkarten und Briefe bis 100 g beträgt horrende 36 DKK. Eine Alternative sind Postkarten, die man online erstellt, die den Empfänger aber mit der normalen Post erreichen, z. B. mit der MyPostcard-App oder unter *mypostcard.com*.

Rauchen

In öffentlichen Gebäuden, Restaurants und Hotels ist das Rauchen verboten. Die meisten Ferienhäuser sind mittlerweile ebenfalls rauchfrei, und sogar in einigen Freizeitparks unter freiem Himmel werden Raucher in abgetrennte Areale gebeten.

Saisonverlauf

Die meisten Saisonbetriebe öffnen zu Ostern. Hochsaison ist von Ende Juni bis Mitte August. In dieser Zeit haben alle skandinavischen Länder Ferien. Ab Mitte August wird es wieder etwas ruhiger. Die Saison endet spätestens mit den dänischen Herbstferien in der Kalenderwoche 42, in der meist noch einmal, wie in der Hochsaison, vieles geöffnet wird.

Shelter und Naturlejrpladser

Es gibt viele einfache Übernachtungsmöglichkeiten, sogenannte *Shelter*. Das sind offene, aber überdachte Unterschlüpfe. Meist findet man hier auch eine Feuerstelle, seltener eine Toilette. Die *Naturlejrpladser* mit oder auch ohne *Shelter* liegen oft an Wanderstrecken mitten in der Natur, im Wald, an Bauernhöfen usw. Die Benutzung ist meist kostenlos, für einige steht eine geringe Nutzungsgebühr an. Diese Plätze können Wanderer, Radler, Reiter und Kanuten nutzen, mit einem motorisierten Fahrzeug anzureisen ist hingegen nicht gestattet.

Was kostet wie viel?

Espresso 15 DKK
Kaffee 25 DKK (im Café)
Bier 15 DKK (Flasche)
Bier 80 DKK (im Restaurant, 75 cl)
Hotdog 27 DKK
Eis 40 DKK (groß, in der Waffel)

Skulptur mit Augenzwinkern in Aarhus: Jeder starrt nur auf sein Handy

Sprache

Die meisten Dänen sprechen sehr gutes Englisch und oft auch Deutsch. Dennoch ist es eine Frage der Höflichkeit, das nicht vorauszusetzen. Ein paar Wörter Dänisch, beispielsweise als Begrüßung und Verabschiedung, öffnen manchmal Türen. Und Dänisch zu lernen, kann viel Spaß machen. Dänisch gehört zu den germanischen Sprachen und ist Amtssprache in Dänemark. Zweite Amtssprache ist es in Grönland und auf den Färöern. Die standardisierte Hochsprache, die in Lehrwerken vermittelt wird, bezeichnet man als Rigsdansk. Darüber hinaus kennt das Dänische aber viele Dialekte. Grundsätzlich werden drei Hauptgruppen unterschieden: Jütisch (oder auch Festlanddänisch), Ømål (das Dänisch der Inseln mit Kopenhagen) und Østdansk (auch Bornholmsk genannt). Dabei bleibt es aber nicht. Jütisch ist eigentlich nur ein Sammelbegriff der Dialekte Jütlands – es gibt Sønderjysk und Nørrejysk, Letzterer unterteilt sich wiederum in Østjysk und Vestjysk. Und auch hier – man ahnt es schon – ist noch kein Ende abzusehen. Exemplarisch wird hier einmal Østjysk weiter unterteilt: Vendsysselsk oder Vendelbomål (also der Dialekt, der in Vendsyssel gesprochen wird), Himmerlandsk (Dialekt des Himmerlandes), Hanherredmål (Han Herred ist das Gebiet zwischen Thy und Vendsyssel), Læsøsk (Dialekt der Insel Læsø – und damit die Ausnahme des Festlanddänisch), Ommersysselsk (Ommersyssel bezeichnet eine Region zwischen Mariager Fjord und Randers Fjord), Djurslandsk (Dialekt, der in Djursland gesprochen wird) und Midtøstjysk (östliches Mitteljütland).

Telefonieren

Es gibt keine öffentlichen Telefonzellen mehr, in Dänemark ist mobiles Telefonieren überall möglich. Es gelten die EU-weiten Regeln „roam like at home". Die internationale Vorwahl des Landes ist +45. Ortsvorwahlen gibt es hier nicht, Telefonnummern bestehen in der Regel aus acht Ziffern.

Tierarzt

Informiere dich, wo sich die nächstgelegene Tierarztpraxis oder Tierklinik befindet. Ruf im Notfall unbedingt vorher in der Praxis oder Klinik an, um sicher zu sein, dass jemand vor Ort ist. Außerhalb der Sprechstunden bieten viele dänische Tierärzte einen Tiernot-Bereitschaftsdienst an. Infos findest du auf den Webseiten der jeweiligen Praxen und Kliniken.

Versicherung

Gesetzlich versicherte EU-Bürger sind gegen Vorlage der EHIC (European Health Insurance Card) – zu finden auf der Rückseite der Versichertenkarte – beim Arztbesuch gesetzlich versicherten Dänen gleichgestellt. Der Großteil der Kosten ist damit gedeckt, oft sind aber hohe Eigenleistungen fällig, z. B. beim Zahnarzt. Vor Reisebeginn am besten den aktuellen Versicherungsschutz checken und gegebenenfalls eine private Auslandskrankenversicherung abschließen.

Zeit

In Dänemark gilt die Mitteleuropäische Zeit MEZ, in den Sommermonaten die Sommerzeit MESZ – genau wie in den deutschsprachigen Ländern.

APPS & KARTEN FÜR DRAUSSEN

ERKENNE, WAS UM DICH IST

Apps für Naturfreunde

So viele Sterne über dir! Wenn du wissen willst, was am Nachthimmel leuchtet, hol dir Apps wie SkyMap oder SkyView, sie sind wie ein Astronom für die Hosentasche, der dir das Weltall erklärt. Für Pflanzen gibt's z. B. PlantNet, Flora incognita (v. a. für D) und iNaturalist, für Vogelstimmen NABU Vogelstimmen oder BirdNET. Um dich herum sind Berge und du fragst dich, wie die ganzen Spitzen heißen, die da am Horizont in den Himmel piksen? Das verrät dir die App PeakFinder – einfach mit der Kamera in die gewünschte Richtung halten.

SO KOMMST DU BESSER ANS ZIEL

Navi-Unterstützung für Aktive

Mit Apps wie Komoot, Maps 3D, GPSies oder von Runtastic wird dein Smartphone zum Navi, egal ob du zu Fuß oder auf zwei Rädern unterwegs bist. Google Maps funktioniert zwar auch, findet aber oft nur die Haupt- und nicht die schönen, verkehrslosen Nebenrouten. Zur Sicherheit solltest du immer eine Powerbank für eine Extraakkuladung im Gepäck haben, denn die GPS-Funktion des Smartphones ist energiehungrig.

ANALOG UNTERWEGS

Die passende Karte finden

Mist, der Akku des Smartphones ist leer. Nimm deshalb immer auch eine gute Karte deines Wandergebiets mit. Bist du in einem kleineren Gebiet unterwegs, ist der Maßstab 1: 25 000 perfekt, dann sind vier Zentimeter auf der Karte ein Kilometer im Gelände. Hast du eine Tour über größere Entfernungen vor, dann greif zum Maßstab 1:50 000. Zwei Zentimeter auf der Karte entsprechen dann einem Kilometer.

Auf der Karte kannst du übrigens auch sehen, wie steil das Gelände wird: Je enger die Höhenlinien – jene Linien, die dem Geländeverlauf folgen – liegen, desto steiler wird's. Bei einer 50 000er-Karte sind zwischen zwei Höhenlinien meist 20 m. Wenn dein Wanderweg einer Höhenlinie folgt, hast du Glück: Der Weg ist (relativ) eben.

LIFEHACKS FÜR DEN URLAUB

Erinnerungsstütze

Kennst du sie auch, die panische Frage, kaum hast du dich Richtung Urlaub in Bewegung gesetzt: Habe ich auch wirklich die Wohnungstür abgeschlossen? Versuch es beim nächsten Mal mit einer ungewöhnlichen Aktion: Spring beim Abschließen hoch in die Luft, mach eine tiefe Kniebeuge oder sage dir laut vor: Jawohl, ich habe abgeschlossen. Daran erinnerst du dich dann bestimmt und der Urlaub beginnt mit einem breiten Grinsen im Gesicht.

Erst mal einen Überblick verschaffen

Erster Tag auf unbekanntem Terrain? Bevor du dich voller Elan in Erlebnisse stürzt, such dir einen großartigen Aussichtspunkt und genieße es, dir einen Überblick über Lage und Ausdehnung der Stadt oder Region zu verschaffen. Das gibt ein tolles Bild für den ersten Social-Media-Post, und danach wirst du dich mit gestähltem Orientierungssinn bewegen.

Handy nachladen im Flug(s)modus

Ja, wir kennen das alle: Die Batterie des Smartphones neigt sich gefährlich dem einstelligen Prozentbereich zu, viel Zeit zum Aufladen bleibt nicht. Bewährter Tipp: Der Akku lädt um ein Vielfaches schneller, wenn du dein Smartphone währenddessen in den Flugmodus versetzt. Und weil die Batterie unterwegs viel schneller schwächelt, steck eine Powerbank ein.

Übergepäck? Nur für Anfänger!

Durch geschicktes Minimieren der Farbpalette deiner Kleidung brauchst du weniger Einzelteile und kannst besser kombinieren. Achte auch bei Schmuck und Schuhen darauf, dass du sie mehrfach einsetzen kannst.

Koffer packen für Könner

Um nicht mit einem Haufen zerknitterter Wäsche am Urlaubsort anzukommen, beachte die Grundregel: Schweres gehört nach unten, d. h. an die Seite des Gepäcks, die während des Transports in Richtung Boden zeigt. Zu den schweren Gegenständen zählen Waschbeutel und Schuhe. Außerdem wichtig: Je kompakter alles im Koffer verstaut wurde, desto weniger kann verrutschen.

Kleidung klein und faltenfrei

Spart Platz im Koffer und minimiert Falten: Shirts und Pullis falten und rollen. Bei Jacken die Ärmel nach innen falten, dann die Jacke mittig zusammenlegen. Voluminöses in Zip-Beutel stecken und die Luft vor dem Verschließen herausdrücken. Unterwäsche kann auch gerollt werden.

Schutz für Handy & Co.

Technische Geräte mögen weder Sand noch Wasser. Am Strand oder bei der Bootstour sind Handy und Co. in einem kleinen Plastikbeutel mit Zip-Verschluss unkompliziert geschützt.

Kleidung waschen & reparieren

Mit nur wenigen Zutaten kann man unterwegs prima Wäsche waschen und auch mal Kleidungsstücke reparieren. Als Wäscheleine eignen sich 3 m normale Schnur aus dem Baumarkt. Eine Handvoll kleiner Gardinenclips ersetzt die Wäscheklammern. Fehlt das Waschmittel, tut es auch Shampoo. Mit einer Nagelbürste kann man bei der Handwäsche beste Ergebnisse erzielen. Etwas Gaffa-Tape fixiert aufgelöste Säume und ein Tröpfchen Nagellack eine Laufmasche oder einen losen Faden.

Alleskönner Klebeband

Eine Rolle Klebeband gehört in jeden Rucksack. Aber nicht irgendein Klebeband, sondern Duct- oder Panzer-Tape. Ob Riss in der Outdoor-Jacke oder im Zelt, ob gebrochene Zeltstange oder die lose Sohle am Wanderschuh: Mit dem unverwüstlichen Gewebeband meisterst du jede Reparatur an der Ausrüstung. Wenn selbst die NASA Duct-Tape im All dabeigehabt haben soll …

Reisekrankheit vermeiden

Du kennst das schon: Spätestens wenn's kurvig wird, wird dir … blümerant zumute. Schwindelgefühle und Übelkeit entstehen durch Störungen des Gleichgewichtssinns. Wehre den Anfängen: Leg Buch oder Handy weg, setz dich nach vorne oder schnapp dir das Steuer, denn wer strikt geradeaus schaut, ist kaum gefährdet. Im Bus ist der beste Platz in der vordersten Reihe, im Flugzeug solltest du versuchen, auf Höhe der Tragflächen zu sitzen, und auf dem Schiff hilft ein Gang an die frische Luft mit festem Blick auf den Horizont.

Dolmetscher in der Tasche

Reisen in einem Land, in dem man die Sprache nicht versteht, kann schwierig werden. Die kostenlose Smartphone-App Google Übersetzer (iOS und Android) macht die Verständigung leichter und ein Wörterbuch überflüssig. Man kann für den Urlaub bestimmte Sprachpakete herunterladen, damit die App auch ohne Internetzugang übersetzt. Damit spart man die Kosten für mobiles Internet, verliert aber gleichzeitig wegen der Größe der Sprachpakete viel Speicherplatz. Man kann sogar Wörter abfotografieren, um sie übersetzen zu lassen, oder sich ganze Sätze erklären und vorsprechen lassen.

Weniger ist mehr

Ach, und das Buch sollte auch noch mit. Und vielleicht noch einen Pullover, weil der eigentlich doch ganz schick ist? Brichst du zu einer Wanderung auf, dann geize mit Platz und Gewicht. Zu schweres Gepäck macht jeden Ausflug zur Tortur. Als Faustregel gilt: Was du auf dem Rücken trägst, sollte nicht mehr als 20 Prozent deines Körpergewichts betragen. Für eine Tageswanderung reichen sechs Kilo Gepäck.

Ab in die Sonne!

Was bringt die schönste Landschaft bei Dauerregen, wenn 50 km weiter die Sonne vom Himmel lacht? Hängen also wieder mal die Wolken tief, befrage das Internet nach dem Wetter, such dir den nächstgelegenen Ort heraus, wo die Sonne scheint – und fahr hin! Vielleicht entdeckst du dann sogar wundervolle Orte, die du zunächst gar nicht auf der Reiseroute hattest.

OUTDOOR-EVENTS

*DURCHS JAHR

Die Limfjorden Rundt ist eine Regatta auf dem Limfjord. Viele historische Segelschiffe sind dann mit von der Partie

Ob Muschelernte oder Wikingertreffen, Wettfahrten mit Holzschiffen, traditionelles Ringreiten, spektakuläre Moves auf dem Surfbrett oder einfach das Feiern des Sommers. In Jütland weiß man das Leben zu zelebrieren – das solltest du dir keinesfalls entgehen lassen.

April

Muslingehøstfest: Jeweils am ersten Samstag im April feiert Løgstør die erste Muschelernte des Jahres.

Mai

Karneval in Aalborg: In der letzten Maiwoche begeht Aalborg Nordeuropas größten Karneval mit mehr als 80 000 Teilnehmern auf der großen Parade durch Aalborgs Innenstadt. *aalborgkarneval.dk*

Blokhus Windfestival: Unzählige Drachen am Himmel, Fallschirmspringen, Paragliden – das alles zu Pfingsten am Strand von Blokhus.

Søndervig Sandskulpturenfestival: Von Mai bis Oktober in Søndervig, jedes Jahr unter einem anderen Motto. *sandskulptur.dk*

Juni

Hjallerup Marked: Traditionsreicher Viehmarkt und buntes Volksfest, das bereits seit 1744 abgehalten wird und immer am ersten Wochenende im Juni stattfindet. *hjallerup-marked.dk*

Sankt Hans Aften: Am 23. Juni feiert ganz Dänemark. Überall im Land werden Feuer entfacht und es wird gesungen. Besonders schön an den Stränden.

Juli

Skagen Festival: Alljährlich Anfang Juli stehen in Skagen internationale Folkmusik, Blues und Rock auf dem Programm. *skagenfestival.dk*

Vendsyssel Festival: Im Juli und August mit rund 50 Konzerten in Vendsyssel. *vendsysselfestival.dk*

Großes Wikingertreffen: Alljährlich zieht es Gäste aus Nah und Fern am letzten Wochenende im Juli an den Moesgaard Strand, wo ein großes Wikingertreffen Menschen in seinen Bann zieht. *vikingedage.dk*

Ringreiterfeste: Im Juli stehen in Südostjütland Ringreiterfeste auf dem Programm – eines davon solltest du auf jeden Fall besuchen. *ringriderfesten.dk*

Fannikerdage: Am zweiten Juliwochenende dreht sich auf Fanø alles um Traditionen, Geschichte und Brauchtum der Insel. *fannikerdagen.dk*

August

Jomfruhummerfestival: Jeweils am ersten Samstag im August stehen auf Læsø Fang und Zubereitung dieser Köstlichkeit im Zentrum – für Seafood-Liebhaber ein Muss. *jomfruhummerfestival.dk*
Festwoche Aarhus: Skandinaviens größtes Kulturfestival findet alljährlich Ende August/Anfang September statt. Geboten werden Konzerte, Opern, Theater, Ausstellungen und vieles mehr. *aarhusfestuge.dk*
Horsens Europæisk Middelalder: Eine Woche lang Mittelalter total auf einem der besten Mittelalterfestivals seiner Art. *middelalderfestival.dk*

September

Cold Hawaii PWA World Cup: In Klitmøller reisen die weltbesten Surfer an und beeindrucken Schaulustige mit spektakulären Stunts. *pwaworldtour.com*
WATERZ: Hvide Sande ist alljährlich Mitte September der Austragungsort von Skandinaviens größtem Wassersportfestival. *waterz.dk*
Limfjorden Rundt: In der KW 37 treffen sich bis zu 65 Segelholzschiffe mit Stationen in Løgstør, Thisted, Struer, Nykøbing Mors, Fur und Skive – die größte Wettfahrt des Nordens. *limfjordenrundt.dk*

Oktober

Ebelfestival: Mitte Oktober wird in Ebeltoft die Apfelernte ausgiebig gefeiert. *ebelfestival.dk*

Dezember

Weihnachtsschiff: Anfang Dezember steht in mehreren Häfen Jütlands die Ankunft des Weihnachtsschiffes auf dem Programm.
Kolding Lysfest: Am ersten Dezemberwochenende steigt das Kolding Lichtfest. *k-l-f.dk*
Weihnachtsmärkte: Ab Ende November.

Feiertage

1. Jan.	Nytårsdag (Neujahr)
6. Jan.	Helligtrekongersdag (Heilige Drei Könige)
März/April	Palmesøndag (Palmsonntag)
März/April	Skærtorsdag (Gründonnerstag)
März/April	Langfredag (Karfreitag)
März/April	Påskedag (Ostersonntag)
März/April	Anden Påskedag (Ostermontag)
5. Mai	Store Bededag (Großer Bettag)
Mai	Kristi himmelfartsdag (Christi Himmelfahrt)
Mai/Juni	Pinsedag (Pfingstsonntag)
Mai/Juni	Anden Pinsedag (Pfingstmontag)
25. Dez.	Juledag (Erster Weihnachtstag)
26. Dez.	Anden Juledag (Zweiter Weihnachtstag)

Raue Gesellen am Moesgaard Strand beim alljährlichen Wikingertreffen

Anhang

Blick vom Genner Strand auf den Kleinen Belt. Die Blaue Flagge verweist auf eine erstklassige Wasserqualität

REGISTER

*NACH ORTEN

REGISTER

*NACH AKTIVITÄTEN

Highlights

Zu Fuß

Mit dem Fahrrad

Am & im Wasser

Fun & Action

Naturgenuss

NOCH MEHR OUTDOOR-SPASS

Nach der Reise ist vor der Reise:
Hier findest du noch mehr beste Frischluftabenteuer für deinen Urlaub.

ISBN 978-3-575-01922-6

ISBN 978-3-575-01923-3

ISBN 978-3-575-01924-0

ISBN 978-3-575-01921-9

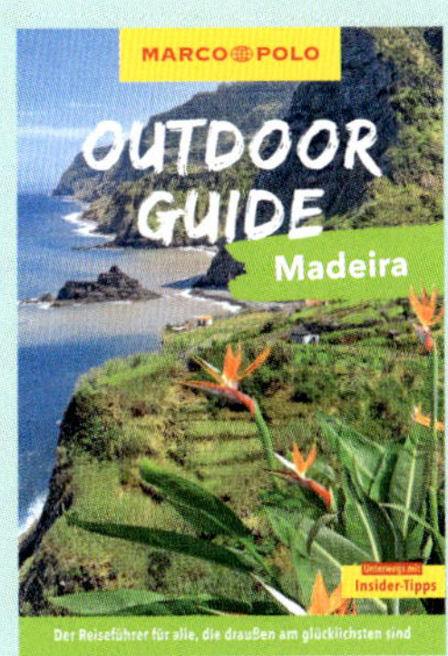

ISBN 978-3-575-01919-6

ISBN 978-3-575-01901-1

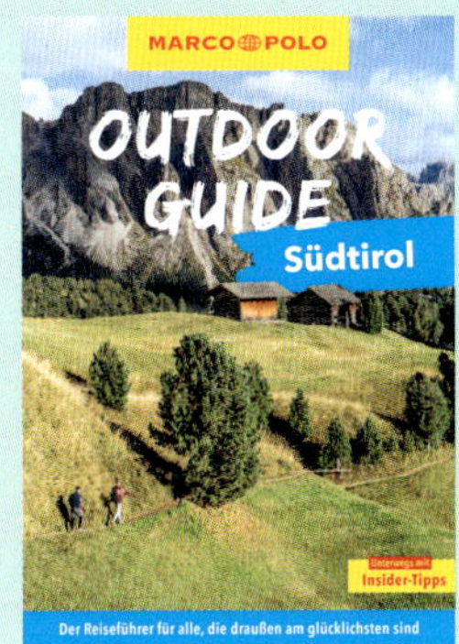

ISBN 978-3-575-01928-8

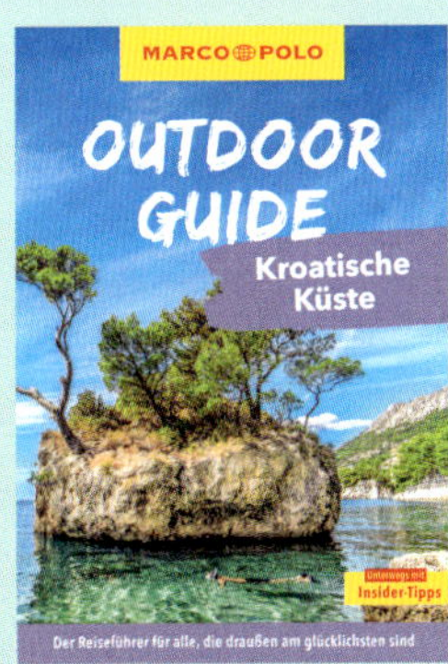

ISBN 978-3-575-01918-9

ISBN 978-3-575-01920-2

ISBN 978-3-575-01926-4

ISBN 978-3-575-01916-5

ISBN 978-3-575-01927-1

ISBN 978-3-575-01925-7

IMPRESSUM

*WER HAT WAS GEMACHT?

1. Auflage 2024

ISBN 978-3-575-01917-2

Texte: Sibille Fuhrken, mit Ausnahme 28, 209, 210 (Rucksack-Apotheke), 213–215, Umschlaginnenseiten (Jens Bey)
Konzept & Projektleitung: Monique Sorban
Projektmanagement: Anne-Katrin Scheiter
Gestaltung Umschlag & Layout:
Nicola Hammel-Siebert, Tanja Schnurpfeil, Weimar & Leipzig, zebraluchs.de
Illustrationen: Nicola Hammel-Siebert (S. 13), Carolin Weidemann, Köln, weidemann-design.com (Umschlaginnenseiten, Klappen, S. 28, 202, 205)
Lektorat & Satz: Ewald Tange für booklab, München
Korrektorat: Christiane Gsänger, München
Kartografie: © 2024 KOMPASS-Karten GmbH, Karl-Kapferer-Str. 5, A-6020 Innsbruck unter Verwendung von © OpenStreetMap Contributors, osm.org/copyright
Als touristischer Verlag stellen wir bei den Karten nur den De-facto-Stand dar. Dieser kann von der völkerrechtlichen Lage abweichen und ist völlig wertungsfrei.

Printed in Poland

Lob oder Kritik? Wir freuen uns auf deine Nachricht! Trotz gründlicher Recherche schleichen sich manchmal Fehler ein. Wir hoffen, du hast Verständnis, dass der Verlag dafür keine Haftung übernehmen kann.
MARCO POLO Redaktion, MAIRDUMONT, Postfach 3151, 73751 Ostfildern, info@marcopolo.de

Sommerbetrieb im Vikingemuseet Fyrkat – und der Dannebrog, die dänische Flagge, darf natürlich auch nicht fehlen

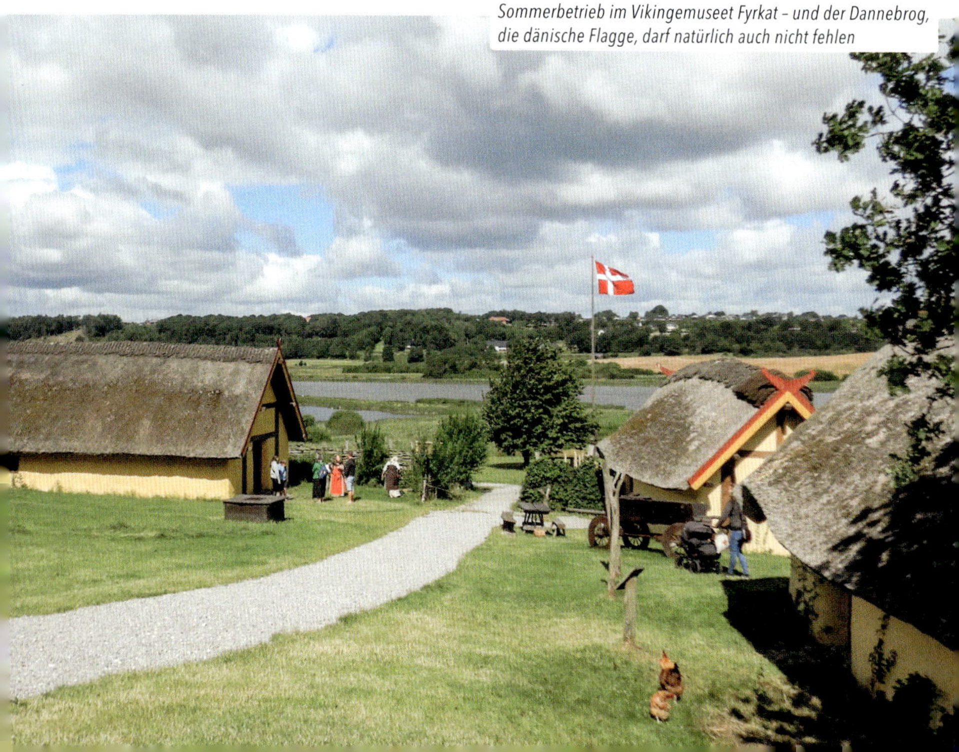

Titelbild: Wanderdüne und Leuchtturm von Rubjerg Knude (Mauritius Images: Busse & Yankushev)
Motive Rückseite: Romanische Kirche von Jelling (l.), Gläsernes Kajak auf dem Limfjord (r.)

Fotos: Aarhus Watersports Complex (103); Peter Bjerke (68 l.); Bridgewalking Lillebælt (110 r.); Mathias Juul Dahl (94, 95, 114 r.); Lena Dalsgaard (196 r.); Lars K. Detlef/Torben Andersen (44); Destination Himmerland (27 r., 130, 153 r., 153 l., 154 r., 154 l., 155), Louise Rosenkilde Larsen (16, 131), Thomas Dambo (149 r.); Destination Kystlandet: Hanne Nielsen (110 l.), Melissa Villumsen (15), Sarah Green (32, 112); Destination Nord: A. Krummholz/Peter Jørgensen (147 l.), Diana Aud (140), Mette Johansen (141 r.), Peter Jørgensen (22 l., 147 r., 158); Destination Sønderjylland (69, 75 r.), Camilla Hylleberg Photography (73 r.), CMR/Joachim Negwer (65 r.), Jakob Vingtoft (67 l.), James Cripps (59 r., 67 r.), Peter Bjerke (59 l., 60 l.), PRINSV (72); Destination Vesterhavet: Flemming Gernyx (191 r.), Jakob Gjerluff (29, 183 r., 185), Jeppe Kirk (190), Jørn Deleuran (186 l.), Steensbeckfoto (179); DIMA SLASTUSHEVSKYI photography (115); DuMont Bildarchiv: Gerald Haenel (87 o.); Esmark (181 r.); Flying October (180, 189 r., 191 l.), Gitte Lindeborg (47), Museum Sønderjylland/Gram Lergrav (66 r.); Sibille Fuhrken (1, 1 u., 14, 18 M. l. o., 18 M. r., 20, 22 r., 27 l., 33, 50, 51 o., 51 u., 52, 53, 55, 56, 57, 61 r., 62 l., 63, 71, 73 l., 77, 78, 79 u., 88, 89, 100 l., 118, 119 u., 119 o., 132, 133, 134, 135, 136, 137, 138, 139, 141 l., 142, 144 l., 146, 148, 149 l., 150, 152, 156, 157 l., 159, 160, 161 u., 166, 167 u., 168, 169, 170, 171, 172, 173, 174, 175, 176, 178, 181 l., 182 l., 182 r., 183 l., 186 r., 187, 188, 192 r., 192 l., 193 r., 193 l., 194 l., 195, 197, 198, 199 o., 199 u., 204, 206, 207 l., 208, 211 r., 211 l., 216, 220, 228, 229, 230, 231); Getty Images: frankix (38), iStockphoto/Faabi (200), iStockphoto/rpeters86 (4), Westend61 (24); Haderslev Kommune (58, 74 l.); Jens Laurits Hansen/Torben Andersen (45); Torben Hestehave (64 r.); David Jervidal (93); Mette Johansen (124); Jyllands Akvariet (196 l.); KABELPARK: Ralf Andersen (184); Anders Kibbel (76); KiteSyd (48, 49 o., 49 u.); Hans Klüche (64 l., 144 r., 189 l.); Jakob Lerche (104 r.); Lemvig Museum (194 r.); Jesper Maagaard (84, 85); Poul Christian Madsen (143 r.); Mauritius Images: Alamy Stock Photos/Sergio Azenha (79 o.), Catharina Lux (12); Ruslan Merzlyakov (128, 129); National Museum (Umschlagrückseite l., 86, 87 u.); Nick Brundle Photography (120); North Shore Surf: Kasper Poulsen (145); Samsø Labyrinten (111); Birte Schön (177); Shanti LFE (125); Shutterstock.com: aerrant (30 l. o.), Andrew Berezovsky (18 u.), Art Wittingen (17 M. l. o.), Beata Janeczko (74 r.), BigDane (207 r.), Carsten Medom Madsen (34), Dan_Manila (114 l.), Dariusz Banaszuk (17 M. r.), dba87 (232), Dewald Kirsten (7), docstockmedia (18 o.), Drevs (30 u.), Frank Bach (19, 143 l.), Hollysdogs (75 l.), Irk Boockhoff (17 M. l. u.), Janet Worg (9, 157 r.), Jens Ravn (17 u.), JGade (68 r.), just simple (161 o.), Karl Aage Isaksen (31 o.), Kim Ries Jensen (31 u.), Lasse Johansson (10), LeonHansenPhoto (212), Lillian Tveit (17 o.), Marc Venema (70), Mathias Schroeter (18 M. l. u.), Mikhail Sedov (6), Oliver Hoffmann (26), ricochet64 (217), Snapshot freddy (31 M., 162); Tøndermarskinitiativet: Ulrik Petersen (60 r.); Mads Tolstrup (46); Magnus Torfoss (101 l.); Torring Kanoudlejning (92); Vadehavscentret (62 r.); Vadehavskysten (61 l., 65 l., 66 l.); Verdenskortet (151r.), Caplio G4 User (8); Vesthimmerlands Museum (151 l.); Vikingecentret Ribe (42, 43 o., 43 u.), Gitte Lindeborg (54); VisionKayak (Umschlagrückseite r., 126, 127); Visit Aarhus: FrameandWork (99 r., 100 r.), Jesper Maagaard (104 l., 106), Jesper Rais (117), Mathias Juul Dahl (105), Per Bille (90, 91, 101 r.), Roar Paaske (99 l., 102 l., 102 r., 107 l., 109 r.), Sarah Green (109 l.); Visit Kystlandet: Melissa Villumsen (113 l.); Visit Samsø: Jeanette Philipsen (96, 97); VisitFredericia (116); VisitVejle: Eliza Danesi (113 r.), Jakob Vingtoft (107 r.), Mads Hansen (108); VisitVesterhavet: Kent J. Bøndergaard (167 o.).
Die Fotos auf S. 80 und S. 98 zeigen "Your rainbow panorama" (2011) von Ólafur Elíasson. ARoS Aarhus Artmuseum, Dänemark: Anders Trærup

Stillleben mit Boot in Nymindegab, einem ehemaligen Fischerdorf südlich des Ringkøbingfjords

Die hügelige Dünenlandschaft der Husby Klitplantage. Gleich dahinter brandet die Nordsee an den Strand

Ob zu Fuß, mit dem Fahrrad, in nostalgischen Gefährten oder auf dem SUP – auf über 150 Ausflügen und Abenteuern war Sibille Fuhrken für den OUTDOOR GUIDE unterwegs. Was war besonders, was bleibt noch zu sagen?

5 FRAGEN AN SIBILLE FUHRKEN

1 Was ist deine Liebligsaktivität und bei welcher Tour im Buch hattest du am meisten Spaß?

Ich bin gerne zu Fuß unterwegs – vor allem, seit wir unseren Hund haben. Wir erleben die Natur quasi völlig neu mit ihm. Die Klitplantagen Dänemarks laufen wir auf und ab, aber natürlich liebe ich auch das Meer. Nordsee oder Ostsee, ich finde sie haben beide ihren ganz speziellen Reiz.

2 Was war dein verrücktestes Erlebnis, das dir in guter Erinnerung geblieben ist?

Während des Studiums habe ich in den Semesterferien in einem Touristbüro gearbeitet und so nicht nur hautnah erste Erfahrungen mit der dänischen Mentalität gemacht, sondern auch erlebt, wie Touristen gegenüber Dänen auftreten – oder, wenn sie meinen, ihr Gegenüber sei dänisch – wie in meinem Fall.

3 Dein Film- / Musik- / Lesetipp für Jütland?

Ich bin Fan der Filme von Anders Thomas Jensen – „Dänische Delikatessen", „Adams Äpfel", „Blinkende Lichter" – schon etwas älter, aber noch immer großes dänisches Kino. Stine Pilgaard mit ihrem Roman „Meter pro Sekunde" ist eine echte Empfehlung – ich habe lange nicht mehr so gelacht beim Lesen! Außerdem liebe ich einfach alles von Dan Turéll.

4 Was darf in deiner Ausrüstung nicht fehlen?

Gute Schuhe, Getränke, Sonnenschutz – und natürlich alles, was der Hund so braucht.

5 Wohin gehst du in Jütland am liebsten mit Freunden?

In Nordjütland steht Skagen hoch im Kurs, hier kann man hervorragend zusammen mit Freunden an den Fiskepakhuse im Hafen Fisch essen, nachdem man von der Tilsandede Kirke dorthin gewandert ist. In Westjütland bietet sich Vestkystens Gårdbutik mit ihrer großen Auswahl an köstlichen Kuchenstücken und Flødebollern nach einem gemeinsamen Spaziergang an. In Ostjütland muss man unbedingt zum Aarhus Streetfood, nachdem die Stadt erkundet wurde. In Südjütland lade ich alle zum Sønderjysk Kaffebord ein und schaue, wer als Erstes die Kuchengabel wirft.

BLOSS NICHT!

*FETTNÄPFCHENFREI IM URLAUB

Sie oder du?

Im Dänischen duzt man sich normalerweise. In nur ganz wenigen Ausnahmefällen spricht man sich untereinander mit „Sie" an, das kann beispielsweise bei sehr alten Menschen der Fall sein oder sehr hochstehenden Personen, denen man Respekt zollen möchte. Wirst du von einem Dänen, der Deutsch spricht, geduzt, ist das also keine plumpe Vertraulichkeit und darf keinesfalls als „du bist jetzt mein bester Kumpel" oder gar als Respektlosigkeit verstanden werden. Das respektvolle „Du" ist im Dänischen der normale Umgangston, ähnlich wie im Englischen.

Taler du tysk?

Viele Dänen sprechen Deutsch. Trotzdem solltest du das nicht als selbstverständlich voraussetzen und eine Unterhaltung einfach auf Deutsch beginnen. Die Nachfrage, ob dein Gegenüber Deutsch oder Englisch spricht, gilt als respektvoller Umgang und Zeichen für gute Manieren. Es hilft übrigens nicht besonders viel, die Frage besonders laut zu stellen.

Bitte und danke

Im Dänischen gibt es kein Wort für „bitte", deshalb bedankt man sich quasi schon vorab. *En hotdog, tak!* bedeutet also „Einen Hotdog, bitte!" *Tak* wird natürlich aber auch im Sinne von danke gebraucht – und bedankt wird sich viel in Dänemark. *Tak for i aften* – danke für heute Abend, *tak for sidst* – danke für letztens und *tak for mad* – danke fürs Essen. Und es gibt noch sehr viele weitere Gelegenheiten, danke zu sagen – *tak* ist also ein Wort, dass du ruhig mal benutzen solltest. Aber was sagst du, wenn du noch eine Tasse Kaffee angeboten bekommst, die du auch gerne hättest? Dänen antworten dann *tak* im Sinne von bitte. Um ganz sicher zu gehen, mach einfach ein *ja, tak* oder *nej, tak* daraus.

Kongehuset – das Königshaus

Dänen sind in der Wolle gefärbte Demokraten. Zusammenhalt innerhalb der Gesellschaft ist ein sehr hohes Gut, das hochgehalten wird. Dennoch sind sie königstreue Untertanen. Sich despektierlich über das Königshaus oder eines seiner Mitglieder zu äußern, kommt ganz schlecht an, vor allem wenn es aus dem Mund eines Ausländers kommt.

Dannebrog – Flagge Dänemarks

Mal ganz davon abgesehen, dass es verboten ist – hiss niemals eine andere Flagge am Ferienhaus als die dänische (erlaubt sind noch die Flaggen der nordischen Länder, teilautonomen Gebieten sowie die EU-Flagge). Und auch, wenn du den im Ferienhaus befindlichen Danebrog hissen möchtest, gibt es dafür bestimmte Regeln. Die schmale Spitzflagge kann immer am Fahnenmast hängen, die große Version jedoch nur zwischen Sonnenauf- und -untergang.

Frederik X. übernahm im Januar 2024 die dänische Königswürde von seiner Mutter Margrethe II.